KB264923

한자 때문에 더 재미있는 일본어

국립중앙도서관 출판시도서목록(CIP)

한자 때문에 더 재미있는 일본어 / 이영준 지음. -- 파주 :
한울, 2004
  p. ; cm. -- (한울링구아 ; 2)

ISBN 89-460-3194-8 03730

731.4-KDC4
495.61-DDC21   CIP2004000378

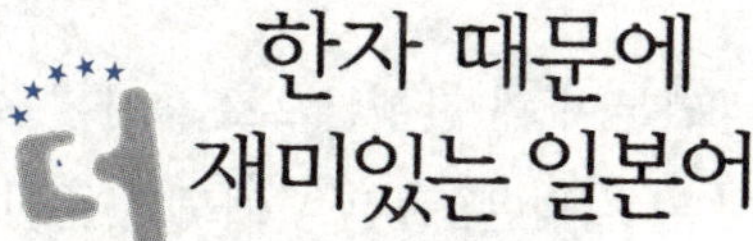

한자 때문에 더 재미있는 일본어

이영준 지음

한울
링구아

『한자 때문에 재미있는 일본어』가 단행본으로 출간된 지 4년 가까이 지났습니다. 단행본의 바탕이 된 칼럼은, 출간 후에도 꾸준히 글쓰기가 이어져 다시 수북해졌습니다. 첫 단행본이나 그 후의 칼럼에 대한 변함없는 성원에 부응하고자, 이번에 속편으로서 다시 단행본을 엮게 되었습니다. 그 동안 기회가 될 때마다 누누이 역설했습니다만, 일본어를 공부할 때 가장 좌절하는 대목이 바로 한자입니다. 이번 속편도, 사실은 골치 아프고 심지어 지긋지긋한 바로 그 일본어 속의 한자를 재미있고 효과적으로 익힐 수 있는 세상만사 이야기식 편제로 꾸몄습니다. 다만 전편의 독자나 칼럼의 팬 여러분들이 보내주신 말씀을 참고하여, 조금 더 부드럽고 편하게 읽을 수 있도록 다듬어보았습니다. 마치 이야기책을 한 권 훑어 읽듯이 재미있게 즐기면서, 한자를 키워드로 하는 일본과 일본어에 관해 새롭고 탁 트인 지평을 느낄 수 있을 것으로 기대합니다.

일본어 한자와 관련하여 제가 강조하고 싶은 가장 중요한 메시지는 이런 것입니다!

일본어는 물 건너 온 한자를, 그 바닥에 이미 있던 자기들의 말을 표기하거나 새로운 개념을 표상하는 '수단 또는 도구'로 적극 활용하고자 했고 그 결과, 놀라운 성과를 올리고 업적을 쌓아왔다는 것입니다. 한자와 더불어 유입된 중국산 단어들의 조어방식을 참고하여, 특히 명치시대 이후 수입한 서구 문물의 이름 짓기를 위해 한자를 최대한 이용하여 다수의 새로운 말들을 만들어낸 것도 그러한 성과의 하나입니다. (그러한 말들의 대부분은 오늘날의 한국어에 고스란히 유입돼 있기도 합니다.)

그러나 도구적 이용이라는 의미에서 보다 주목하고 싶은 것은, 한문과는 어순도 사뭇 다른 일본어 단어나 문장을 원래의 모습을 잃지 않고 한자를 이

용하여 표기하고자 하는 시도가 매우 강렬했다는 것입니다. 일본어 속의 매우 독특한 '한자 훈읽기'라는 것이 바로 그러한 노력의 두드러진 산물입니다. 단적으로 말하여 이러한 훈읽기 그리고 그 바탕에 있는 한자 활용의 사고방식, 이것이 바로 한국어 속에서 한자의 위치와 일본어에서의 위치를 다르게 한 가장 두드러진 요인입니다. 이를테면 일본어에서 한자는 때로 종업원이나 하인 노릇도 마다하지 않고 있음에 반해, 한국어 속에서 한자는 오랜 동안 굳건한 상전 자리를 지키다가 오늘날에 와서는 오히려 구석자리의 '식객' 처지에 놓여 있습니다.

　구체적인 설명은 본문 곳곳에서 시도하겠습니다만, 이런 기본적인 이해를 바탕으로 일본어의 한자 그리고 일본어 그 자체에 접근한다면 훨씬 쉽고 효율적으로 일본어에 다가설 수 있을 것으로 확신합니다.

일러두기

1. 본문 중에 용례로 소개되는 단어나 관용구들에 관해서는 현대 일본어에 있어서 비교적 사용빈도가 높은 말들, 그리고 일본어나 일본인을 이해하는 데에 보다 도움이 될 만한 실용적인 것들을 중심으로 엄선했습니다.
2. 이 책의 내용상, 군데군데 한 문장 안에 한국어와 일본어가 섞이는 경우가 있습니다. 이런 경우 설명의 편의를 위해, 어느 한쪽의 맞춤법이나 표기법이 우선되는 반면 다른 쪽이 무시되기도 했습니다.
3. 일본어 문장은 원칙적으로 띄어쓰기가 없습니다만, 읽는 이의 이해를 돕고자 경우에 따라 적당히 띄어쓰기를 했습니다. 또한 역시 읽는 이의 이해를 위하여 구두점도 필자의 임의로 찍기도 했습니다.

차례

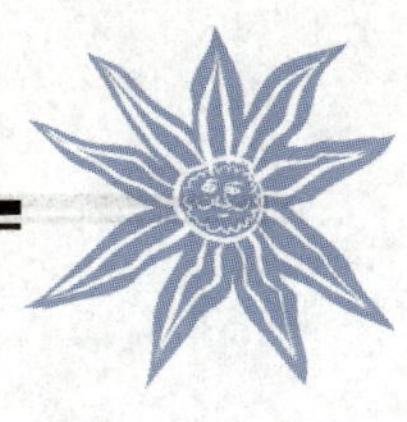

장마철에 들어도 간간이 장마전선이 후퇴하여 맑은 하늘이 펼쳐질 때가 있습니다. 이런 날씨를 일본어로는 つゆのはれま(梅雨の晴間)라고 합니다. 안 그래도 해가 반짝하면 이불이다 요다 베란다에서 일광욕시키기 좋아하는 일본 사람들인데, 햇살이 아쉬운 장마철이면 이 맑은 틈(はれま)을 놓칠 리 없습니다.

　대체로 다습한 일본에서 특히 장마철의 끈끈함이란 여간한 강적이 아닙니다. 전통적인 일본의 가옥구조가 추위보다는 고온과 다습에 견디도록 지어진 이유도, 장마철을 겪다 보면 충분히 이해가 갑니다. 간혹 장마철이라는데 제대로 비도 안 내리고 흐지부지 개는 경우가 있는데, 이를 カラつゆ(마른장마)라고 부릅니다. 아무튼, つゆのはれま에는 눅눅해진 것들을 서둘러 내다 널어야 합니다.

　はれま의 ま는 한자로 間입니다. ま(間)라 하면, '공간적·시간적 틈', '사이', '동안'을 가리킵니다. 먼저, 일본식 가옥을 한번 엿볼까요?

居間 거실

応接間 응접실

隙間風が強い 외풍이 세다

茶の間 다실(茶室)이라기보다 거실

床の間 도코노마(전통 일본 가옥의 독특한 공간)

三畳一間の下宿 다타미 석장 크기의 한 칸 하숙방

間借り 셋방(방 한 칸 세들어 살기, 빌려주는 쪽에서는 間貸し=まがし)

このマンションの間取りは３ＬＤＫとなっている
이 아파트는 방 셋에 거실, 주방으로 이루어져 있다

시간적인 경우를 포함하여 이런 용례가 있습니다.

昼間 낮, 낮 동안

束の間 눈 깜짝할 새

間が悪い 겸연쩍다

あっという間 눈 깜짝할 새

間引き運転 통상보다 운행간격을 늘여 운행하기

間が持てない 어중간한 시간을 어찌해야 할지 난감하다

いよいよ開会が間近にせまりました 드디어 개회날이 바짝 가까워졌습니다

野菜栽培はなにかと手間暇かかる
야채 재배는 이래저래 (일)손도 많이 가고 시간도 많이 든다

間의 음읽기는 かん이고 드물게 けん으로 읽습니다. 人間＝にんげん은 특수
한 관용적 읽기로 외울 수밖에 없습니다.

時間 시간

空間 공간

民間 민간

世間 세간, 항간

間一髪で間に合った 가까스로 제 시간에 맞추었다

이제 한국에서도 봄 꽃구경은 빠뜨릴 수 없는 행락거리로 자리잡았습니다. 한국 봄꽃의 첫 주자들인 개나리와 진달래는 길가 담장에 또는 저만치 산이나 언덕에 피는 게 보통이므로, 굳이 꽃구경이라는 이름으로 일가족이 함께 찾아 나설 대상까지는 아닌 것 같습니다. 아무래도 사람들을 끌어당기고 그 아래 발을 멈추게 하는 것으로는, 단 한 그루이든 어느 한 곳의 수백 수천 그루이든 일제히 피어 흐드러지는 벚꽃의 인기가 높습니다.

일본에서는 꽃구경을 はなみ(花見)라고 말하는데, 봄철의 花見라고 하면 단연 벚꽃을 가리킵니다. 그런데 일본인들은 꽃보기에 그치지 않고, 언제부터인가 화사한 벚꽃 아래 질펀한 술판으로 흥을 보태어, 취한 얼굴의 붉음을 꽃 빛깔과 겨루려는 관습에 젖어들었습니다. 이름하여 花見酒(はなみざけ), 말하자면 꽃구경술입니다! 花見에 술이 붙어 花見酒가 되면, 여기서의 꽃은 실질적으로 벚꽃으로 특정됩니다.

花見酒(はなみざけ)와 관련하여, 일본의 전통적인 대중 공연예술인 라쿠고(落語)의 이야기로서 이런 것이 있습니다.

꽃구경이 한창일 무렵, 두 형제가 꽃구경객들에게 팔고자 술통을 각각 짊어지고 꽃구경터로 향합니다. 따뜻하고 나른한 봄날, 술 팔러가는 도중 사방곳곳에 꽃도 아름다워, 형제는 누가 먼저랄 것도 없이 술 생각이 납니다. 형이 아우에게 10전 낼 테니 한 잔 달라고 말을 꺼냅니다. 아우는 10전어치 파는 셈으로 형에게 술 한 잔을 건넵니다. 그리고 이번에는 아우가 그 돈으로 형의 술을 한 잔 사 마십니다. 한 잔으로는 아쉬운 형이 다시 10전을 내고 아우의 술을……. 마침내 꽃구경객들로 붐비는 현장에 도착했을 때, 술통은 텅텅. 두 사람 주머니 다 합쳐 남은 돈, 즉 매출액은 10전뿐.

さて, 꽃구경, 즉 はなみ(花見)는 일본어에서 늘 느끼듯이 편하고 알기 쉬운 조어이며, 또 한자를 이용한 명료한 표기입니다.

한편, 보기(見=み) 또는 구경은 꽃만 있는 게 아닙니다.

月見 _{つき み} 달 보기, 달구경

이 말은 나아가, 月見そば(츠키미소바)나 月見うどん(츠키미우동)으로 응용되기도 합니다. 우동에 달걀노른자를 띄우니 일본인들에게는 마치 휘영청 보름달이 뜨기라도 한 것처럼 보이는 모양입니다.

姿見 전신 거울

早見 빨리(한눈에 쉽게) 보기

余所見 한눈팔기

脇見運転 한눈팔기 운전

盗み見 훔쳐보기

立ち見 (공연장에서) 서서 보기, 입석

脇見 한눈팔기

雪見 눈구경

見의 음읽기는 けん이며, 드물게 げん으로 읽는 경우가 있습니다.

意見 의견

先見 선견

発見 발견

見参 찾아뵙기, 배알

所見 소견

卓見 탁견

偏見 편견

인종의 용광로(人種のるつぼ)라는 미국사회는, 아일랜드계(系)나 잉글랜드계(系)를 비롯한 백인들이 여전히 주류이지만, 한국계나 중국계 또는 베트남계도 있습니다. 그런가 하면 요즘은 흑인을 가리켜 아프리카계 미국인이라고 부르더군요.

계통이나 계열을 가리키는 계(系)라는 말은 한국어에서도 흔히 듣는 말입니다. 북방계 민족, 동남아계 근로자, 인문계 고등학교, 모계사회, 동교동계 의원, 생태계의 파괴, 자율신경계의 이상……

하지만 근래, 일본어에서는 이 系(けい)가 매우 활발하고도 독특한 진화를 보이고 있습니다. 어떤 부류를 일컫는 용법인데, 최근 대중잡지를 중심으로 발견한 다음과 같은 용례들을 함께 음미해봅시다. 바로 옮기면 심히 어색하지만, 일단 한국어 직역을, 더불어 필자 나름의 해설을 덧붙여보겠습니다.

闘い系の漫画が大人気 싸움계의 만화가 대인기(폭력난무, 유혈낭자)

体育会系の森首相 체육회계의 모리 수상(공부는 싫어해도, 건강체에다 떠들며 노는 운동회를 좋아하는 아저씨)

癒し系の居酒屋
치유(치료)계의 주막(한 잔 걸치면서 스트레스 풀 수 있는 분위기 좋은 술집)

ベンチャー系のスーツ
벤쳐(기업)계의 신사복(테헤란밸리의 멋쟁이들, 아르마니나 베르사체?)

自殺願望系の人
자살희망계의 사람들(힘든 세태에 찌들어 자살 희망자들이 늘어나는 요즘)

ワイドショー系のリポーター 와이드쇼계의 리포터(미주알고주알 남의 사생활을 캐면서 드라마 해설이라도 하듯……)

オンラインゲーム系の若者症候群
온라인게임계의 젊은이 증후군(세 끼 밥보다 컴게임에 미쳐 눈빛이 희미한 애들)

<ruby>カルト系<rt>けい</rt></ruby>の<ruby>集団<rt>しゅうだん</rt></ruby>

컬트(사이비종교)계의 집단(옴진리교 이후에도 일본에 여전하다)

<ruby>出会い<rt>であ</rt></ruby><ruby>系<rt>けい</rt></ruby>のインターネットサイト

만나기系의 인터넷사이트(인터넷上의 숱한 채팅, 미팅 사이트들……)

정말 별 게 다 있군요. 系(けい)의 진화인지 퇴화인지 아리송합니다.

일본어 진화의 현장에는 많은 경우, 이처럼 한자가 발견되곤 합니다. 한자가 지니는 표의성과 시각적 효과는 여전히 상상력의 연장을 가능케 한다는 증거가 아닐까요!

박관용 씨가 새 국회의장이 되면서 여러 가지 쇄신을 시도하는 가운데, 어려운 한자용어를 점차 쉬운 말로 바꿔가겠다는 의향을 밝힌 적이 있습니다. 조선조 때까지만 해도 한국인의 한자, 한문 실력은 비록 일부 계층이었겠지만 원조 중국을 뺨칠 정도였으리라 추측됩니다. 시대가 시대인지라, 이제 그런 구닥다리에 매달릴 틈 없이 영어 한 마디에 죽고 못 사는 세상이 되었으니……. 그러나 유감스럽게도 국회를 포함하여 한국어의 모든 분야에서 지금 우리가 쓰는 말들은 아직, 한문투를 주요 근간으로 하는 구시대의 말들이 다수입니다.

그러나 어려운 한자용어라고 하는 것들이 알고 보면 대부분 일본어라고 하는 게 아마 정확할 것입니다. 이를테면, 계출(届出)이라는 말. 이 말도 국회가 제시한 '고치고자 하는 말'의 하나에 들어 있습니다. 이 말은 '서류 따위를 가져다 냄'이란 뜻이지만, 아닌 게 아니라 한국어로 쓰기에는 위화감이 있습니다.

일본어에 とどく란 말이 있습니다. '다다르다', '미치다'의 뜻입니다. 그 타동사형인 とどける는 '신고하다', '(물건이나 마음을 상대에게)가져다주다'의 뜻으로 사용됩니다. 각각 届く, 届ける라고 씁니다.

昨日郵便で送りましたけど、届きましたか
어제 우편으로 보냈는데 도착했습니까?

彼女に向けた我が切ない心、届いただろうか
그녀를 향한 내 애틋한 마음, 전달되었을까……

この花をあしたの午前、彼の事務室まで届けてください
이 꽃을 내일 오전 그의 사무실로 보내주십시오

こどもが生まれたら、役所へ届けてください
아이가 태어나면 관청에 신고해주십시오

とどける에 でる(出る)를 덧보태어 とどけでる(届け出る)라고 하면 '신고하다', '갖다 내다'는 의미가 보다 명료해집니다. 그리고 그 명사형이 とどけて(届け出、또는 届出). 이것을 한국식 발음으로 읽은 것이 바로 계출 아니겠습니까! 届出(とどけて)는 한자로 쓰기는 하지만, 훈읽기하는 고유어투의 말로서 일본어 치고는 결코 어려운 말이 아닙니다. 이것이 한국어에서는 '계출'이라 하여, 어려운 용어로 느껴지는 것입니다. 한자라서가 아니라, 한국어의 생리와 사뭇 다른 일본어라서 낯설고 어려웠던 것입니다. 출생이 엄연한 일본어인데, 한국식으로 읽기만 하여 한국어로 둔갑한 셈입니다.

그런데 とどける의 명사형인 とどけ만으로도 '신고 또는 신고문서'라는 당당한 명사가 됩니다.

しゅっしょうとど
出生届け 출생신고

こんいんとど
婚姻届け 결혼신고

けっせきとど
欠席届け 결석신고

出生届け나 婚姻届け 따위를 단지 한국식으로 읽어, 출생계라든가 혼인계라고 말한다면 얼마나 우스꽝스러울까요! 하지만 놀랍게도, '결석계'라는 말은 아직 우리 주변에서 가끔 들을 수 있는 말 아닙니까. 또, 아직 어느 동네 여관에서는 '숙박계'를 쓰느니 마느니 하고 있을지도 모릅니다.

とどけ의 연장선에 이런 말들이 있습니다.

とど しょ
届け書 제출문서

とど もの
届け物 제출하는 물건, 갖다내는 것

とど さき
届け先 배달처, 제출처

つ とど
付け届け 선물, 뇌물(갖다 바치니까?)

한국어와 일본어의 끈끈한 인연

휘날리다, 짓밟다의 '휘'나 '짓'은 어조를 세게 하는 이른바 강세 접두사입니다. 한국어와 체질이 많이 닮은 일본어에도 이 비슷한 것이 있습니다. 동사의 머리에 얹혀 어조를 세게 하는 말로 일본어에도 여러 가지 있습니다만, 한국어와의 연관성도 짚어볼 겸 とり와 さし란 말을 음미해보고자 합니다.

먼저, とり(取り)를 접두사로 얹음으로써 어조가 강해지는 말들을 몇몇 보겠습니다.

さげる　내리다　▶▶▶　とりさげる　取り下げる
けす　지우다, 없애다　▶▶▶　とりけす　取り消す
もどす　되돌리다, 반려하다　▶▶▶　とりもどす　取り戻す
にがす　놓치다　▶▶▶　とりにがす　取り逃がす
まとめる　정리하다　▶▶▶　とりまとめる　取りまとめる
あつかう　다루다　▶▶▶　とりあつかう　取り扱う
しらべる　조사하다　▶▶▶　とりしらべる　取り調べる

이밖에도 얼마든지 많습니다. 강하고 뚜렷한 톤을 만들고자 하는 출발이었지만, 결과적으로는 이런 말들이 아예 독립된 의미로 쓰이게 된 경우도 많습니다. 그런데 이들 말의 명사형을 알아보면 흥미로운 결과를 발견할 수 있습니다. 그것은 놀랍게도, 우리가 한국어로 알고 쓰는 단어들을 만나게 된다는 것입니다.

위에 소개된 말들의 명사형을 차례대로 늘어놓아봅니다.

取り下げ, 取り消し, 取り戻し, 取り逃がし, 取りまとめ, 取り扱い, 取り調べ
이들 가운데서 몇몇 말들에 대해, 히라가나 부분을 떼어내고 한자만 남겨봅시다.

取り下げ　▶▶▶　取下　취하　　取り消し　▶▶▶　取消　취소
取り扱い　▶▶▶　取扱　취급　　取り調べ　▶▶▶　取調　취조

　한국어로도 낯익은 말들 아닙니까! 일본어의 생김새를 살펴보는 도중에 엉뚱하게, 한국어의 어원이 밝혀지고 말았습니다.

　한편, さし(差し)라는 접두사가 붙는 경우가 있습니다. 역시 어조를 강하게 하는데, とり와 마찬가지로 좀 격식차린 말투가 필요하다 싶을 때 괜찮은 말입니다.

　　おくる　보내다　▶▶▶　さしおくる　差し送る
　　だす　내다, 내밀다　▶▶▶　さしだす　差し出す
　　あげる　드리다　▶▶▶　さしあげる　差し上げる
　　いれる　넣다, 넣어주다　▶▶▶　さしいれる　差し入れる
　　せまる　임박하다　▶▶▶　さしせまる　差し迫る
　　おさえる　붙잡다, 꼼짝 못하게 하다　▶▶▶　さしおさえる　差し押さえる
　　とめる　못하게 하다, 금하다　▶▶▶　さしとめる　差し止める
　　ひかえる　사양하다, 조신하다　▶▶▶　さしひかえる　差し控える

여기서도 흥미롭게 차출, 차입, 차압과 같은 한국어들에 마주치게 됩니다!

　　差し出し　▶▶▶　差出　차출
　　差し入れ　▶▶▶　差入　차입
　　差し押さえ　▶▶▶　差押　차압

　(약속)취소, (소송)취하, (위험물)취급, (범죄 용의자의)취조, (신용불량자의 월급)차압 등등. 이런 일상적인 한국말들의 출신성분이 이런 데서 밝혀지고 있습니다. 이런 식으로 만들어진, 이를테면 취소(取消)란 말, 알고 나니까 정말 취소하고 싶어지지 않습니까? 하지만 말은 제 걸음걸이가 있는 것, 말릴 수 없답니다. 또 이제 와서 취소를 취소한다 한들, '캔슬' 정도로밖에 더 바꾸겠습니까!

금리가 낮아지면서 전세의 월세 전환이 제법 시끄러운 화제가 된 적이 있습니다. 월세 전환? 소득이 줄고 살기가 더 어려워져서가 아닙니다. 전세금을 목돈으로 받아쥔 집주인은 그 돈을 이리저리 열심히 굴려 최대한 부풀리고자 노력하지만, 은행금리는 낮고 주식투자 하자니 불안하고, 그래서 월세로 받겠다는 것입니다.

그렇지만 반대 입장인 세입자로서는, 저(低)금리 시대에 고리의 월세로 집을 빌리고 싶지는 않은 법. 타협점을 찾지 못하는 가운데 지난 몇 해 집값만 꾸준히 상승.

낮다(低) 아닌 높다(高)를 생각해봅시다. 이를테면 은행예금의 '잔고'라는 말이 있습니다. 아니, 한때 있었다고 해야 할까요? 잔고는 殘高로, 다른 많은 경우와 마찬가지로 그저 생각 없이 들여다 쓰던 일본어입니다. 언제부터인가 새삼스럽게, 너무 일본말 같다는 이유로 잔액(殘額)으로 고쳐쓰도록 권유하고 있습니다. 하지만, 잔액도 엄연히 일본어 출신입니다.

일본어의 殘高는 ざんだか로 읽습니다. 앞엣자를 음으로, 뒤엣자를 훈으로 읽으니까 소위 쥬우바코(重箱)식 읽기입니다. 아무튼 통장에 남아 있는 예금의 높이라는 뜻이겠죠. 실질적으로 이때의 높이란 '수량'을 가리키는 말입니다. 이처럼 高가 접미어로 붙어 어떤 높이(크기 또는 수량)를 나타내는 말들이 바로 이런 것들입니다.

남은 높이(크기) 残高 (ざんだか)

갖고 있는 높이(크기) 持ち高 (もちだか)

보유하는 높이(크기) 保有高 (ほゆうだか)

팔아올린 높이(수량) 売上高 (うりあげだか)

판매 높이(크기) 販売高 (はんばいだか)

거래가 이루어진 높이(크기) 出来高 (できだか), 取引高 (とりひきだか)

한편, 일본어에서 '높다'는 곧 '비싸다'로 통합니다.

ぶっかだか
物価高 물가가 비쌈

わりだか
割高 상대적으로 비쌈

えんだか
円高 엔값이 비쌈(엔강세)

잔고(殘高＝ぎんだか)로 이야기를 풀기 시작하다 보니, 高의 읽기가 だか인 경우들이 소개돼버렸지만, 高의 훈읽기는 たか입니다. 연음이 되면서 だ로 탁음이 된 것입니다.

일본어의 そら는 하늘이란 뜻이지만, 한자로는 空자를 씁니다. 한국어로는 하늘 천(天)에 익숙해 있는 터라, 空자는 어딘지 좀 어설퍼 보입니다. 물론 일본어에서도 '하느님이 보우하사'라든가 '하늘도 무심해라' 따위의 하늘은 天으로 쓰고 てん이라 읽어, 푸른 하늘의 空과 구별합니다.

<table>
<tr><td>そらもよう
空模様 날씨</td><td>あきぞら
秋空 가을하늘</td></tr>
<tr><td>そらいろ
空色 하늘색</td><td>よぞら
夜空 밤하늘</td></tr>
<tr><td>あおぞら
青空 푸른 하늘</td><td>ほしぞら
星空 별하늘? 별이 빛나는 밤하늘!</td></tr>
<tr><td>くも　ぞら
曇り空 흐린 하늘, 흐림</td><td></td></tr>
</table>

あおぞら(青空)는 푸른 하늘이지만, 뻥 뚫린 하늘, 즉 노천(露天)과 통하는 의미로도 쓰입니다.

<table>
<tr><td>あおぞらいちば
青空市場 노천시장</td><td>あおぞらきょうしつ
青空教室 노천교실</td></tr>
</table>

あきぞら(가을하늘)는 일본인이 좋아하는 の를 끼워넣어 다섯 음절짜리 あきのそら(秋の空)라고 말할 수도 있습니다.

おとこごころ
男心と秋の空 남자의 마음과 가을하늘

해양성 기후인 일본은 가을하늘이 썩 안정적이지 못한 모양입니다. 남자 마음도 그런가요?

그런데 そら는 空으로 쓰는 만큼, 하늘을 가리킬 뿐 아니라 '비어 있다' 내지는 '실(實)하지 아니하다, 근거 없다' 등의 어감을 지닙니다.

そらみみ 空耳 헛들음	そらね 空寝 자는 체함(＝タヌキ寝入り)
そらぞら 空々しい 뻔뻔하다	そらおそ 空恐ろしい 왠지 두렵다
そらねんぶつ(からねんぶつ) 空念仏 공염불	うわ そら 上の空 건성
そらうたが 空疑い 근거도 없이 의심함	た にん そら に 他人の空似 남남인데 닮았음

   그런데 空은 から로도 읽습니다. そら 아닌 から가 되면, 하늘이란 의미에서는 완전히 벗어나 그야말로 '비어 있음', '헛됨', '껍데기', '가짜' 등의 뜻으로 사용됩니다.

から て 空手 공수, 가라테	からまわ 空回り 헛돌기, 공회전
から ぶ 空振り 헛침, 헛수고	から う 空売り (주식)공매, 실물 없이 매도함
カラオケ(空オケ) 가라오케	からやくそく 空約束 거짓약속, 지키지 못할 약속

   이 から는 한국어에서도 용케 한 구석을 차지하고 있습니다. 이를테면 직장인이든 사업하는 사람이든 한 번쯤은 들어보거나 만져보았을 바로 그 가라영수증입니다. 엄밀하게 보아 가짜와는 다릅니다. 가짜(にせもの)는 진짜(ほんもの)가 있어 그것을 흉내내거나 본뜨거나 하는 것이고, 가라는 존재하지 않는 것을 있는 것처럼 꾸민다는 미묘한 차이가 있습니다.

잔소리에게 바치는 레퀴엠

미국의 위대한 대통령으로 꼽히는 에이브러햄 링컨. 그의 생애를 비극적이라고 한다면, 그것은 그가 암살됐기 때문이라기보다 잔소리꾼으로 악명 높은 부인 때문이었다는 것이 오히려 정설입니다. 서양 악처의 원조라 하면 소크라테스의 아내가 떠오르지만, 그밖에 링컨의 아내, 절세미인이자 다이아몬드 수집광으로도 날렸던 나폴레옹3세의 왕비 마리 유지니, 그리고 문호 톨스토이의 부인도 악명 높습니다. 그들이 보인 '악'의 형태는 질투, 시기, 의심, 사치, 허영 등 다양하지만, 남편과 자기자신을 비극으로 몰아넣은 결정적인 것은 '시끄러운 잔소리'였다는 설이 유력합니다.

시끄러운 잔소리＝口やかましい小言!

불평, 불만이 입(くち)을 통해 표출될 때 사태는 심각해지기 마련입니다.

だから、口は禍の元 그러므로, 입은 화의 근본

그렇다고 해서,

人の口に戸は立てられません 사람의 입에 문짝은 달 수 없습니다

말 많음이 손해가 되는 것은 악처의 경우에 국한되는 것이 아닙니다. 상업문화를 꽃피운 에도시대의 상인들은 다음 말을 생활신조로 삼았습니다.

口で負けて金で勝て! 입으로 지고 돈으로 이겨라

아무래도, 특별한 자리나 경우가 아니면 대체로 사람의 말 많음에 대해서

는 부정적인 이미지가 따라붙기 쉬운 모양입니다!

　　　　くちあらそ
　　　口争い 말다툼, 언쟁　　　　　　　口喧嘩 말싸움
　　　　　　　　　　　　　　　　　　くちげん か

　　　　くちだっしゃ
　　　口達者 말잘하는 사람, 입으로만 잘난 사람
　　　口やかましい＝口うるさい 잔소리 많다

　口争い는 당사자들은 물론 곁 사람들에게도 썩 보기 좋지 않습니다. 일본인들은 특히 이러한 말싸움을 꺼리고 실제로 잘 하지도 않습니다. 한국어에 견주어 욕설이 적은 것도 이와 무관하지 않을 것입니다.

　역사적으로도, 그 유명한 일본문학 '충신장(忠臣蔵＝ちゅうしんぐら)' 이야기는 아코(赤穂) 번의 번주 아사노(浅野)가 무사로서의 모욕에 견디지 못하고 상대방 기라(吉良)를 향해 칼부림을 한 데서 발단합니다. 지금도 일본인들은 말로 하는 토론을 그다지 좋아하지 않고 실제로 서툴러 보입니다. 말다툼은 물론 말 잘함을 대단한 미덕으로 여기지도 않습니다. 말로 지지 않겠다는 자세는 대개, 기특하기보다는 치사하고 한심하게 비치곤 합니다.

　　　　くち　　へ
　　　口が減らない 지지 않겠다는 듯 변명을 늘어놓다

　　　　へ　　　くち
　　　減らず口をたたく 한 마디도 지지 않겠다고 떠들다

　　　に く　　　ぐち
　　　憎まれ口をたたく 질세라 변명만 늘어놓으니 예쁠 리 있나

　　　　くちごた
　　　口答え 말대꾸

　그렇다고 말없음(無口＝むくち)이 능사는 아닙니다. 사람의 말, 이러기도 저러기도 쉽지 않습니다.

　한편, 음읽기하는 말로서 口論(こうろん)이라 하면 '말다툼'이 됩니다.

　'입에 거품을 물고 따지다'는 말은 이렇게 말합니다.

　　　こうかく　　あわ　　と
　　　口角、泡を飛ばす

血の雨が降る（ちのあめがふる）

이건 무슨 종교적 예언이 아닙니다. 그런데 불온하게 웬 피? 이는 다름 아 닌 2002월드컵축구에 관한 것입니다. 한국과 일본을 비롯하여 전세계의 축 구팬이 고대하는 월드컵2002의 개최를 앞두고, 사실은 날로 긴장감과 스트 레스가 더해가는 사람들이 있었습니다. 바로 양국의 경비당국. 소위 국내외 의 VIP 경호도 만만치 않겠지만, 당시 보다 걱정되던 것은 이른바 훌리건 즉 축구깡패들의 난동 대책이었습니다. 좀 선동적 표현입니다만, 이들 훌리건 에 의해 축구장 안팎에 자칫 유혈낭자한 사태가 벌어질지 모른다 하여, 특히 일본의 일부 매스컴이 앞의 문구와 같이 크게 떠들었습니다.

홀리건(フーリガン)하면, 열성 축구팬임을 빙자하여 적어도 자기자신에게 꽉 막혀 보이는 이 사회에 대한 스트레스와 좌절감을 폭발시키려는 단순한 행패꾼들이라고 이해할 수 있습니다. 폭력중독(暴力中毒＝ぼうりょくちゅうど く)의 그들은 호시탐탐 폭발할 계기를 찾고 있는 것입니다! 홀리건은 본디 영국을 필두로 한 서유럽이 원조입니다. 따라서 저번 월드컵에서도 역시 이 들 원조(元祖＝がんそ)들의 활약이 주시됐습니다. 서유럽이라 해도, 민족성의 차이를 반영해서인지 영국과 독일은 이런 차이가 있다고 보는 분석가(?)도 있습니다.

イギリス(영국): 酒に酔って暴れまくる 술에 취해 날뛰다
ドイツ(독일): 素面で組織力を誇る 맨 정신으로 조직력을 자랑하다

さて, 축구라는 호칭과 관련하여 한 마디. 여기서 말하는 축구란 영어로는 사커(soccer)를 가리키는 것으로, 럭비나 미식축구와는 별개의 스포츠입니 다. 어쨌든 현대 한국어로는 축구(蹴球)인데, 蹴이란 한자의 뜻은 '차다(ける)'

입니다. 그러니 한자를 사용하여 자연스럽게 잘 만들어진 이름이라고 할 수도 있겠습니다. 다른 많은 근현대 용어의 경우처럼 축구도 일본어로서 만들어진 말입니다. 어쩔 수 없는 시대적 상황 탓에, 한국어로도 거의 자동으로 채용되고 말았지만……

　그런데 일본어에서는 요즘, 蹴球(しゅうきゅう)가 거의 죽은 말입니다. 제2차세계대전 후에 가타카나化의 거센 물결에 자연스럽게 휩쓸리어, 이제는 サッカー라고 씁니다! American football을 번역한 米式蹴球라는 말이 있습니다만, 이 또한 요즘은 アメリカンフットボール입니다. 막상 번역어를 만들었던 일본에서는 거의 쓰이지 않고 한국에 그 이름이 남아 있는 것들로, 축구 말고도 이런 것들이 있습니다.

庭球 テニス	籠球 バスケットボール
排球 バレーボール	撞球 ビリヤード

　그러고 보면, 축구, 정구, 농구, 배구, 당구 등 일본어의 유산이 한국어에서는 아직도 버젓이 살아 숨쉬고 있는 셈입니다.

　球의 훈읽기는 たま입니다. たま는 둥근 것을 폭넓게 가리키는 말로서, 아직 한국어에도 곳곳에 그 흔적이 남아 있습니다. 이를테면 일상생활 속에서는 아직도 전구(電球)를 전기타마. 구기 중에서는 당구의 경우에 유난히 たま가 애용되고 있습니다.

일본 속담에 長いものには巻かれろ(ながいものにはまかれろ)라는 말이 있습니다. 이를 직역하면 '긴 것에는 말려라'로, '힘센 것에는 거스르지 말라'는 뜻입니다.

근대 이후, 일본의 외교사에서 일본인의 이런 가치관을 실천에 옮긴 커다란 사건은 급격한 개화기인 19세기 말~20세기 초의 메이지(明治)시대에 발견됩니다. 당시의 국책이라고도 할 수 있는 이른바 탈아입구(脱亜入り), 즉 아시아를 벗어나 하루바삐 유럽에 끼어들자는 사상입니다.

그리고 둘째는 그로부터 수십 년 후 태평양전쟁에서의 패전 이래, 그러니까 20세기 후반 들어 금세기에 이르기까지 위대한(?) 미국에 대한 철저한 저자세입니다. 태평양전쟁을 일으킨 일은 미처 상대방이 긴(힘센) 줄 모르고 덤빈 무지의 소치로 일본인들 스스로 납득하고 있으리라 볼 수도 있습니다.

어쨌든 그런 힘센 상대방을 감히 알아보지 못하고 섣불리 까불었다가는 一巻の終わり(いっかんのおわり＝한 이야기의 끝, 인생 종치기)입니다. 이 말은 본래 책 한 권, 즉 이야기 하나가 다 끝났다는 말입니다. 요즘은 상황종료라고 할까, 일이 다 끝나버려 손을 쓸 수 없게 된 상태를 가리키는 관용구입니다.

그런데 현대 일본어에서는 책을 本(ほん), 그리고 이것을 헤아리는 권을 보통 冊(さつ)라고 말합니다. 巻의 음읽기는 かん 또는 けん, 훈읽기는 '감다' 또는 는 '말다'는 뜻의 まく입니다. かん으로 음읽기하는 용례는 한 권 두 권 세는 경우를 빼고는 한국어와 비슷합니다.

　

じょうかん
上巻 상권

げ かん
下巻 하권

だいいっかん
第一巻 제1권

かん とう げん
巻頭言 권두언

かんまつ ふ ろく
巻末付録 권말부록

훈읽기(まく＝巻く)의 경우를 추려보겠습니다.

巻貝 고둥

巻尺 곡척, 줄자

巻き添え 말려듦

巻き上げ 속여 빼앗음, 사취함

巻き返し 반격, 만회

巻き戻し 되감기(카셋트 레코더)

葉巻き 잎말이? 씨가(cigar)

寝巻き 잠옷

海苔巻き 김말이, 김밥

足に包帯を巻く 발에 붕대를 감다

舌を巻く 혀를 내두르다

尻尾を巻く 꼬리를 말다(내리다)

ぜんまいを巻く 태엽을 감다

太巻き 굵은 말이? 굵게 말은 김밥, 후토마키

春巻き 봄말이? 요즘 한국에서 '춘권'이라고 함

手巻き寿司 손말이 초밥. 줄여서 てまき(데마키)

　さて, 미국에서 9·11테러가 발생한 이후, 아마도 어떤 저의에 의해서겠지만, 일본은 그 긴(힘센) 미국에 대한 충실함을 내보이려 안쓰러울 정도로 열심입니다. 이를 가상히 여긴 미국은, 일본의 참의원에서 '테러대책법안'이 통과된 시점에 맞추어, 그 큰 손으로 일본의 머리를 なでなて(쓰다듬 쓰다듬)해준 바 있습니다.

日本は、外交、情報交換、人道的支援で、すでに積極的な役割を演じている

일본은 외교와 정보교환, 인도적 지원 등에서 이미 적극적인 역할을 하고 있다(2001년 10월 29일 로이터, 미 대통령 보도관)

절묘한 짝짓기

  절기상으로 입춘이 지나도 추위는 한달 여 더 계속됩니다. 그런 가운데 꽃 소식의 첫째는 아무래도 매화입니다. 추위가 다 가기도 전의 매화라 하여 한중매(寒中梅)란 말도 있습니다. 동경에서 북쪽으로 100km 정도 떨어진 곳에 미토(水戸)라는 도시가 있습니다. 이바라키(茨城) 현의 현청소재지입니다. 미토에는 가이라구엔(偕樂園)이라는 매화의 명소가 있습니다. 옛날 도쿠가와 가문의 정원이던 것이 나중에 공원화된 것으로 2월말에서 3월에 걸쳐 매화 꽃동산이 펼쳐집니다. 긴 겨울을 보내며 움츠러든 사람들에게 봄의 도래를 처음 알려주니, 몸과 마음 모두 포근한 안도감을 느끼기에 더할 나위 없는 곳이기도 합니다.

  그런데 요즘은 삭막한 콘크리트의 정글에서도 누구나 손쉽게 계절의 꽃을 즐길 수 있는 첨단의 공간이 있습니다. 다름 아닌 인터넷 화투입니다! 오프라인의 화투가 온갖 핍박을 받으며 우리 곁을 쓸쓸히 떠나는가 싶었는데, 인터넷 시대에 고스톱이란 이름의 온라인 게임으로 절묘한 기사회생을 꾀한 바로 그것입니다. 일본에서 도입되어 한국에서 번영을 누리고, 그리고는 다시 온라인으로 중흥을 꾀한 화투는, 본고장 일본으로 수출되기에까지 이른 한국인이 친애해 마지않는 놀이이자 기술입니다.

  자, 맞는 짝을 찾아 정신없이 클릭하던 손을 잠시 멈추고, 새삼 1월의 솔 광을 한번 들여다보십시오. 솔(まつ＝松)과 두루미(つる＝鶴)가 보기 좋게 어울려 있는 장면입니다. 그리고 이어 2월, 흔히 이매조라 부르는 그 열끝자리는 매화에 새 한 마리입니다. 이 새는 한국인에게 썩 친숙하지 않은 것이지만, 일본에서는 이를 うぐいす(휘파람새)라 하며, 그 다른 이름은 봄알리기새(春告げ鳥＝はるつげどり)입니다. 봄의 시작을 알리는 꽃 우메, 게다가 봄의 전령이라는 새 우그이스. 절묘한 조합 아닙니까?

  당신의 화투짝을 다시 한번 곰곰이 들여다보십시오. 점수 나는 것도 중요

하지만, 48장의 화투짝에 사시사철 자연의 조화와 그것을 새기는 인간의 정서
가 듬뿍 그리고 살그머니 담겨 있는 것입니다. 소나무에 두루미, 그리고 매화
에 휘파람새. 궁합이 서로 잘 맞는 예를 가리키는 운치 있고 함축적인 표현입
니다. 이런 어법은 당신의 일본어를 한결 세련되게 할 뿐만 아니라 그에 담긴
자연의 멋을 바로 당신 것으로 할 수도 있습니다.

　　이밖에 화투짝에 등장하는 잘 어울리는 쌍들은 이런 것입니다.

松に鶴　소나무에 두루미(1월)

梅に鶯　매화에 휘파람새(2월)

藤の花にホトトギス　등나무에 두견새(4월)

紅葉に鹿　단풍에 사슴(10월)

桐に鳳凰　오동나무에 봉황(11월, 단 일본에서는 12월)

하늘은 공평하여 웬만해선 한 사람에게 좋은 것을 두 가지 이상 주지 않습니다. 말하자면 天は二物を与えず(てんはにぶつをあたえず), 극히 일부를 빼고는 잘생긴 사람이 공부도 썩 잘하고 큰 부자이기도 한 경우는 많지 않습니다. 이를테면 누구에게나 약점, 허점 또는 급소가 있게 마련입니다. 달리 말하면, 누구에게든, 노출하고 싶지 않은 못난 구석이 하나쯤은 있다는 것입니다. 때론 그런 약점이 치명적인 경우도 드물지 않습니다.

역사적인 사례에서 그런 치명적인 급소(急所=きゅうしょ)를 찾아보면 이런 것들이 있습니다. 구약성서(旧約聖書=きゅうやくせいしょ)의 삼손에게는 머리칼(髪=かみ)이 괴력의 원천이자 급소였습니다. 안타깝게도 그는 데릴라의 유혹에 넘어가 스스로 그 급소를 밝히고 비운의 최후를 맞게 됩니다. 그리스 신화에 등장하는 영웅 아킬레스(アキレス)에게는 발뒤꿈치(かかと=踵)의 힘줄(腱=けん)이 바로 그런 급소입니다. 그는 트로이 전쟁에서 그 급소에 화살을 맞아 결국 목숨을 잃게 됩니다. 아킬레스건(腱)이란 말은 이 이야기에서 비롯한 것이죠.

일본역사에서 호걸로 잘 알려진 弁慶(べんけい, 가마쿠라 초기 12세기의 승려)는 源義経(みなもとのよしつね)의 훌륭한 보디가드로도 이름이 높았지만, 정강이를 걷어차이는 데는 역시 당할 재간이 없었던 모양입니다. 그러니까 벤케이(べんけい) 같은 장사에게도 급소가 되었다 하여, 일본어에서 弁慶の泣き所(べんけいのなきどころ)하면 정강이를 가리킵니다. 중세 독일의 서사시 '뉘벨룽겐의 노래'에는 괴력무쌍한 영웅 지크프리드가 등장합니다. 불사신(不死身=ふじみ)으로 보였던 그에게도 어깨에 떨어진 나뭇잎 부분이 급소였습니다. 그도 역시 결국은 이 급소를 당하여 숨을 거두게 되죠. 1990년대 이후 벌써 10년 이상 장기침체에 시달리고 있는 일본경제의 급소는 한 군데가 아니라, 여전히 미결 상태의 부실채권 문제와 좀처럼 개선될 조짐이 보이지 않는 디플레이션 문제 등등 여럿입니다.

急의 훈읽기는 いそぐ, '서두르다'는 뜻입니다. 음읽기는 きゅう입니다.

急いでください 서두르세요　　　　急ぎましょう 서두릅시다

急がなくてもいいです 서두르지 않아도 됩니다

急がば回れ 급하면 돌아가라![관용구]

동사 急ぐ의 명사형은 急ぎ(いそぎ)입니다.

急ぎ足 종종걸음　　　　　　　　お急ぎでしょうか? 급하십니까?

　귀찮게도, 훈읽기에는 이것 말고 せく(急く)가 있습니다. 자동사로는 '서두르다', '조바심치다'의 뜻이지만, 타동사로서 '보채다, 닦달하다'는 의미로도 사용됩니다.

走ると息が急く 달리면 숨이 가빠진다.

　음읽기 きゅう는 보통 한자 성어를 읽는 경우인데, 대부분의 단어들이 한국어와 공통입니다. 흔한 일본어인데 한국어에서 찾아볼 수 없는 것은 이런 것들입니다.

急用 급한 볼일　　　　　　　　　急須 차(茶) 주전자

　'급소를 찌르다'는 急所を突く(きゅうしょをつく)라고 말합니다. 나만의 급소, 자칫 치명적일 수도 있으니, 남모르게 간직해둡시다.

수험생에게 문제를 잘 풀라고 두루마리 화장지를 선물한다든지 철썩 붙으라고 엿가락을 선물한다든지 하는 습관은, 미신이라 하면서도, 사라지기는 커녕 날로 번성하고 있습니다. 그런데 뒤집어 생각하면, 이런 관습은 잘 미끄러지는 바나나라든가 젓가락에 잘 안 붙는 도토리묵을, 시험을 앞둔 사람에게 선물해서는 안 된다는 발상과 통합니다. 독실한 신앙인도 그런 하찮은 말 한마디나 선물 하나에 크게 안도하기도 하고 때로는 묘한 거리낌이나 두려움을 갖기도 합니다.

수험생 당사자나 또는 그 집안사람과 이야기할 때는 섣불리, 미끌미끌한 물오징어 이야기나 떨어져 나뒹구는 낙엽 이야기를 화제로 삼지 않도록 주의해서 나쁠 건 없습니다. 이처럼 '꺼리는 말'을 일본어로는 忌み言葉(いみことば)라고 합니다.

忌み(いみ)는 '꺼리다', '거리끼다'란 뜻의 忌む(いむ)의 명사형입니다. '싫어하다'의 嫌う(きらう)와 합성하여 忌み嫌う(꺼리고 싫어하다)라는 말로도 사용합니다. 또 '불길하다', '꺼림칙하다'는 형용사 忌まわしい(いまわしい)도 같은 어원입니다.

忌의 음읽기는 き입니다. 초상집에 忌中(きちゅう)라고 써붙이는 습관도 아직 살아 있고, 기일(忌日=きじつ)란 말도 눈에 뜨입니다. 또, 죽은 지 1년이면 一周忌(いっしゅうき)라고 합니다.

그런가 하면, 한국어의 '기탄없이'와 닮은꼴의 忌憚(きたん)なく 라는 말도 버젓이 사용되는 말입니다.

이밖의 음읽기 말로는 다음과 같은 것이 있습니다.

忌避 기피　　き ひ

禁忌 금기　　きんき

忌祭 기제　　き さい

年忌 기일 또는 기제　　ねんき

さて、いみことば(忌み言葉, 忌み詞, 忌詞)로 되돌아갑시다. 아무래도 불길하다 싶어 되도록 피하거나 삼가고 싶은 말을 가리킵니다. 예컨대, 결혼식장에서 주례사라면, 切れる(きれる)라든가 別れる(わかれる)라는 말은 각별히 주의하여 삼가야 합니다. 결혼이란 인연 맺기인 것인데 '끊어지다(きれる)'라는 말은 불길합니다. 또 이제 첫발을 내디디는 마당에, '끝내다'는 말도 피하는 게 좋습니다. 그리하여 매우 뜻 깊고 흥겹기조차 한 피로연을 끝내고자 할 경우도 終(お)わる라고 아니하고 お開(ひら)きにする라는 말을 쓰는 게 보통입니다.

開く는 '열다', '시작하다'란 뜻입니다. 그 명사형 開き에 お를 붙인 형태가 お開き인데, 이 말이 시작하기가 아닌 정반대의 おわり란 의미로 사용되는 연유가 바로 여기에 있는 것입니다! お開きにする는 결혼식뿐만 아니라 널리, 파티나 모임 등을 끝내다는 뜻으로 사용됩니다. 배(梨)를 가리키는 なし라는 말은 '없다'의 なし와 같은 발음입니다. 없는 것보다는 있는 게 낫습니다. 그래서 なし(梨)를 '有りの実'(있는 열매)라고도 하는데 이런 것은 거의 농담 수준입니다.

일본에서 이럴 때에 이런 말은 삼가도록 합시다.

입시를 앞둔 사람 앞에서 落ちる(떨어지다), 滑る(미끄러지다)

혼사를 치르는 집에 飽きる(물리다), 別れる(헤어지다), 離れる(멀어지다)

문상(問喪)간 자리에서 たびたび(번번이), 再び(다시)

회갑, 고희 등 장수를 축하하는 자리라면 衰える(쇠약해지다), 枯れる(마르다)

말(ことば)은 문화 그 자체라 해도 과언이 아닙니다. 일본어의 쓰임새에 배어 있는 일본 문화의 조각조각들, いみことば를 통해 들여다보았습니다.

입춘이라 하면 1년 24절기의 첫째입니다. 이 무렵 문득 창밖을 내다보면 아직 차갑지만 하얗게 부서지는 햇살, 그 어느 구석엔가 가느다란 봄빛이 숨어 있습니다.

입춘대길(立春大吉). 한국에서는 설과도 거의 겹치는 무렵이라, 계절적으로는 신정보다 더, 새로운 시작이라는 느낌이 들기도 합니다. 사람마다 앞으로 한 해 동안 나름대로의 대길(大吉)을 꿈꾸어보는 때입니다.

일본의 신사나 절을 찾으면 으레 오미쿠지(おみくじ)라 하는 제비를 뽑아 길흉을 점쳐볼 수 있는 곳이 있습니다. 좋게 나오면 잠시 기쁠 테고, 흉이라도 나올 것 같으면 그 자리에서 바로 털어낼 수 있도록 해놓았으니 그다지 부담될 것도 없습니다. 이 제비뽑기는 사찰이나 신사의 살림살이를 꾸준히 받쳐주는 기본적이고 중요한 재원(財源)의 하나입니다. 최첨단 정보통신 기술 분야에서 결코 다른 선진국에 뒤지지 않는 일본이지만, 정신세계에 있어서는 여전히 하늘과 자연을 외경하는 고대의 어느 시점에 머물고 있는 듯한 느낌입니다. 제3세대 무선통신의 시대를 구가하는 오늘날이지만, 그 콘텐츠에도 길흉화복의 점치기가 빠지지 않습니다. 세상만사, 패자부활도 있고 전화위복도 있으니, '흉'을 두려워 마십시오!

おみくじ에 있는 길흉(吉凶＝きっきょう)의 단계별 나누기는 지역이나 신사에 따라 조금씩 다르나 대체로 다음과 같습니다. 이 가운데 大凶은 생략되는 경우가 많습니다.

^{だいきち} 大吉 대길	^{ちゅうきち} 中吉 중길
^{きち} 吉 길	^{しょうきち} 小吉 중길
^{すえきち} 末吉 말길	^{きょう} 凶 흉
^{だいきょう} 大凶 대흉	

돌고 도는 순서로 보아, 대길 다음은 흉입니다. 그리하여 일본어의 속담에 이런 게 있습니다.

大吉は凶に還る 길이 지나치면 도리어 흉에 가까워진다

길흉화복과 관련하여, 한국어로도 익숙한 이런 말들이 있습니다.

好事、魔多し 호사다마　　　禍、転じて福となる 전화위복

길흉이란 길게 보면 누구에게나 공평한 것일지 모릅니다.

吉凶はあざなえる縄のようである 길흉은 꼬이는 새끼줄처럼 번갈아 찾아온다

さて, 명치유신(1867) 이후 일본이 서양을 따라잡기 위한 갖가지 캐치프레이즈 등 가운데 화혼양재(和魂洋才＝わこんようさい)라는 게 있습니다. 여기서의 화(和)란 일본을 가리키는 말로서, 정신적·신앙적 자세는 일본 전래의 혼을 지키되 기술은 서양 것으로 바꾸고 따라잡자는 말입니다. 오늘날의 일본 사회를 물끄러미 바라보면 첨단기술과는 어울리지 않아 보이는 고대적 또는 원시적 사고와 관습이 주눅들지 않고 버티고 있음을 쉽사리 발견할 수 있습니다.

평균수명이 늘면서 신체적으로 건강하고 정신적 활동도 아직 왕성한 노인들은 감각적으로 노(老)라는 지칭 또는 호칭을 되도록 피하고 싶어합니다.

일본에서는 근래, 중년을 넘어 老年(ろうねん)이라는 종래의 분류를 회피하거나 극복하려는 사람들이 늘어났습니다. 한자를 상용하는 일본에서는, 그 시각적 효과 때문에 유난히 글자의 의미에 얽매이는 경향이 있음을 지적할 수 있습니다.

한때 5, 60대를 가리켜, 인생의 열매(実=み)를 거두는 연령대라 하여 実年(じつねん)이란 말을 만들어 보급시키려는 시도가 있었는데, 결과적으로 그리 성공적인 것 같지는 않습니다. 이것은 일본의 보건복지부가 1985년, 中高年에 대신할 만한 말로 공모하여 선정한 말입니다. 그러나 이보다 앞서 1970년대 후반에 등장한, '익었다'는 뜻의 熟年(じゅくねん)이란 표현은 비교적 시민권을 얻은 것으로 보이며, 高年의 경우는 여전히 중년과 합쳐 中高年(ちゅうこうねん)이란 표현으로 눈에 띕니다.

특정 연령대 또는 인생의 어느 시기나 그 연령대의 사람을 가리키는 말들을 정리해봅니다.

幼年(ようねん) 유년	中高年(ちゅうこうねん) 중고령
青少年(せいしょうねん) 청소년	未成年(みせいねん) 미성년
成年(せいねん) 성년	老年(ろうねん) 노년
中年(ちゅうねん) 중년	晩年(ばんねん) 만년
若年(じゃくねん)(또는 弱年) 젊은 나이, 젊은 층	
末年(まつねん) 말년(이제 북망산 갈 준비해야지)	
熟年(じゅくねん) 지긋한 나이(감각적으로 통상 5, 60대)	

구조조정이다 연봉계약이다 해서 한국에서는 점차 듣기 어려운 말로 정년퇴직이란 말이 있는데, 이때의 정년은 원래 停年이라고 씁니다. 요즘 일본어에서는 원래의 뜻을 무시한 채, 이른바 대용(代用)한자로서 定年(ていねん)이라고 씁니다. 공무원이나 민간기업 등 일본에서는 대개 아직 60세 정도가 정년입니다.

이어서, 약간의 응용입니다.

少年老い易く、学成り難し
소년은 늙기 쉽고 배움은 이루기 어렵도다(소년이로 학난성)

少年よ, 大志を抱け! 소년이여, 큰 뜻을 품어라!

한편, 年의 훈읽기는 とし(나이)입니다.

年上 연상　　　　　年下 연하
今年 올해　　　　　翌年 이듬해
年がい 나이값　　　年寄り 노인

전국(戰国)시대의 세 영웅

요즘 같으면 떡 빚고 먹기에 철이 따로 있는 게 아니지만, 과거에는 역시 명절을 맞아 가정과 마을의 이벤트 겸 세리머니 겸, 떡을 찧고 빚고 또 차례상이나 젯상에 올리곤 했죠. 일본도 한국과 그다지 다를 바 없습니다. 물론 프랑스빵과 독일빵이 다르듯이, 맛이나 색깔 또는 모양 등이 다를 수는 있겠죠. 이를테면, 일본인과 달리 한국인들은, 찹쌀이 아닌 멥쌀만으로 빚은 떡도 즐긴다는 사실도 주목할 만한 차이점이기도 하고…….

さて, 일본인들이 역사 속에서 가장 즐겨 찾는 이른바 전국시대(16세기)의 혼란과 천하통일의 과정과 관련하여, 스펙타클 로망 '떡 하나 주면'의 유명한 스토리가 하나 있습니다.

스토리의 주인공인 천하의 세 호걸은 다음 세 사람.

무로마치 막부의 숨통을 끊고 전국천하를 통일하는 위업을 이루기 일보직전까지 갔던 오다 노부나가(織田信長). 일단은 천하통일을 달성했는가 싶었으나, 중국 촉한의 유비처럼 후대의 안정기반을 도모하지 못한 채 쓸쓸히 간 도요토미 히데요시(豊臣秀吉). 그리고 인내심의 화신과도 같이 견디고 버텨 마침내, 실질적으로 천하를 거머쥔 도쿠가와 이에야스(德川家康).

스토리는 간단명료!

제목: 戦国三傑の天下獲り 전국 세 호걸의 천하 사냥

내용: 信長がつき 秀吉がこねた天下もち, すわったまま食うのは家康
　　　노부나가가 찧고, 히데요시가 반죽한 천하떡, 앉은 채로 먹는 것은 이에야스
　　　　　　　　　　　　　　　　　　　　　　　　　– 에도시대의 서민의 노래 중에서

나이로 치면 노부나가가 맏이고 히데요시 그 세 살 아래, 그리고 이에야스가 다시 다섯 살 아래이니까, 이들은 10년 이내의 터울입니다. 그 정도라면 그

야말로 同시대의 사람들인 것이죠. 역사인물로서 일본에서 최고의 인기를 누리는 이 전국(戰国=せんごく) 브러더즈 세 사람의 성품에 관한 이야기는, 숨막히는 당시 역사의 흐름 이상으로 흥미진진합니다.

그 유명한 두견새 (ほととぎす)이야기를 다시 읊어봅니다.

노부나가: 鳴かなければ殺してしまえ
　　　　　말 안 들으면 단칼에 날려

히데요시: 鳴かなければ鳴かせて見せよ
　　　　　으르든지 어루든지 내 말 안 듣고는 못 배기게

이에야스: 鳴かなければ鳴くまで待とう
　　　　　세월아 네월아, 언젠가는 내 맘 알아줄 테지

그런데 결국 일본 전국시대의 큰 떡은, 출신과 도량과 그리고 인내심을 두루 갖춘, 결코 평범치 아니한 인물 이에야스의 몫으로 돌아갔습니다. 하지만 그런 완벽한 사람이 반드시 최고의 대중적 인기를 누리는 건 아닙니다. 후세인이 쓰는 역사란 무릇 이긴 자 중심의 이야기가 되는 법인데, 그런데도 일본에서는, 이 세 사람 가운데 이에야스만이 잘났다는 치우침은 그다지 없는 것 같습니다. 대중적 인기는 오히려 히데요시 쪽이 더 위인 듯하고, 개혁의 귀신 또는 시대의 이단자 등의 별명이 따라붙는 노부나가의 팬들 또한 만만치 않습니다.

ブルートゥス, お前もか!

정적(政敵＝せいてき) 폼페이우스를 이집트로 축출하고 제국 각지의 내란을 평정하면서 로마 최고의 권력자로 올라선 카이사르. 그러나 그는 B.C. 44년 봄, 원로원 의사당에서 모반자들의 칼에 쓰러집니다. 습격자들 가운데 브루투스를 발견한 카이사르는 저항을 멈추고서 얼굴을 상의로 가리고는 바로 이 유명한 말을 남기고 쓰러졌다는 것이죠.

가장 신임하던 부하, 자식과도 같은 부하가 반란의 칼끝을 들이밀었을 때, 카이사르의 심경은 어떠했을까요?

노부나가가 미츠히데의 반역으로 本能寺(ほんのうじ)에서 쓰러질 때의 심경은, 또 전국(戰國＝せんごく)통일의 위업을 눈앞에 두고 병상에서 눈을 감아야 했던 히데요시의 심정은 어땠을까요?

無念(むねん)! 이것은 '유감스럽다', '안타깝다'는 뜻의 残念(ざんねん)을 뛰어넘어 '억울하고 원통하다'는 의미가 됩니다!

さて, 念(ねん)이라 하면, '생각', '기분', '바람(소원)' 등의 뜻과 더불어 '조심함'이나 '주의함' 등의 뜻을 갖습니다. 조심하다는 뜻의 용례를 몇 가지 소개합니다.

念を入れる　조심하다　　　　　念を押す　다짐하다

入念に仕上げる　꼼꼼하게 마무리하다

入念に点検する　매우 조심스럽게 점검하다

念のためにもう一度説明する
혹시 모르니까 확인하는 차원에서 한 번 더 설명하다

念には念を入れよ! 꺼진 불도 다시 보라!

생각이란 말로 쓰이는 경우는 한국어와 유사합니다.

観念 관념	専念 전념
情念 정념	雑念 잡념
想念 상념	信念 신념
通念 통념	念頭 염두
念書 (법률)증빙서류	念頭に置く 염두에 두다

'마음속으로 바라다', '기원하다'는 뜻으로는 이렇게 사용됩니다.

念願 염원	念力 염력
念じる 굳게 바라다, 기원하다	念仏 염불(이 경우의 念은 소리내어 읊기)
祈念 기념(기도하여 바람)	

2001년 9월 미국에서의 테러사건 이후 對이라크 전쟁의 승전에 이르기까지, 부시 대통령 또는 미국 정부의 발언을 관찰하면, 참으로 '위대한' 미국임이 노골적으로 강조되고 있습니다. 갑작스럽게 수모를 당한 당대의 패권(覇権＝はけん)국가 미국의 속내가 곳곳에서 드러나, 지구촌 사람들의 묘한 거부감을 자아내기도 했습니다.

그 묘한 거부감이나 저항감이란 실은, 위대하고 아름다운 미국에 대한 동경과 흠모의 기분을 반증하는 것일 수도 있습니다. 1950년대 이후의 세대라면 많은 사람들이, 할리우드 영화의 막강한 연출력의 영향으로 미국에 대한 이미지의 큰 부분을 형성했을 법합니다. 사람마다 조금씩 다르겠지만, 대부분의 한국인에게 끼친 할리우드의 영향력은 다분히 압도적이며 충분히 세뇌적인 것임에 틀림없습니다.

하지만 미국에 대해서 우리가 갖는 이미지는 자칫, 미국이 이미 성숙한 후의 풍요롭고 여유 있는 모습들에만 치우쳐 있기 쉽습니다. 제2차세계대전 전만 해도 미국에는 미성숙한 모습이 많았습니다. 그런 사정들은 할리우드 영화에도 이따금 등장하기는 하지만 소설 따위의 활자를 통해서 보다 극명하게 나타납니다.

미국인으로서는 여섯번째로 1962년도에 노벨문학상을 수상한 존 스타인벡의 『분노의 포도(怒りのぶどう)』도 그 하나입니다. 젊은 스타인벡이 1930년대라는 미국 사회의 커다란 전환기를 직시한, 말 그대로 분노의 소설로, 스케일의 웅대함과 시적인 부드러움을 함께 갖춘 민중적 서사시로서 당시 미국문학의 기념비가 된 것입니다. 물론, 처음 출판되었을 당시는 미국 내 우익으로부터 공격을 받았고 정치적 물의의 대상으로 비화하기도 했다지만 말입니다.

가난에 지치고 당시의 체제에 끓어오르는 분노를 억누르기 어려웠던 삶을 그는 이렇게 그리고 있습니다. "굶주린 사람들의 눈 속에는 점차 끓어오르는 분노의 빛이 있다. 사람들의 영혼 속에는 '분노의 포도'가 차츰 가득하여 어마어마하게 영글어간다.……"

'분노'는 일본어로 憤怒라고 쓰고 ふんぬ 또는 ふんど로 읽습니다. 하지만 스타인벡 소설의 일본판 제목도 그렇지만, 그런 딱딱한 한문투보다는 분노는 いかり(怒り)란 말이 일반적입니다.

怒りの葡萄

'화나다'의 怒는 훈읽기로 いかる 또는 おこる입니다.

怒りん坊 툭하면 화내는 사람　　　怒り上戸 술 취하면 화 잘 내는 사람

怒り心頭に発する 화가 머리끝까지 치밀다

怒의 음읽기는 ど인데, 드물게 ぬ도 사용됩니다.

激怒 격노　　　　　　　　　　怒張 성난 듯 크게 부풀어 오름

喜怒哀楽 희로애락　　　　　　　疾風怒濤 질풍노도

怒髪、天をつく 성난 머리칼 하늘로 치솟다

p.s.

태평양전쟁의 종전 이후 비육지탄(髀肉之嘆)의 우울한 나날을 보내던 일본, 어떻게든 자국군 함대에 일장기(日の丸=ひのまる)를 다시금 높이 펄럭이며 저 먼 바다로 나갈 기회를 호시탐탐 노리던 일본. 테러 이후의 미국의 분노(いかり)에 편승하여, "機は熟した(きは じゅくした: 때는 무르익었다, 기회는 왔다!)"

隊 ^{タイ} 군국 일본의 용어도 한자로 다 통한다

일본은 과거 제국주의 시절에 막강한 권력을 쥐고 태평양전쟁을 앞장서다
시피 한 육군참모본부에 대한 반성으로, 육상자위대에는 최고사령부를 두
지 않았습니다. 전국 다섯 개 권역에 소위 '방면대(方面隊=ほうめんたい)'라 부
르는 지역부대를 두어 권력을 분산했습니다. 말하자면 다섯 개 권역은 북부
(北部), 동북(東北), 동부(東部), 중부(中部), 서부(西部) 등입니다.

그러던 일본 정부가 요즘에, 전체 육상전력을 통합 지휘하는 '중앙기동집
단(中央起動集團=ちゅうおうきどうしゅうだん)'이라는 이름의 최고사령부 설치
를 검토중인 모양입니다.

2001년 미국에서의 9·11 테러 이후, 이른바 테러위협의 상존이 일본에게
이러한 움직임의 빌미를 제공해준 것으로 생각됩니다. 게다가 북한의 핵 개
발 및 보유 사실이 천하에 드러나면서 일본은 스스로의 방위체제를 정비해
야겠다는 다짐을 더욱 새롭게 하는 것 같습니다.

보다 정확하게 말하자면, 실질적으로는 아마 할 만큼 다 해놓고서 공식적
인 정책 변화나 외교적 자세의 뚜렷한 전환을 밝힐 유리한 시점을 찾으려는
게 아닐까 싶습니다. 이를테면 일본의 우익이 부르짖는 '국방부'의 설치에
관한 공론의 본격화도 머지않은 게 아닐까 합니다.

하지만 국방부에 해당하는 현재의 방위청이, 이름이 그렇다 하여 실질적
으로 아쉬울 게 뭐가 있을까요? 또 육군을 육상자위대(陸上自衛隊=りくじょう
じえいたい)라 부르고, 해군을 해상자위대(海上自衛隊=かいじょうじえいたい)라
부른다 하여, 전투력이 달리기라도 할까요? 공군에 해당하는 항공자위대(航
空自衛隊=こうくうじえいたい)도 마찬가지.

지금의 일본에게 중요한 것은, 궁극적으로 현행 헌법의 제9조를 어떻게든
개정하든가 아니면 적어도 슬금슬금 교묘하게 해석하여 실질적인 선전(宣戰
=せんせん) 내지는 참전에 거리낌없이 나설 수 있는 근거 만들기일 것입니다.

隊는 たい라는 음읽기를 하는데, 훈읽기는 없습니다.

　아래에 소개하는 용어들도 대부분 한국어에 직수입된 것들이라 이해하는
데 무리는 따르지 않습니다.

軍隊 군대　　　　　　　　兵隊 병대

部隊 부대　　　　　　　　小隊 소대

中隊 중대　　　　　　　　大隊 대대

自衛隊 자위대　　　　　　親衛隊 친위대

海兵隊 해병대　　　　　　機動隊 기동대

歩兵隊 보병대　　　　　　騎兵隊 기병대

突擊隊 돌격대　　　　　　合唱隊 합창대

探檢隊 탐험대　　　　　　救助隊 구조대

登山隊 등산대　　　　　　応援隊 응원대, 응원부대

神風特攻隊 가미카제 특공대

　兵隊(へいたい)는 한국어로는 잘 안 쓰이는 것이지만, 일본어에서는 일반적
으로 '군대'를 가리키는 구어로 사용되며, '병사'나 '군인'을 일컬어 쓰이기
도 합니다.

붉은 잎, 노란 잎이 휘리릭 떨어져, 피어오르는 김에 감겨드는 노천온천의 정취는 상상만 해도 극락의 쾌감입니다. 도치기(栃木) 현 하고도 시오바라(塩原)는 관동지방에서도 이름난 온천마을입니다. 이곳에는 '대절탕(貸切湯＝かしきりゆ)'이란 서비스도 있어, 노천탕을 통째로 빌려 일행끼리만 즐길 수 있습니다. 비단 이곳만이 아니고, 일본 곳곳에 대절탕 서비스가 있어 상당한 인기를 끈다고 합니다.

한국에도 '대절' 온천이 있다면, 관광버스를 '대절'하여 단풍놀이를 겸하여 우르르 한번 찾아가고 싶습니다. 돌아오는 길에 일행이 많다면, 어느 산나물집이나 손두부집을 '대절'하여 계절의 미각을 즐기고, 이왕이면 노래방도 하나 '대절'해서 고성방가로 스트레스를 풀어봄직도 합니다.

대절이란 말은 이제 어쨌거나 한국어가 돼 있습니다. 하지만 이것은 엄연히 일본어 출신으로서, 貸し切り(かしきり)란 말의 한자 부분만을 한국식 발음으로 읽은 것입니다. 이 말은 동사 貸し切る(かしきる)의 명사형입니다. 빌려주되 시간이나 장소를 특정하여 배타적으로 빌려주다는 뜻으로, 말하자면 전세입니다. 切る는 보조동사로서 '끝까지 다 하다' 또는 '확실하게(성공적으로) 하다'는 의미를 실어줍니다. 예컨대,

力を出し切る 힘을 충분히 다 내다. 충분히 실력발휘하다

逃げ切る 따라붙는 것을 제치고 끝내 성공적으로 달아나다

言い切る 딱 잡아떼다. 단언하다

切る는 그렇다 해두고, 주된 동사인 貸す(かす)를 잠깐 들여다봅시다. 貸す는 '빌려주다'입니다. 그 명사형 貸し(かし)는 '빌려주기'가 되겠죠.

貸し金 빌려준 돈, 대금

高利貸し 고리대(금)

貸し金庫 대여 금고

賃貸し 돈받고 빌려주기, 임대

貸しスキー 대여 스키

貸し借り(借り貸し) 꾸기와 빌려주기, 대차

貸し事務室 대(貸)사무실, 사무실 빌려드림

又貸し 빌려온 것을 빌려주기, 전대(轉貸)

貸しを作る 빚을 만들다, 은혜를 베풀어놓다

貸し借りなければ、友情、長く続く (금전)대차가 없으면 우정이 오래간다

貸す에다 앞서의 切る와 같이 보조동사를 붙이다 보면, 빌려주는 심정이나 자세가 여러모로 달라집니다. 물론, 연용형인 貸し로 모양을 바꾸고서 보조동사를 갖다 붙입니다.

貸し倒れる 빌려준 것을 떼이다

貸し込む 많이(지나치게) 빌려주다

貸し出す 빌려주다, 대출하다

貸し渋る 빌려주기를 꺼리다

貸し越す (한도를 넘어) 빌려주다

貸し惜しむ 빌려주기를 아까워하다

貸し与える 빌려 주다(준다는 의미를 강조함)

貸し換える 만기가 된 것을 다시 빌려주다, (좀 무리가 있지만) 대환하다

이상의 말들 중에 대절의 경우와 마찬가지로 한자 부분만을 읽어내어 한국어로 편입된 것들이 있습니다. 대여, 대환, 대월, 대출 등등.

한편, 貸의 음읽기는 たい입니다.

貸借 대차

貸借対照表 대차대조표

賃貸マンション 임대 아파트

일본어의 경쟁력

종래 어른이 숟갈을 드는 것을 식사개시의 표시로 삼는 한국의 예법은, 오늘날 그 흔적을 찾아보기 어려워졌습니다. 아마 생활 형태의 변화가 주된 배경이겠지만, 그런 사소한(?) 것쯤, 사라졌거나 또는 달리 어떻게 바뀌었든 대수롭지 않다고 생각하는 것 같습니다.

さて, 일본인들은 보통, 밥상머리에서 식사를 시작하면서 또 식사를 끝내면서, 그 시작과 끝냄을 알리는 극히 정형화된 언어 의식(?)을 치릅니다.

> 시작하면서, いただきます! 잘 먹겠습니다!
> 끝내면서, ごちそうさま(でした)! 잘 먹었습니다!

이러한 말들은 밥상을 차려준 사람이나 밥을 산 사람을 향한 인사말이라기보다는, 식사라는 행위를 전후하여 그 사실을 누군가에게 신고한다는 의미를 지닙니다. 그 누구란, 일본식으로 굳이 말하자면, 神仏(しんぶつ)이라 할 수 있습니다. 따라서 혼자 식사를 하는 경우에도 일본인들은 간혹 이러한 말들을 조용히 읊조리곤 합니다. 게다가 때로는 가볍게 합장하거나 그 비슷한 몸짓을 곁들이기도 합니다.

이같은 생활습관은 워낙 강력한 것이어서 대부분의 일본인들에게는 아마 평생들 두고 거스르기 어려울 것으로 보입니다. 언어적으로 치면, 이른바 주박(呪縛=じゅばく), 즉 주문에 꽉 묶이어 벗어나지 못하는 것과도 같다고 할 수 있습니다. 그리고 이 표현들의 경우 역시, 말하는 이나 듣는 이의 나이나 계급 따위에 거의 관계없이 간결하게 정형화된 말투로 누구나 사용할 수 있습니다. 참으로 편리한 주문(呪文)인 것입니다.

언어의 경쟁력은, 총칼의 뒷받침이 그다지 힘을 쓰지 못하는 요즘 세상에 특히, 그 정형화된 표현의 풍부함 여부로 판단할 수도 있습니다. 영어 떠받들기는 한국어나 일본어나 난형난제이지만, 일본어는 그래도 정형화된 자기들 말의 표현을 비교적 풍부히 갖추고 있는 편입니다.

예컨대, 맥도날드나 켄터키치킨 같은 패스트푸드점에서, 현장에서 먹지 않고 갖고 나가는 것을, テークアウト(take out)라고도 하지만 もちかえり라는 간결한 토착어가 버티고 있습니다. 그런가 하면, 커피숍에서 리필(refill)이란 말이 한국에서는 자리잡았지만, 일본어에서는 그런 의미로 종전부터 おかわり 라는 간편한 용어가 당당히 신참 영어 リフィル에 맞서고 있습니다.

おかわりおねがいします! 리필 부탁합니다.
おかわりいかがでしょうか? 리필 해드릴까요?

이런 몇몇 사례 이전에, 영미인들의 입에 붙어 있다는 'excuse me'라는 말에 대해서도, 일본어의 すみません은 충분한 경쟁력을 지닌다고 할 수 있습니다. 어쨌든 언어의 경쟁력이란 측면에서도, 바탕이 없이는 글로벌도 없다는 것이 필자의 지론입니다!

백화점 여성용 속옷(下着＝したぎ) 매장에서 점원과 손님의 이야기 한 토막.

손님: 女房に手袋を買って上げようと思いますが、サイズが分からなくて
마누라에게 장갑을 사다줄까 하는데 치수를 알 수 없어서……

점원: 私の手で推測できますか? 제 손으로 어림해보시겠습니까?

美人の店員が男の手に自分の手を乗せながらやさしく言った
미인점원이 사나이의 손에 자기 손을 얹으면서 상냥하게 말했다

손님: うんうん、そうだ! 女房の手はあなたより一回り小さいんだ!
맞어, 맞어…… 마누라 손은 당신보다 좀 작은 것 같네!

이리하여 점원과 손님의 이해가 맞아떨어져 장갑(手袋) 한 켤레가 판매됩니다!

さて, 이야기 속에 등장하는 장갑은, 일본어로는 손자루입니다. 손자루? て가 손이고 ふくろ(연음되면서 ぶくろ)가 자루니까 그런 셈입니다. て는 手, ふくろ는 袋라는 한자입니다. 그리하여 장갑은 てぶくろ＝手袋입니다. 물론 한국어에도 袋라는 한자는 사용되고 있습니다. 예컨대, 포대(布袋＝베로 만든 자루)라는 말. 그리고 생물의 분류에서 캥거루가 유대류(有袋類)에 속한다고 말합니다.

有袋類의 경우, 초등학교 때부터 ふくろ(자루)＝袋라고 배워 익히는 일본인들이라면 '자루가 있는 동물'이라는 식으로, 적어도 말뜻은 손쉽게 이해할 수 있습니다. 그러나 한자와 담을 쌓은 처지의 사람들이라면, 유대류라는 말을 매우 전문적이고 어려운 용어로 느낄 수밖에 없습니다. 어쨌든 袋라는 한자는 일본어에서 그다지 낯선 글자가 아닙니다. 훈읽기는 ふくろ, 음읽기는 たい.

手袋 손자루가 아니라 장갑　　手提げ袋 쇼핑백

胃袋 밥통, 위　　寝袋 침낭

ゴミ袋 쓰레기봉투

戸袋 문짝주머니(지하철이나 버스의 자동문짝이 밀려 들어가는 곳 따위)

福袋 복주머니(일본에서 정초에 상점에서 하는 일종의 특별 세일 상품 자루)

재료에 따라서는 이런 것들이 있습니다.

紙袋 종이 봉투, 백화점의 종이 백 따위

ビニール袋 비닐 봉투

비유적으로 꾀보따리라든지 참을성보따리라는 말도 있습니다.

知恵袋 지혜자루, 꾀보따리

堪忍袋の緒が切れる 참을성 자루의 끈이 끊어지다. 더 이상 참을 수 없게 되다

독특한 말로서, 袋小路(ふくろこうじ)는 '막다른 길'입니다. 또, お袋(おふくろ)는 어머니를 가리키는 친근한 말투의 말입니다. 한편, 손자루가 장갑이라면 발자루(足袋)는? 이건 たび라고 읽으며 한국어의 버선에 해당합니다. 참고로 양말(洋襪＝서양 버선)은 구두 안에 신는 것이라 하여 靴下(くつした)!

말수 줄이고 듣기에 힘쓰라고들 하지만, 그래도 인간 세상에 말하기의 즐거움만 한 것이 그리 흔치는 않습니다. 그래서 달변이든 눌변이든 사람들은 오늘도 열심히 떠들고 있습니다.

'말하다'에서 출발하여 '이야기하다', '말씀하시다', '아뢰다', '뇌까리다' 등등, 높이거나 낮추거나 또는 점잖게 정중하게 '말하기'는 실로 여러 가지가 있습니다. 일본어는 어떨까요?

いう(言う), はなす(話す), かたる(語る), しゃべる(喋る), もうす(申す), のべる(述べる) 등등 적지 않습니다. おっしゃる(仰る)와 같은 경어도 있고, ぬかすや ほざく와 같은 비어도 있습니다.

ぬけぬけとほざくな!　뻔뻔하게 씨부렁거리지 마!
ふざけたことをぬかすんじゃねえよ! 말도 안 되는 소리 지껄이지 마!

さて, 노랫말 하면 가사이고, 연극에서의 말은 대사입니다. 일본어는 대사를 せりふ 라고 하는데 한자로는 台詞로 씁니다. 원래 연극 용어지만, 가끔 일상에서 어떤 '특징 있는 말'이란 뜻으로 전용되기도 합니다.

き　ぜりふ
決め台詞 어떤 상황이나 경우에 딱 알맞은 말
す　ぜりふ
捨て台詞 상대가 듣든 말든, 대답하든 말든 버리듯이 뱉는 말

예시한 두 경우 모두, 다른 말에 이어붙으면서 せりふ가 ぜりふ로 말머리가 흐려집니다. 연극이나 영화의 대사이든 노랫말이든, 세상에는 다음과 같은 튀는 세리후들이 있어 즐겁기도 허접하기도 합니다.

きみ　　　　　　おれ
君だけにもてる俺さ! 너한테만 인기 있는 나야!

オクバも凍るようなキスをしたい 어금니도 얼 듯한 키스를 하고 싶어

逢いたくなったときに君はここにいない 보고 싶어졌을 때 그댄 여기 없네

彼女が髪を指で分けただけ、それがしびれるしぐさ
그녀가 머리칼을 손가락으로 가르기만 했을 뿐, 그것이 짜릿한 몸짓

今宵あなたがいて俺の好きな酒があって、別れ話はもうやめよう
오늘 저녁 당신이 있고 내가 좋아하는 술이 있고, 헤어지잔 얘기는 이제 그만두자

つらいものね 想い出をたどれば とどかない夢のよう
가슴 아프네, 추억을 더듬으면 이루지 못할 꿈인 듯

사랑에는 여러 가지 せりふ가 필요합니다.

口説き文句 꼬시는 말

泣かせ文句 상대를 울리는 말

　결정적 순간에 날릴 決めぜりふ, 그리고 자포자기의 捨てぜりふ, 이윽고 あきらめ(포기).

동경은 대개 6월 상순에, 그리고 서울은 6월 하순경에 장마에 들어갑니다. 일본의 경우는, 필자의 기억이 맞다면 장마철에 꼬박 한 주간이나 계속해서 해를 구경할 수 없던 때도 있었습니다. 세탁이 가장 난감한 문제로 부각되기도 하지만, 그쯤 되면 상당히 많은 사람들에게, 물리적 불쾌지수를 넘어 매우 심각한 정서적 불안이 우려될 수도 있으리라 생각합니다.

그렇다고 해서 장마철에 정신병 이환율(罹患率)이나 자살률이 높다는 조사 결과가 보고된 것을 들은 바는 없습니다. 어쨌든 내려앉을 듯 두꺼운 비구름이 창밖 세상을 채우고 있을 무렵이면 인간의 고독은 더욱 견디기 어려운 것이 되고 자칫 어떤 충동으로 이끌리기 쉬워질지도 모릅니다.

일본의 문호 아쿠타가와 류우노스케(芥川龍之介, 1892~1927)에 따르면, 지옥들은 대개 지하에 있는 것으로 돼 있으나 '고독지옥'만은 지하뿐만 아니라 어디든 나타나는 것이라 여간 다루기 어려운 게 아니랍니다. 그는 35세라는 젊은 나이에 자살했습니다만, 어디서나 출몰하는 '고독지옥'과의 대결을 이렇게 그리고 있습니다.

> …… 어느 무슨 일이든 영속적 흥미를 주지 못한 채, 언제나 하나의 경계(境界)에서 다른 또 하나의 경계를 좇아 살고 있지만…… 그 지옥에서 달아날 수 없다. 그렇다고 해서 경계를 바꾸지 아니하고 있음은 더욱 괴로운 노릇이다…… 그날그날 괴로움을 잊으려는 생활을 해가지만…… 결국 그 괴로움으로부터 벗어나기 위해서는 죽어 버릴밖에 방도가 없다…….

아쿠타가와는 결국 고독지옥에 시달리다가 죽음을 그 탈출구로 삼았다고 해석할 수 있습니다. 또, 요절은 아니지만 1968년에 노벨문학상을 수상한 가와바타 야스나리(川端康成, 1899~1972)도 다분히 고독지옥에서 헤어나지 못하고 자살로써 해결을 시도했던 것이리라 추측됩니다. 일본문학의 근대화에 크게 공헌한 또 하나의 문호 모리 오오가이(森歐外, 1862~1922)도, 자살은 기도하지 않았지만, 고독지옥에 시달리고 또 맞싸우며 창작활동에 몰입

했다는 평론이 있습니다.

서양사람들도 고독하긴 마찬가지입니다.

孤独ほど良い同伴者はない 고독만큼 좋은 동반자는 없다.

― 루소(Jean Jacque Rousseau, 1712~1778)

愛とは二つの孤独がお互いに、

守り合い触れ合い迎え合うなかに存在する

사랑이란 두 고독이 상호간에

서로 지키고 서로 부딪치며 서로 맞아들이는 가운데 존재한다.

― 릴케(Rainer Maria Rilke, 1875~1926)

　　さて, 혼자를 가리키는 일본어 ひとり는 흔히 一人이라 쓰지만, 独り라고
쓰기도 합니다. 独り라고 쓰는 말 가운데 다음과 같은 단어들에 유의해봅시
다. かな 부분을 떼어내면 한국어에도 낯익은 두 음절짜리 한어(漢語)식 단어
가 모습을 드러냅니다.

独り占め 혼자 차지하기, 독점(独占=どくせん)

独り立ち 홀로서기, 독립(独立=どくりつ)

独り善がり 혼자 잘나기, 독선(独善=どくぜん)

独り舞台 혼자 연기하는 무대, 독무대

p.s.

한국어에서는 한자어(漢字語)라고 하면 한문투의 말을 가리킵니다. 그러나 일본어
에서는 고유어도 한자를 빌어 표기하는 경우가 흔하므로, 한문투의 말은 한어(漢
語)라고 해아 그 구분이 명료해집니다.

마음이 통일되어 안정된 상태, 또는 한 가지 것에 마음을 쏟아 집중된 상태를 가리키는 삼매(三昧)라는 말이 있습니다. 본디 범어(산스크리트語)의 sama-dhi란 말이 중국어식으로 음역된 것이라 합니다. 이 말은 요즘 한국어나 일본어에서 단독으로 쓰이는 경우는 거의 없고, 다른 말의 꼬리에 붙어, 어떤 상태에 푸욱 빠진 모양을 가리킵니다.

일본어 읽기는 さんまい, 다른 말에 따라붙을 경우는 탁음화하여 ざんまい입니다.

読書三昧 독서삼매   温泉三昧 온천삼매

贅沢三昧 사치에 푹 빠짐

이들 가운데 한국어로는 독서삼매 정도가 낯익습니다. 하지만 원리를 알면 얼마든지 응용할 수 있습니다.

요즘 학생들 PC방 삼매: ネットカフェ三昧

아니면 컴퓨터 게임 삼매: コンピューターゲーム三昧

우리집 아이는 핸드폰 삼매: 携帯三昧

한국의 정치가들 정쟁 삼매: 政争三昧

테헤란밸리의 젊은 벤처인들, 밤새는 줄 모르고 일 삼매: 仕事三昧

더위를 물리치거나 피하는 방법으로 독서삼매는 확실히 유력한 방법입니다. 한여름 정취라기보다 요즘은 소음으로조차 여겨지는 매미 울음 요란한 나무 그늘 아래의 독서삼매, 어떨까요!

그렇다고 칸트나 데카르트 따위에 골머리를 싸맬 필요는 없습니다. 크레용신쨩(짱구)이나 포켓몬스터의 만화는 뭐 읽을거리가 아니랍니까? 요즘은 해리포터 시리즈도 있고……. '그런 걸 어떻게……' 하시는 분은 '新코스닥 공략법'이라는 실전서에 도전할 수도 있습니다.

문제는 읽는 방법! 우선, 음읽기(どく)하는 읽는 방법들.

精読 정독　　　　　　　　　　　　通読 통독

多読 다독　　　　　　　　　　　　購読 구독

講読 강독(소리내어 읽기)　　　　熟読 숙독(줄줄 욀 듯 뚫어 읽기)

乱読 남독(마구잡이 읽기. 원래는 濫読)

さて, 읽기 싫어하는 분들을 위해 이렇게 훌륭한(?) 방식도 있답니다.

積んで置く(→つんどく) 책 쌓아두기　　並べて置く(→ナラベトク) 책 세워두기

다만 이들 ドク(トク)는 그 내용이 독서와는 다르다는 점이 문제일 뿐!
자, 이번엔 훈읽기(명사형: よみ)하는 것들.

音読み 음읽기　　　　　　　　　　訓読み 훈읽기

立ち読み 서서 읽기(사서 봐라, 그렇게 서서 공짜로 읽으려 하지 좀 말고. 요즘 큰 서점의 아이들책 코너에 가면, すわりよみ!)

斜め読み 비스듬히 읽기?(책장을 대각선 방향으로 빨리 읽어내려감)

飛ばし読み 띄엄띄엄 읽기?(중요한 듯한 대목만 읽어도……)

와리캉

한국인들이 아직 익숙해지지 못한 서양 풍습으로 더치페이가 있습니다. '네덜란드인들의 돈내기'란 말일 텐데, 누가 어떻게 지어낸 말인지는 몰라도, 이제는 물론 네덜란드 사람들만의 관습을 가리키는 것은 아닙니다.

더치페이를 '각자 내기'로 말하자는 시도가 있었지만, 말 자체도 그렇고, 그 같은 행태가 한국인들 사이에는 좀처럼 자리잡지 못하는 것 같습니다. 추측컨대, 오랜 농경문화를 바탕으로 하는 공동집단적 사회, 말하자면 이동도 적고 대가족적인 생활습관이 뿌리 깊은 탓이 아닌가 합니다. 오늘 내가 한턱내면 머잖아 얻어먹을 수 있으리라는 경험칙이 아직 유효한 사회라서가 아닐까 싶습니다. 그렇게 보면, 약탈문화의 영국인들이나 네덜란드인들이라면, 오늘 밤 배 타고 지구 저 반대편으로 떠나버리면 그만인데, 저녁 술자리, 특별히 내가 다 내야 할 이유가 없습니다.

그러한 추론은 그러나 일본의 더치페이 문화 앞에서 단숨에 그 근거를 잃고 맙니다. 우선, 일본어에는 더치페이에 해당하는 훌륭한 말, わりかん이 있습니다. 한자로는 割り勘이라고 씁니다.

今日はわりかんでいこう! 오늘은 더치페이로 하자!

이 말은 '사람 수대로 나눠진 몫'이니까 즉 '자기 몫만큼 돈 내기'란 뜻이 됩니다. 예컨대, 붐비는 오피스街의 점심 시간. 삼삼오오 식당을 찾은 회사원이나 OL(オーエル=직장여성)들이 식사를 마치고 식당을 나설 때 카운터 앞의 광경을 한번 눈여겨봅시다.

ご一緒ですか? 한꺼번에 계산합니까?
いいえ、 べつべつです 아뇨, 따로따로입니다

ヒレかつ定食ですね、せんにひゃくえんです
히레카츠 정식이시죠, 1,200엔입니다

くしやきですね、950えんです、50えんのおつりです
구시야키군요, 950엔입니다, 거스름 50엔 되겠습니다

OL 두 명의 뒤를 이어 이번에 넥타이 아저씨들 세 명이 역시 비슷한 식으로 카운터 앞에서 시간을 끌고 있습니다. 이 사람들, 식후에 찻집에 가서, 나는 블렌드 커피, 나는 레몬티, 나는 아메리칸 하면서 또 한 번 카운터 앞 체증을 빚고 있을지도 모릅니다.

이런 광경은 일본에서 그리 어렵지 않게 목격할 수 있습니다. 간혹, 어떤 식당에서는 일행이라면 한꺼번에 계산해주십사고 일부러 손님들께 요청하는 경우조차 눈에 띕니다. 한국인으로서는 이러한 일본인의 와리캉 습관을 따라잡기가 요원하다 싶습니다. 물론, 그것이 꼭 따라잡아야 할 것이냐 하는 문제도 있습니다만.

와리캉에 대한 한국인의 생리적 거부감이 큰 것과 마찬가지로, 일본인들 역시 한국적 방식을 이해하거나 수용하기에 대단한 저항감을 가지리라 생각합니다. 지난번에 누가 냈는지를 어떻게 다 기억하고, 앉을 때 어느쪽으로 자리를 잡아야 오늘 면피가 가능한지를 번번이 어떻게 다 따질지 쉬운 일이 아닙니다. 일본인들이라고 그러나 언제나 와리캉뿐인 것은 아닙니다.

きょうはおれがおごるよ　오늘은 내가 살게
おい、たまにはおごってよ!　야 가끔은 한번 사봐!

おごる는 '한턱낸다'쯤 되겠는데, 턱까지는 안 가더라도 그저 내가 산다는 정도의 뜻으로 쓸 수 있습니다. 한자로는 奢る로 씁니다. '사치하다'의 사(奢)인데, 과연 그럴 듯합니다.

아무튼 일본에서는 わりかん 덕분에, 붐비는 점심시간의 식당 카운터에 때때로 장사진(長蛇の列＝ちょうだのれつ)을 만들곤 합니다.

남북문제는 어디론가 진화하는 듯 하면서도, 여전히 그 앞길이 묘연합니다. 한국에서는 남북이라 하지만 저쪽에서는 북남이라 일컫는 모양입니다. 의례적 외교적인 경우라 하더라도 아직 많은 경우, 자기중심적 표현이 세계 어디나 일반적인 것 같습니다.

동북아시아 이 근방에서는 일찍이 '동서남북'이라는 표현이 있습니다. 서동북남도 아니고 남북동서도 아니잖습니까? 하지만 이데올로기와 자기중심주의가 빚는 '북남'같은 변칙 표현이 있는가 하면, 팍스 아메리카 시대의 영어的 표현에 맞추어야 하는 경우도 적지 않습니다. 후자의 경우라면, 오늘날 동남이나 서북 대신에 남동이나 북서가 학술적으로는 물론 일상 대화에서도 주인 노릇을 하고 있다는 점입니다.

남북한을 가리키는 일본어는 어떻게 되어 있을까요? 남쪽은 한국(かんこく =韓国), 그리고 북쪽은 북조선(きたちょうせん=北朝鮮)인데 남북을 통틀어 일컫는 경우는 어떨까요? 南北朝鮮=なんぼくちょうせん! 보통 일본사람들은 아무 속없이 쓰고 있겠지만, 은근히 한국도 조선이란 이름으로 도매금 처리되고 있습니다.

하기야, 아직도 공식적으로 일본에 한국은 있어도 '한국어'는 없으며 더욱이 '한반도'는 일반 대중의 용어로 낯설기만 합니다. 이를 오랜 역사적 근린 관계에 따른 특수상황으로 봐줘야 할지, 그들이 정한 정치적 외교적인 선택으로 이해할지 난감합니다. 말하자면 아직 일본에서는, 조선어, 조선반도란 말의 세력이 더 유력한 상황이라 할 수 있습니다.

자, 곁눈질은 이쯤 해두고 일본어로 돌아갑시다. 일본어에서는 동서남북에 해당하는 고유어와 중국 수입음 읽기가 모두 버젓하게 살아 적당히 조화롭게 쓰이고 있습니다.

동서남북에 얽힌 일본어를 뒤져봅시다.

동(東): (훈)ひがし, あずま (음)とう
서(西): (훈)にし (음)せい, さい
남(南): (훈)みなみ (음)なん
북(北): (훈)きた, (음)ほく
동서남북(東西南北): とうざいなんぼく

　어느 경우에 훈읽기하고 어느 경우에 음읽기할 것인가? 좀 무책임해 보이 겠지만, 많은 용례를 두고 반복 학습하는 것이 최상입니다. 음읽기밖에 없 는 한국어의 경우에 견주어 훈읽기하는 경우를 특히 눈여겨둘 필요가 있습 니다.

みなみはんきゅう
南半球 남반구

きたちょうせん
北朝鮮 북조선

きたたいせいよう
北大西洋 북대서양

ひがし
東ヨーロッパ 동유럽

みなみじゅうじせい
南十字星 남십자성

　외워야 하긴 마찬가지이지만, 관용적 표현 또는 관용읽기(熟字訓)로서 익 혀둘 만한 이런 것들도 있습니다.

しののめ
東雲 새벽

とうざいれいせん
東西冷戦 동서냉전

ほくとしちせい
北斗七星 북두칠성

ここんとうざい
古今東西 동서고금

とうほんせいそう
東奔西走 동분서주

あずまおとこ　きょうおんな
東男に京女 동남서녀

さいほうじょうど
西方浄土 서방정토(아미타불의 극락정토)

なんばん
南蛮 에도시대 때 특히 스페인, 포르투갈을 가리킨 말

요즘 한국에서 간혹, '염두하다'라는 엉뚱한 말을 듣게 됩니다. 염두하다? 새삼스럽지만, '염두해두다'가 아니고 '염두에 두다'입니다. "웬 국어 이야기?" 하시는 분도 있겠지만, 다음과 같은 일본어를 끌어다 생각하면 묘한 접점을 발견하게 됩니다.

念頭に置く
(ねんとう　お)

한국어의 '염두에 두다'와 비슷한 정도가 아니라 아예 같은 모양입니다.

어느쪽이 원조인가를 따질 생각은 없습니다만, 아무튼 닮은꼴 표현임에 틀림없습니다. 그러나 일본어의 경우는 한자 덕도 있고 해서, 행여 한국어에서와 같은 엉뚱한 잘못이 생길 소지는 없어 보입니다.

念頭(염두)의 念(염)이라 함은 '생각, 마음'을 가리키는데, 여기에 머리(頭)가 붙어 있어 좀 헷갈립니다.

그러나 알고 보면, 머리 두(頭)의 용법으로, 머리나 우두머리 또는 꼭대기 등 기본적인 것 이외에,

1) 시작, 처음
2) 가장자리, 주변, 끝, 한쪽

등의 쓰임새가 있습니다.

1)에 해당하는 단어들로는 先頭(せんとう), 年頭(ねんとう), 巻頭(かんとう), 音頭(おんど) 등이 있습니다. 선두, 연두, 권두는 한국어에서도 낯익은 것이고, 音頭(おんど)는 노래나 시가(詩歌) 읊기에서 첫머리를 잡는 것(사람)을 가리킵니다.

2)에 해당하는 단어로 이런 것들이 있습니다.

店頭 가게 앞   　　　口頭 구두

路頭 길거리   　　　心頭 마음속

街頭 거리 가운데, 길가

그리고는 마침내 念頭(ねんとう)의 등장입니다. 여러 용례에 비추어보니, '마음 속'이란 뜻으로 자연스럽게 이해되지 않습니까! 응용해봅시다.

巻頭言 권두언   　　　巻頭論文 권두논문

口頭答辯 구두답변   　　　街頭行進 가두행진

百尺竿頭 백척간두   　　　路頭に迷う 길거리에서 헤매다

怒り心頭に発する 몹시 화나다   　　　路頭で倒れる 길거리에서 쓰러지다

乾杯の音頭を取る 건배를 제의하다

マラソンの先頭走者 마라톤의 선두주자

大統領の年頭教書 대통령의 연두교서

株式の店頭取引 주식의 창구(점두)거래

心頭を滅却すれば火もまた涼し 마음속을 비우면 불도 차갑다

枕頭で看病する 베개맡에서 간병하다

새해가 밝은 지 한달 정도 지나면 한국에서는 설날이란 이름으로 한 번 더 1월 1일을 맞이합니다. 중국을 비롯하여 그 오랜 영향하에 있던 동아시아의 몇몇 나라 또는 민족들이 여전히 명절로 쇠는 날입니다. 민족 고유의 명절이라고 매스컴은 떠들고 있지만, 고유는 무슨 고유! 바르게 말해, 설날의 세시풍속, 즉 이 무렵의 갖가지 풍습이나 이벤트들은 분명 우리 민족 고유의 것들이라 할 수는 있어도, 설날 자체는 한민족만의 것이 아닙니다.

이중과세다 뭐다 하면서 정권들의 정략으로 놀아나기도 한 가엾은 음력 1월 1일은 그 이름까지도 이리저리 휘둘리기를 여러 차례. 설날이란 이름으로 그 당일을 전후하여 사흘 연휴로 돼 있는 지금의 신세도 대학입시 제도처럼 언제 뒤바뀔지 알 수 없는 노릇!

さて, 동아시아 하고도 동쪽 끝, 우리의 이웃 일본은 어떨까요? 결론을 먼저 말하자면, 지금 일본인의 일상에서 음력이란 사실상 완전히 잊혀진 체계입니다. 그렇다고 음력이 일본인과 전혀 무연(無緣)한 것이었냐면 물론 그렇지는 않습니다. 명치시대 초기인 1872년, 탈아입구(아시아를 벗어나 유럽에 끼자)를 부르짖으며 서양닮기의 처절한 몸부림을 하던 일본은 종래의 태음력을 집어던지고 태양력을 공식으로 채택한 것입니다. 자기들 스스로의 의지와 판단 그리고 선택이었기 때문인지, 태양력을 받아들이고 응용하는 그 자세와 행태는 참으로 놀라울 정도입니다.

무엇이 놀라운가? 이를테면 일본의 경우는, 모든 기념일이나 세시풍속의 날들조차 수치상으로만 양력으로 옮긴 것입니다! 종전에는 음력 1월 1일을 설날이라 불렀다면, 이제는 새로 채용된 양력 1월 1일을 설날이라 부르고, 만약 음력 시절의 4월 8일이 내 생일이었다면 양력 4월 8일을 내 생일로 쇤다는 것입니다. 예컨대 단오절(端午の節句)에 칠석날(七夕＝たなばた) 그리고 中元(ちゅうげん)이란 절기들은 일본인들이 과거에 나름대로의 풍습과 엮으면서 열심히 쇠던 명절들로서 각각 음력의 5월 5일, 7월 7일, 7월 15일이

었던 것입니다. 이런 명절들이, 열심히 쇠고 안 쇠고를 떠나 오늘날에는 각각 양력으로 5월 5일, 7월 7일 그리고 7월 15일로 바뀐 것입니다.

　반면, 한국에서는 당초 음력에 의해 약속되었던 정월 초하루, 4월 초파일, 중추절 그리고 내 생일이나 할아버지 제삿날 등을 여전히 음력으로 맞추다 보니, 오늘날 상용하는 양력으로는 해마다 다른 날이 돼버리는 것입니다. 그러니 아무리 작게라도 우리의 달력에는 아직 음력 표시가 불가피한 상황입니다! 어쨌든 한국에서도 음력은 거의 잊혀지고 있지만, 일본에서는 음력 얘기를 꺼낸들 아예 통하기 어렵습니다.

　일본에서는 음력을 가리켜 통상 구력(旧暦=きゅうれき)라고 합니다. 그에 대응하는 양력은 신력(新暦=しんれき)라고 하지만 그다지 자주 쓰이는 말은 아닙니다. 그리고 우리가 말하는 설날, 즉 음력 1월 1일을 집어 말하고자 할 때는 旧正月(きゅうしょうがつ)라고 하면 됩니다. 하지만 이 날은 대부분 일본인들의 기억에 없으며, 물론 공휴일도 아닙니다.

　계절의 어긋남을 감수하면서까지 양력을 수용한 일본인의 그런 태도를 형용할 때야말로 참으로 あっさり라는 말이 어울려 보이거니와, 그런 あっさり함이 곧 일본문화의 한 특징임에 틀림없습니다. 한편, 暦(れき)의 훈읽기는 こよみ 입니다.

暦年 역년(회계년도와 구별되는 통사의 달력)

還暦 환갑

p.s.

어찌된 일인지 일본은 아직 전통 연호를 고집하고 있습니다. 점차 서기(일본에서는 西暦=せいれき)의 사용이 늘고는 있지만, 아직 천황의 연호가 일상적으로 사용되고 있습니다. 2004년은 平成(へいせい) 16년!

명치(明治=めいじ) 원년　1868년, 대정(大正=たいしょう) 원년　1912년,

소화(昭和=しょうわ) 원년　1926년, 평성(平成=へいせい) 원년　1989년

つれ라는 말이 있습니다. '함께인 사람', 즉 동반자, 배우자 등의 뜻으로 사용되는 말입니다. 한자로는 連れ로 씁니다.

お連れさまは先に帰りました 함께 오신 분은 먼저 돌아가셨습니다.

동반자가 사람임을 굳이 강조하겠다면, 連れ人(つれびと)라고 해도 무방합니다. 그러나 동반자가 사람(人)이 아닌 아이(子)라면 조금 뉘앙스가 달라져, 보통 재혼하는 사람에게 딸려 함께인 아이를 가리키게 됩니다.

連れ子 또는 連れっこ

접미어로 쓰이면, 일행이란 말을 만들어내거나, 깔보거나 업신여기는 말투를 만듭니다. 이 경우는 발음이 앞말에 따라붙으면서 탁음화하여 づれ가 됩니다. 휴일 공원이나 레스토랑을 찾은 '부모와 아이의 일행'이라면 親子連れ(おやこづれ) 또는 家族連れ(かぞくづれ)라고 말합니다.

夫婦連れ 부부일행　　　　恋人連れ 연인일행

세 사람이 일행이라면 三人連れ(さんにんづれ). 길을 함께 가는 사람이라 하여 길동무는 道連れ(みちづれ). 그리고 보면 일본인들이 곧잘 읊는 말 가운데 이런 말이 있습니다.

旅は道連れ、世は情け
나그넷길 함께하는 사람들끼리 서로 어울리고, 세상살이 정을 주고받으며……

깔보거나 업신여기는 말투로는 이런 용례가 있습니다.

田舎物連れが~ 촌놈 따위가~　　　　新米連れが~ 신참 따위가~

한편, 동사로는 連れる(つれる)라 하여 데리고 가다(오다), 함께하다가 됩니다. '데리고 가다' 하면 つれていく(連れて行く)가 되는데, 한자 부분만 떼어내면 連行(れんこう)라는 경찰 전문용어가 하나 생겨납니다. 경찰의 전문용어이긴 하지만 連れて行く(데리고 가다)라는 뜻으로 쉽게 이해되는 말입니다.

동사 連れる(つれる)가 복합동사로 사용되는 말들도 많습니다.

連れ合う 함께하다, 부부가 되다　　　　連れ出す 바깥으로 데리고 나오다

連れ込む 데리고 들어가다　　　　連れ立つ 함께 떠나다

連れ添う 함께하다, 부부가 되다

이 가운데 つれこむ의 명사형은 つれこみ가 되는데, 말그대로 데리고 들어가기 입니다. 어디로? 주로 여관인가? 그래서 데리고 들어가는 여관은 連れ込み旅館(つれこみりょかん). 요즘 말로는 러브호텔(ラブホテル)!

그런데 つれ를 접두어적으로 사용하는 용례가 재미있습니다. 야채값이 뜀에 따라 과일값도 '덩달아 비싸짐' 하면, 連れ高(つれだか)입니다. 미국주가가 싸지니까 한국주가도 덩달아 싸지는 것은 連れ安(つれやす)입니다. 이런 방식으로 명사화 좋아하는 일본어에 새로운 명사가 속속 생겨나게 됩니다.

물론, つれ가 거느리는 말이 반드시 형용사의 어간에만 국한되는 것은 아닙니다. 남자들만의 생리인지 어떤지 분명치 아니하나, 소변보러 일어설 때 덩달아 나서는 경우가 곧잘 있습니다. 이처럼 '덩달아 소변보기'를 일컬어 連れ小便(つれしょうべん), 連れしょんべん 나아가 つれしょん이라 줄여 말하곤 합니다! 連れしょん의 분위기가 살려면 서서보기(たちしょん)가 전제돼야 할 테고, 그렇다면 つれしょん은 아무래도 남자들만의 정서일 것 같군요.

동음이의어

일본어는 기본적으로 모음 하나, 또는 '자음+모음'의 비교적 단순한 음절 구조를 갖습니다. 그런 만큼 발음도 상대적으로 부드럽고 수월하다고 볼 수 있습니다. 음절구조가 단순하다고 해서 단어 수가 제약되는 일은 없습니다. 다만, 보통 두 글자로 된 한어(漢語)를 음읽기하는 경우에 동음이의어가 다수 발생합니다.

그러나 적어도 일상생활의 구어에 있어서 일본어는 한국어에 비해 한어 사용의 비중이 적기 때문에, 동음이의어가 많다고 해서 의사소통에 지장이 큰 것은 아닙니다. 더욱이 글에서는 한자를 상용하는 만큼 오히려 한국어보다 문제가 덜 심각하다고 할 수 있습니다.

그런데 대화상으로 동음이의어 때문에 생길 수도 있는 오해를 피하기 위해 일부러 신경을 써야 할 경우가 있습니다. 예컨대, 일상에서 일본인들이 신경 쓰는 이런 두 가지 말을 소개합니다.

お宅の子ども、今度、小学校入学ですね?

シリツに入れることにしましたか?

댁의 아이, 이번에 초등학교 입학이죠? 사립(시립)에 넣기로 하셨어요?

일본어에서 사립(私立)과 시립(市立)이 둘다 しりつ로 같은 발음입니다. 더욱이 위 예문의 경우, 내용상으로 두 가지 어느 것도 무방한 말입니다.

이런 경우, 둘 중의 어느 것인지 분명히 하고자, 다음과 같이 말하곤 합니다.

私立: 私를 일부러 훈읽기하여 わたくしりつ
市立: 市를 일부러 훈읽기하여 いちりつ

はい、まあ、イチリツに入^いれることにしました
네, 그냥 市立에 넣기로 했습니다

두번째.

この度の施賞では カガク分野の発展に功の大きい方を選定しました
이번 시상에서는 과학(화학) 분야의 발전에 공이 큰 분을 선정했습니다

과학(科学)과 화학(化学) 이 둘 다 かがく 로 같은 발음입니다. 이 역시 전후
문맥만으로 구분하기 어려울 경우가 있습니다. 이럴 때, 후자인 화학을 두고,
굳이 化를 훈읽기하여 ばけがく 라고 말하기도 합니다.

PC통신이나 인터넷 공간에서 국어의 새로운 흐름을 관찰하다 보면 당혹스러운 경우가 적지 않습니다. 한국어나 일본어를 유심히 지켜보는 취미를 가진 필자로서는 흥미롭다면 흥미롭지만, 때론 걱정스럽거나 한심스럽게도 생각되는 일이 적지 않습니다. 하지만 그러다가도, 언어란 결국 스스로 진화하게 마련이라는 기본으로 문득 돌아가면, 그런저런 잡상이 무의미하다는 생각이 들기도 합니다.

다만 관찰과 분석은 그 나름의 의의를 가진다고 봅니다. 예컨대, '엽기적'이란 말. 통신이나 인터넷 사이트에서 갖가지 표제말로서 근래 부쩍 늘었습니다. 필자가 보기에, 이 말에서 풍기는 어감이 왠지 자극적이고 신세대 풍인 듯한 매력으로 받아들여지는 경향이 있습니다.

그렇다 하더라도, 다소 아쉬운 것은 엽기라는 말의 글자풀이를 보다 정확히 이해하고 사용하면 더 재미있을 텐데 하는 점입니다. 한자 두 자로 만들어지는 단어에 워낙 친숙해져 있는 한국어이지만, 기본적으로 한자는 한 글자마다 모양(形)과 소리(音)와 뜻(義)의 삼박자를 갖춘 완결형입니다. 따라서 가끔은, 흔히 듣는 굳어진 단어라 하더라도 하나씩 떼어놓고 음미해볼 이유와 가치가 있습니다.

엽기는 猟奇라 씁니다. '렵(猟)'은 '사냥하다'이고 '기(奇)'는 '기이함' 또는 '유별남'입니다. 그러니 엽기라 하면, '유별난 것이나 기이한 것을 찾아다니기'란 뜻이 되겠죠. '렵(猟)'의 다른 용례를 찾자면 엽색(猟色)이란 말도 있습니다. 이상 한국어의 애기였지만, 같은 맥락에서 일본어로 쉽게 이동할 수 있습니다. (단, '렵'의 바른 자는 獵이며, 猟은 일본식 약자입니다.)

猟의 음읽기는 りょう입니다.

りょう き
猟奇 엽기

りょうけん
猟犬 엽견(사냥개)

猟師 りょう し 사냥꾼

漁猟 ぎょりょう 어렵(고기잡이와 사냥)

猟銃 りょうじゅう 엽총

狩猟 しゅりょう 수렵

密猟 みつりょう 밀렵

禁猟 きんりょう 금렵(사냥 금지)

猟奇的事件 りょうき てき じ けん 엽기적 사건

渉猟 しょうりょう 섭렵

한편, 猟의 훈읽기는 특별한 경우로서 かり(사냥)입니다. 그러나 かり라 하면 狩り로 쓰는 게 일반적입니다.

우리의 사이버 공간으로 다시 가봅시다. 군데군데 눈에 띄는 '엽기적' 어쩌구 하는 말들. 원래의 말뜻보다 훨씬 경망스러운 느낌이 드는 것도 사실입니다.

p.s.

한국어의 천렵(川獵=내에서 물고기 잡기)은 일본어로도 かわりょう라는 말로 사용됩니다. 다만, 일본어의 경우는 川猟대신에 川漁로 적기도 합니다.

인생, 찾아왔다가는 떠나고 만났다가는 헤어지게 마련입니다. 그러나 슬퍼할 건 없습니다. 안타까운 헤어짐이라도, 홀연 찾아오는 새로운 만남의 설레임에 이내 자리를 내줄 것입니다.

去る者日日に疎し 떠나는 사람 날로 멀어진다.

疎し란 疎い의 문어적 표현입니다. 疎い는 うとい라고 읽는데, '서먹하다', '낯설다', '소원(疎遠)하다' 등의 뜻입니다. 이 말에 대(對)하는 '친하다(親しい=したしい)'와 견주어 생각하면 그 말뜻이 보다 명확해집니다.

さて, 예기치 못한 헤어짐에는 때로 혼란과 더불어 억제하기 힘든 눈물이 따르기도 합니다. 한국어라면 눈물도 있고 콧물도 있지만, 일본어에서는 콧물(はなみず)만 물의 일종으로 인정됩니다. なみだ(눈물)란 물로 보기엔 너무 진한 사연을 간직한, 말하자면 말초신경적 생리현상이 아님을 감안하여 독립적인 말을 부여한 것 같습니다. 한자로는 보통 눈물 루(涙)로 쓰는데, 종종 涕 또는 泪로 쓰기도 합니다.

なみだ(涙)에 얽힌 말들 그리고 사연들도 많습니다.

悔し涙 분루, 분한 눈물

貰い涙 덩달아 짜는 눈물

有難涙 고마워 흘리는 눈물

涙顔 눈물 흘리는 얼굴. 우는 얼굴

涙を催す 눈물을 자아내다

涙脆い 눈물이 잦다, 정에 약하다

涙を呑む 눈물을 삼키다

涙を堪える 눈물을 억누르다

血も涙もない 피도 눈물도 없다

涙強い 좀처럼 울지 않는다, 여간해서 눈물을 보이지 않는다

涙의 음읽기는 るい입니다.

涙液 <ruby>るいえき</ruby> 누액

涙腺 <ruby>るいせん</ruby> 누선, 눈물샘

催涙弾 <ruby>さいるいだん</ruby> 최루탄

感涙 <ruby>かんるい</ruby> 감루(감동, 감격하여 흘리는 눈물)

내친김에 우는 모습도 들여다봅시다. 울기의 의태어입니다.

しくしく 훌쩍훌쩍
めそめそ 툭하면 짜는 눈물
涙がポロリと落ちる (닭똥 같은) 눈물이 똑 떨어지네
涙をポロポロとこぼす 눈물을 줄줄 흘리다

언제부터인가 보행자나 자전거의 통행을 수월케 하려고 인도의 턱을 낮추고 계단을 경사로로 바꾸었습니다. 인도로 통행하게끔 돼 있는 자전거를 타는 이들은 물론, 보행자에게도 보다 쾌적한 생활환경으로 진일보 한 것임에 틀림없습니다.

그런데 어인 일인지 그로부터 얼마인가 지나, 인도 곳곳 특히 그런 경사로쯤에 돌기둥이 들어서기 시작하더니, 이제 길거리의 독특한 풍물로 자리잡기에 이르렀습니다. 대체 웬 돌기둥? 자전거 통행자나 보행자에게 편리하도록 한 그 조치는 결과적으로, 오토바이와 심지어 사륜 자동차들을 인도의 침입자로 만들었던 것입니다! 인도를 폭주하는 스쿠터들 특히 방약무인(傍若無人=ぼうじゃくぶじん) 좌충우돌하는 철가방 부대의 질주에, 가엾은 보행자들은 혼비백산 우왕좌왕 그러다가 가슴을 쓸어내려야 하는 일상을 체험하고 있습니다.

오토바이에 쫓긴 자전거는 오히려 차도로 내몰리고, 연약한 보행자는 인도 통행경력이 훨씬 짧은 자동이륜이나 사륜 눈치를 보며 어깨가 좁아지고 있습니다. 우리에게 안전한 보도를 돌려다오!

われわれ　あんぜん　ほどう
我我に安全な歩道をかえせ!

さて, '자전거' 하면 중국이 연상되기도 하지만, 자전거 통행은 역시 선진국의 일상(日常=にちじょう)에서 더 자연스럽게 볼 수 있는 광경입니다. 일본 역시, 사람들의 일상에 가장 친근한 탈것(のりもの)은 자전거입니다! 일본어의 자전거는 공교롭게도(?) 한국어와 같은 自転車인데, じてんしゃ라고 읽습니다. 그리고 흔히 듣는 속어로 チャリンコ라고도 합니다. 한국어라면 따르릉 따르릉 하는 소리가 일본어에서는 チャリンチャリン인데, チャリンチャリン하는 것이란 뜻으로 チャリンコ! 그러고 보면, 일본인들의 고독한 도박을 상징하는 パチンコ도 パチンパチン(손가락 끝으로 구슬 튀기는 소리)에서 온 말로, 말 만들기에 있어서 チャリンコ와 같은 형태입니다.

　자전거 얘기로 돌아가겠습니다. 앞쪽엔 장바구니, 뒷쪽엔 아이용 보조좌석으로 돼 있는 것을 젊은 엄마들의 자전거라 하여, ママのチャリンコ에서 ママチャリ로 줄여진 말도 있습니다. 한편, 다음과 같은 경우의 바퀴 륜(輪)은 특별히 자전거를 가리킵니다.

銀輪 은륜

競輪 경륜

駐輪場 주륜장(자전거 두는 곳)

　오토바이는 보통 バイク라고 말합니다. 그런데 도로교통법 같은 데서는 공식적으로 自動二輪(じどうにりん)이라고 부르기도 합니다. 일본에서는 배기량 50cc 미만의 '원동기 붙은 자동이륜(흔히 스쿠터라고 하는 것)'을 가리켜, 원동기의 原과 붙이의 付를 따서 흔히 原付(げんつき)라고 부릅니다. 오토바이 하면 단연 혼다(本田)라는 브랜드가 떠오릅니다. 이밖에도 일본에는 カワサキ, スズキ, ヤマハ 등 내로라하는 브랜드가 줄줄이 있습니다.

　만약 물건 만들기를 잡기(雜技)라 한다면, 대체 일본인들의 잡기 실력은 언제 어떻게 축적되었는지, 그 바탕은 대체 무엇인지, 일찍이 工을 깔보기만 했던 우리 선조의 후손으로서는 이해하기 어려운 奇(기)현상입니다.

　한편, 輪의 훈읽기는 わ로서, 고리나 그 모양을 가리키는 말입니다.

指輪 반지

輪切り 둥글납작하게 자르기

輪投げ 고리 던지기

輪ゴム 고무밴드

花環 화환

内輪 집안(내부)

輪中堤 둑으로 둘러친 둥그런 지형(여의도의 '윤중제'는 일본식 한자어로 '섬둑' 또는 '둑'이라고 써야 함)

다행인지 불행인지, 인간은 잊을 수 있기 때문에 평상의 감각을 되찾으며 다시 내일로 향할 수 있습니다. 실연이나 이별의 아픔을 치유하는 것도 인간에게 내재하는 망각이라는 마법의 힘 덕분일 것입니다.

　일본어에서 '떠나다', '멀어지다'는 말은 はなれる인데 보통 離れる로 씁니다. 그 연용형인 はなれ(離れ)가 다음과 같은 흥미로운 용법으로 사용되는 경우가 있습니다.

子の親離れより親の子離れがもっと難しい
자식의 부모 떠나기보다 부모의 자식 떠나기가 더 어렵다(자식이 부모품을 벗어나 홀로서기보다, 그 반대로 부모가 자식으로부터 떨어지기가 더 어렵다)

この頃有権者の票離れが激しい
요즘 유권자의 표 떠나기(투표 안하기)가 심하다

最近東南アジア観光客の韓国離れが著しい
최근 동남아 관광객의 한국 떠나기(한국 외면하기)가 두드러지다

彼女はどこか日本人離れした顔をしている
그녀는 어딘지 일본인 벗어난(일본인과 다른) 생김을 하고 있다

今どき, 浮世離れした暮らしを堪能する人たちがいる
요즘, 뜬세상 벗어난(속세와 사뭇 다른) 삶을 즐기는 사람들이 있다

　이상의 예문들에서처럼 はなれ는 어떤 명사에 바로 붙어, 그로부터 멀어지기, 벗어남, 색다름 등의 뜻을 지니는 일종의 명사구를 만드는 기능을 합니다.

　子離れ(こばなれ), 親離れ(おやばなれ), 票離れ(ひょうばなれ), 韓国離れ(かんこくばなれ), 日本人離れ(にほんじんばなれ), 浮世離れ(うきよばなれ) 등등. 일본어는 역시, 명사 또는 명사구 만들기의 귀재입니다! 다만, 발음을 편하게 한다(音便)

는 취지에서 はなれ가 전부 ばなれ로 바뀜에 유의해야 합니다.

　한편, 離(리)를 음읽기하면 り입니다. 離散(りさん, 이산), 距離(きょり, 거리), 分離(ぶんり, 분리) 등, 음읽기하는 한어(漢語)들은 한국어와도 거의 통합니다. 음읽기하는 말 가운데 이혼(離婚＝りこん)이라는 말은, 말뿐만 아니라 그 진화하는 양상도 두 나라에 공통입니다. 최근 일본에서 이혼의 한 특징으로, 아내가 남편에게 이혼을 요구하는 사례가 현저한 증가하고 있다는 것입니다. 일본인답게 그 사연인즉, 다음과 같이 모호한 것입니다.

なんとなく夫に物足りなさを感じた 왠지 모르게 남편에게 부족함을 느꼈다

　불황이 길어지는 가운데, 최근 일본사회의 한 신드롬으로 자리잡은 '구조조정(リストラ)'의 여파, 이를테면 '구조조정 이혼'이 늘었다는 해석도 있습니다.
　하지만 아내가 남편을 구조조정하는데 왜 그 반대는 안 되는 것일까? 일본 남자들. 회사에서 구조조정 퇴직당해, 집에서는 구조조정 이혼당해……. 정말 딱합니다. (사돈 남 말 하지 말라고?)

일본을 가리킬 때 '일본열도(日本列島＝にほんれっとう)'라고 표현하는 경우가 많습니다. 섬나라, 즉 しまぐに(島国)라는 말도 흔합니다만, 일본열도라고 하면 좀 점잖은 어감으로 글자 그대로 '죽 늘어선 섬들의 나라 일본'이라는 뜻이 됩니다.

일본이 영토주장을 하는 북방4도(くなしり, しこたん, はぼまい, えとろふ)를 제외하더라도, 북해도 서북쪽의 작은 섬들 礼文(れぶん), 利尻(りしり)로부터 오키나와 서남쪽의 이시가키(石垣島), 미야코(宮古島), 이리오모테(西表島), 요나구니(与那国島)에 이르기까지, 참으로 일본은 긴 '열도'입니다. 생각해보면, 언제 그렇게 장대한 땅을 차지했는지, 한편으로 부럽기조차 합니다.

물론 주된 섬은 북해도(北海道＝ほっかいどう), 본주(本州＝ほんしゅう), 사국(四国＝しこく), 구주(九州＝きゅうしゅう)의 네 섬입니다. 동북쪽에서 서남쪽으로 길쭉하게 뻗은 이 일본열도의 주요 도시들은 해안 근처를 중심으로 발달했거니와, 크게 보면, 태평양에 면한 쪽과 동해(日本海＝にほんかい)쪽으로 나누어볼 수 있습니다. 이 두 바다 중에서도 상대적으로, 태평양쪽에 치우쳐 주요 도시들이 발달했음을 알 수 있습니다.

그리하여 태평양쪽을 가리켜 일본의 겉(表)이요, 그 반대인 일본해쪽을 가리켜 속(裏)이라는 속칭이 생겨나기도 했습니다. 말하자면, 겉 일본(表日本＝おもてにほん)과 속 일본(裏日本＝うらにほん)입니다. 엄밀하게는, 본주(本州＝ほんしゅう)를 놓고서 그 태평양쪽인가 아니면 동해쪽인가를 구분하여 말합니다.

한국어로 겉과 속이라 하면 '속'이 더 나은 게 아닌가 하는 오해가 있을 수도 있습니다. 그러나 한자의 表와 裏, 그리고 이들에 대응하는 일본어의 おもて와 うら는 확연히, 전자가 긍정적인 어감을, 그리고 후자는 어두운 어감을 갖습니다. 이를테면, 사람 눈에 잘 띄고 밝으며 그래서 얼굴이기도 한 것이 表(おもて)인 반면, うら는 그 반대로, 숨겨져 있고 또 드러내고 싶지 아니

하며, 심지어 나쁘기조차 한 경우들입니다.

한국어의 어감으로는 차라리 양과 음에 가깝습니다. 表日本(おもてにほん), 裏日本(うらにほん)이라는 말에는 그런 명암이 뚜렷이 실려 있기 때문에, 요즘 세상에는 적어도 내놓고 말하기를 꺼리는 분위기입니다. 금구(禁句=きんく) 인 셈입니다.

어쨌든, 일본어로는 겉은 おもて이고 한자로는 表를 씁니다. 그리고 그 반대가 うら, 한자로는 裏입니다. 한자를 보면, 表나 裏나 둘다 '옷 의(衣) 변(ころ もへん)'입니다.

그러니 옷감의 겉과 안, 이를테면 신사복의 겉감과 안감을 가리켜 말할 때 일본어로는 다음과 같이 말합니다.

おもてじ
表地 겉감

うらじ
裏地 안감

겉과 안을 싸잡아서 말할 때, 한문투로는 表裏(ひょうり)라고 하는데, 고유 어로는 안을 먼저 말하여, うらおもて(裏表)라고 합니다. 겉 다르고 속 다르다 고 하면 한문투로 표리부동(表裏不同=ひょうりふどう)이고, 겉이나 속이나 다 를 것 없다 하면 表裏一体(ひょうりいったい)입니다. 표리일체는 쉬운 구어체로 는 裏も表もない(うらも おもても ない)라고 말할 수도 있습니다.

하지만 이 세상, 아무래도 표리부동의 경우가 많은 것 같습니다!

よ せいじか おもて いちえん うら
世の政治家、表では一円ももらいません、裏では、ガブガブ!
세상의 정치가, 겉으로는 1엔도 안 받겠다, 속으로는 꿀꺽꿀꺽!

그리고 훈읽기라는 요물로써 한자읽기를 무지막지하게 어렵게 하는 일본 어도 표리부동!

안 또는 속의 裏를 좀 더 살펴봅시다.

うらう
裏打ち 뒷받침(=裏付け)

うらづ
裏付け 뒷받침, 입증

裏返し (겉과 속을)뒤집기

裏書 이서, 배서, 뒷받침

裏金 뒷돈, 검은 돈

裏口入学 부정입학

裏口営業 불법영업

裏切り 배반

裏芸 숨은 재주

裏声 가성

裏作 그루갈이, 이작

裏口 뒷문, 꽁수, 불법 또는 부정한 수법

裏目に出る 기대한 것과 반대의 결과가 나타나다

裏をかく (상대방의) 허를 찌르다. 의표(意表)를 찌르다

口裏を合わせる 말(입)을 맞추다, 짜다

裏目 주사위의 (기대한 쪽과) 반대쪽 눈

裏手 뒤쪽, 안쪽

裏庭 뒷마당

裏話 뒷얘기, 숨은 얘기

裏腹 등과 배, 겉과 속, 거꾸로임

裏ビデオ 불법 비디오

裏道 뒷길, 뒤안길

屋根裏 다락방, 지붕밑

九回裏 (야구) 9회말

路地裏 뒷골목

욕지거리

問答無用(もんどうむよう)라는 일본어가 있습니다. 글자 그대로, 묻고 답하고 할 필요 없다는 뜻입니다. 특히 시대극(時代劇=じだいげき)에서라면 대립하는 쌍방간에, 이 말 한마디로, 심지어는 이런 말조차 없이 곧장 칼부림이 전개되는 경우가 적지 않습니다.

말이 필요없다는 것이죠. 이미 적대적인 상대임이 확인되기만 하면, 구차스럽게 말로 더 시비를 가릴 필요 없이 행동으로 의사 표시를 밝히겠다는 의미로 해석할 수 있습니다.

그래서인지, 말로 하는 일본어의 욕지거리는 한국어에 견주어 초라해 보입니다. 대표적인 것이라면 남녀노소 폭넓게 이용하는 ばか(馬鹿), ばかやろう(馬鹿野郎) 정도로, 말뜻은 '바보', '바보자식'쯤 됩니다. 한편, '제기랄'이나 '빌어먹을'처럼 혼자말 반 너도 들어라 반 하는 말로는 ちくしょう(畜生)가 대표적입니다. 입이 일그러지다 보니 발음이 ちきしょう로 곧잘 바뀝니다. ㄱ받침 좋아하는 한국인이 듣기에는 '칙쇼'로 들리기도 합니다.

くそ도 ちくしょう와 비슷한 방식으로 사용되는 욕지거리입니다. くそ의 어조를 세게 하여 くそったれ라고도 합니다.

한편, 접미사 め를 활용하여 욕의 정도를 높이는 방법이 있습니다. 바보의 ばか에 め를 붙여 ばかめ와 같이 쓰는 경우입니다. 이것은 널리 보통명사에 붙여 사용할 수도 있습니다.

적의를 드러내는 욕지거리가 대단치 않거나, 그저 입 다물고 있다고 해서, 그 일본인이 화나 있지 않다고 생각하는 것은 중대한 오해입니다!

魔 ^マ 마가 끼었던 것 같습니다

근자에 한국에서 유행처럼 남발되는 엽기적이란 말, 아마 인터넷이 그 유행의 온상이 아니었을까 추측합니다. 좀 아쉬운 점은, 말이 워낙 남용되다 보니, 그다지 대단한 것도 아닌데 사용되는 경우가 적지 않습니다.

이 정도는 돼야 합니다. 이를테면, 일본의 구석기 연대를 더 멀리 하고자, 유물을 일부러 파묻고는 마치 새로 발굴했다는 희대의 名연기를 해치운 일본의 어느 고고학자 藤村新一(ふじむら しんいち). 비약하는 것 같습니다만, 그야말로 이런 엽기적 작태를 서슴지 아니하는 일부 일본인의 정신상태로 미루어볼 때, 그 옛날 일제의 식민사관이란 것이 날조이고도 남음이 있지 않았을까 하는 추측을 해봅니다.

어쨌든, 일본어에서 재미있는 것은, 이런 엽기의 주인공이 여차해서 경찰 신세가 되어, "대체 왜 그런 짓을?"이라는 질문을 받았을 때 역시 그 잘난 決まり文句(상투어) 한 마디를 던진다는 것입니다. 무슨 決まり文句(きまりもんく)?

魔がさしました!

문구 자체의 뜻은, 자신의 의지와는 무관한 제3의 힘에 의해 저질러진 일이라는 것인데, 생각해보면 이런 말이야말로 성숙한 인간으로서의 책임 있는 자세와는 거리가 먼 것이 아니겠습니까? 무사도의 전통이 묘한 구석에 살아 있어 변명 늘어놓기를 매우 싫어하는 일본이지만, 분명 변명투인데도 불구하고 이 말은 일본에서, 말하는 이나 따지는 이 쌍방에게 안도감을 주는 문구인 것 같습니다. 이는 정형화된 상투어가 지니는 마력 때문이기도 하겠거니와, 다른 한편으로 마(魔)라는 악령의 존재와 그 활동을 쉽게 긍정하는 사고가 깔려 있기 때문이리라 추측합니다.

어쨌든 마(魔)의 사전적 의미는 산스크리트語의 mara가 음역된 것으로서,

'사람의 마음을 어지럽히는 악령', '불가사의하고 수수께끼 같은 것' 정도입니다. 후자의 용례를 보자면, 100미터 단거리 '마(魔)의 9.8초 벽'이라든지 마라톤 '마(魔)의 2시간 벽' 등이 있습니다. 또, 마(魔)의 버뮤다 트라이앵글도 있습니다.

악령이나 귀신의 존재에 보다 관대한 일본, 그런 만큼 마(魔)에 관련된 용어도 한국어보다는 풍부한 것 같습니다.

悪魔 악마　　　　　　　　　閻魔 염라(閻羅)대왕

魔力 마력　　　　　　　　　魔物 마물, 악마

魔法 마법　　　　　　　　　魔界 마계, 악마가 사는 세계

魔法瓶 보온병　　　　　　　断末魔 단말마/숨을 거두는 순간의 고통

魔性 마성/악마의 성질, 악마와 같은 습성

邪魔 방해물, 본래는 불교에서 일컫는 사악한 악마

通り魔 길거리의 악마, 길거리에서 느닷없이 행인을 칼로 찌르는 사람

'나쁜 것', '지독한 것', '병적인 것'을 가리키는 비유적 용법도 있습니다.

病魔 병마　　　　　　　　　水魔 수마, 홍수귀신

睡魔 수마, 잠귀신　　　　　電話魔 전화마(전화광)

친숙한 관용구로서, 한국어와 같은 의미의 호사다마가 있습니다.

好事、魔多し

이라크 전쟁 전에 크게 올랐던 유가가 전후에 좀 떨어지는가 싶더니, 비교적 높은 수준에 머무르고 있습니다. 휘발유 값이 요즘은 1리터당 1,400원 시대입니다. 휘발유의 시판가격을 국제적으로 비교하면 한국은 세계적으로도 매우 비싼 편입니다. 더욱이 1인당 국민소득을 기준으로 한 상대가격을 비교하자면, 대만이나 일본에 비해 2배 이상 비싼 수준이라고 합니다. 한국의 휘발유 값은 왜 이렇게 비쌀까요? 휘발유도 비싸야 잘 팔리는 것일까요?

　답은 단순명쾌(単純明快＝たんじゅんめいかい), 세금(税金＝ぜいきん)입니다! 그러니까 사실 주유소에 들러서 이렇게 말한다 해도 과언이 아닙니다.

　　여기, 가득 채워 주세요, 세금으로!

　　すいません、マンタンおねがいします、税金で!

　さて, 한국어의 휘발유를 일본어로는 보통 ガソリン이라고 말합니다. 한국에서 기름이라고 하는 것처럼 あぶら라고 하기도 합니다. 이 ガソリン 또는 あぶら를 탱크(タンク)에 가득 채우는 것이 바로 満タン(まんたん)입니다. 물론 탱크에 가득 채워져야 할 것이 반드시 가솔린이어야 할 이유는 없습니다. 물(水)일 수도, 다른 화학약품일 수도, 또는 레미콘이라면 탱크 안에 가득한 건 콘크리트가 되겠죠. 다행히도 요즘, 한국의 주유소에서는 종전의 만탕이 '가득'으로 바뀐 것 같습니다.

　　탱크(タンク)에 가득함이 満タン이라면

　　하늘(天＝てん)에 가득함: 満天

　　얼굴(面＝めん)에 가득함: 満面

　　돛(帆＝はん)에 가득함: 満帆

배(船＝せん)에 가득함: 満船

산(山＝さん)에 가득함: 満山

마당(場＝じょう)에 가득함: 満場

베이스(塁＝るい)에 가득함: 満塁

順風満帆 순풍만범　　　　　満身創痍 만신창이

満場一致 만장일치　　　　　満山紅葉 만산홍엽 (산에 가득한 단풍)

満船の喜び (고기잡이가 잘 돼)배 가득히 채운 기쁨

　이밖에 배에 가득한 満腹(まんぷく), 홀에 가득한 満堂(まんどう), 천하에 가득한 満天下(まんてんか) 등도 있습니다.
　한편, 満의 훈읽기는 みちる(차다)입니다.

任期が満ちる 임기가 차다　　　　月が満ちる 달이 차다(보름이 되다)

好意に満ちた激励の言葉 호의에 찬 격려의 말

벼룩도 낯짝이 있지

사람 눈에 잘 띄는 인체의 주요 부분들에 관해서는 자연히, 그것을 가리키거나 부르는 이름도 여럿 있게 마련입니다. 예컨대 얼굴의 경우, 낯이라는 다른 이름이 있는가 하면, 이를 비하한 낯짝이란 말도 있습니다. 이 같은 발상은 일본어의 경우도 그다지 다를 바 없습니다.

얼굴은 かお라 하고 한자로는 顔입니다. 낯짝에 가까운 어감의 말로는 つら가 있어, 이것은 한자로는 面(면)으로 씁니다. 面의 음읽기는 めん입니다.

우선, 음읽기하는 말들을 살펴봅시다.

めん
面 탈, 가면

ふくめん
覆面 복면

めんぼく
面目 면목

めんぼく た
面目が立つ 면목이 서다

めんぼく うしな
面目を失う 면목을 잃다

めんぼく
面目をつぶす 면목을 뭉개다

てつめんぴ
鉄面皮 철면피

メンツ
面子 체면(중국어식 표현인데 곧잘 쓰임)

めんめん
面面 면면, 얼굴들

じゅうめん
渋面 떫은 얼굴 (しぶつら)

しんぶん せいじ めん
新聞の政治面 신문의 정치면

めん こ
面子 딱지(아이들이 갖고 노는 것)

のうめん
能面 전통 연극 能(のう)에 사용하는 탈(가면)

めんぼく めんぼく し だい
面目ない、面目次第もない 면목 없다

めんぼくまる
面目丸つぶれ 면목을 온통 잃음(めんもくで로 읽는 경우도 있으나, 이는 체면보다 주로 얼굴, 용모의 뜻으로 주로 사용됨)

めんじゅうふくはい
面従腹背 면종복배(얼굴로는 따르고 뱃속으로는 거스르다)

か めん
仮面ライダー 가면라이더(1970년대 인기 TV만화)

めん む
面と向かって 직접 대놓고, 얼굴을 맞대고

つら(낯짝)로 훈읽기하는 말들에는 어떤 것이 있을까요?

ばか面 바보같은 얼굴, 멍청한 얼굴　　しかめっ面 찡그린 얼굴

悪人面 악당얼굴, 악인상(相)　　　　　泣き面に蜂 우는 낯에 벌, 설상가상

仏頂面 무뚝뚝한 얼굴(표정)　　　　　面の皮が厚い 낯가죽이 두껍다

脹れ面 뽀루퉁한 얼굴, 못마땅하다는 얼굴(=ふくれっつら)

이밖에 面에는 おも 또는 おもて 라는 훈읽기가 있는데 문어적이거나 고풍스러운 느낌이 듭니다.

面長 얼굴이 긺, 긴 얼굴　　　　　　面影 눈에 떠오르는 얼굴의 모습

面持ち 표정, 안색, 기색　　　　　　細面 갸름한 얼굴

面映ゆい 낯간지럽다, 쑥스럽다　　　面をあげよ! (시대극)고개를 들라!

往時の面影をとどめる 지난날의 모습을 띠다

좀 독특한 읽기를 하는 것으로 水面이 있는데, 평범하게 음읽기하여 すいめん이라고도 하지만, みなも라고 고풍스럽게 읽기도 합니다.

임진왜란의 장본인 도요토미 히데요시(豊臣秀吉, 1538~1598)는 역사적으로 알려진 이름만도 세 가지나 됩니다. 그것도 퍼스트네임이 아니라 성(姓)이 판이한 이름들인 것입니다. 그렇다고 중국이나 조선의 귀족들에게 일반적이었던 호(號)가 여럿이란 말도 아니고, 요즘식으로 말하자면 호적을 여러 번 바꿔가며 풀네임까지 달리했던 것입니다. 그가 아직 노부나가 밑에서 하급 무사이던 시절에는 木下藤吉郎(きのした とうきちろう), 그 능력을 인정받아 상급 장교로 출세한 후는 羽柴秀吉(はしば ひでよし), 그리고 노부나가가 죽은 뒤 천하를 거머쥐고 조선침략을 지휘하던 시절에는 우리에게 알려진 豊臣秀吉(とよとみ ひでよし)란 이름을 사용했습니다. 히데요시의 경우에서도 보듯이, 이름보다는 오히려 성이 확실히 바뀌고 있습니다. 그렇다고 그의 아버지가 몇 번씩 바뀐 것도 아닐 텐데, 한국인의 입장에서 보면 참으로 놀라운 변신입니다.

이름과 그 사회의 문화적 특성에 관한 전문적 이야기를 하려는 것은 아니지만, 이처럼 히데요시의 경우만 보더라도, 역사적으로 일본인의 성(姓)이나 이름(名)에 관한 관념은 한국과는 사뭇 다른 배경을 깔고 있다는 것입니다. 아주 피상적으로 말하자면, 이름에 대한 관념이나 자세가 한국인에 견주어 '훨씬 유연하고 신축적'이었다고 생각할 수 있습니다. 물론, 오늘날 일본인의 이름쓰기는 메이지(明治)시대의 근대화 과정에서 그 룰이 체계화되고 정립된 것으로서, 역사적인 경우와는 좀 다릅니다. 그래도 그런 역사적 관념이 바탕에 깔려 있어, 일본인들은 결혼으로 성이 바뀐다 해도 그다지 저항감을 갖지 않습니다.

한편 이런 점과 비교해볼 때, 한국인의 성에는 좀 짚고 넘어가야 할 구석이 하나 있습니다. 한국에서는 핵가족이라 하더라도, 전원이 모두 같은 성이 아닙니다! 어머니만이 성을 달리하고 있음이 우리로선 아무렇지도 않은 당연한 것이지만, 시각을 바꿔 서구인이나 일본인에게는 대단한 흥미거리

일 수도 있습니다.

　일본인의 이름으로 되돌아갑니다. 일본인의 이름을 보면, 그 배경이나 원인은 접어두고, 이름보다는 성의 갯수가 오히려 많을 정도입니다. 그래서만은 아니겠지만 일본인이 사람을 부를 때, 대체로 이름보다는 성으로 부르는 경우가 많습니다. 성(姓)이란 일본어에도 있는 말이지만, 미묘한 개념의 차이를 무시한다면 보통은 이 대신, みょうじ(苗字 또는 名字)라는 말이 사용됩니다. 名의 훈읽기는 な, 음읽기는 めい 또는 みょう입니다.

姓名 성명

名前 이름(가장 구어적이고 일반적인 것)

本名 본명

呼び名 부르는 이름, 호칭

芸名 예명

名実共に 명실공히

名目 명목

名前負け 이름만 못한 실속

浮き名を流す 화류계에 이름을 날리다, 바람피우고 다니다

名은 사람 수를 헤아릴 때의 조수사로 사용되기도 합니다.

一名 한 명

二名 두 명

신센구미(新撰組)

일본사에서 어느 시대를 가리키는 말로 幕末(ばくまつ)라는 게 있습니다. 시기적으로는 1853~1867년까지의 약 14년이란 매우 짧은 기간으로서, 에도 시대가 문을 닫는 마지막 14년에 해당합니다. 에도 시대를 달리 일컬어 도쿠가와 막부(幕府) 시대라고도 하거니와, 막부(幕府)의 말기(末期)를 줄인 말이 바로 막말(幕末), 일본어 읽기로 ばくまつ인 것입니다.

이 무렵을 굳이 따로 구분하여 일컫는 데는 충분한 이유가 있습니다. 일본의 쇄국적 전통사회가 서양 제국주의에 부딪히면서 엄청난 혼란과 동요를 겪으며, 이후 일본이란 나라의 명운을 좌우할 일대변혁을 준비한 기간이기 때문입니다. 서세동점기의 막강한 서양열강의 거대 함선과 대포를 코앞에 두고, 짧지만 밀도 높은 이 시기에 결과적으로 일본은 기막히게 현명한 선택을 했던 것입니다. 말하자면, 서양의 식민지화를 모면했을 뿐만 아니라, 오히려 명치유신(1867)이후 불과 10년도 안 되어 당당히 서양의 흉내를 내어 우선 가까운 조선(1876년, 운양호 사건)으로, 이어서 청나라, 러시아로 돌진하게 됩니다.

幕末(ばくまつ). 도쿠가와(德川) 260년 정권이 막을 내리려는 시기였던 만큼, 그야말로 대단한 정치적 사회적 소용돌이에 휩싸였던 때였습니다. 단순화한 당시 일본 국내의 정치구도는, 막부를 쓰러뜨리려는(討幕=とうばく) 세력과 막부체제를 지키려는(佐幕=さばく) 세력의 충돌과 대결로 요약할 수 있습니다. 하지만 여기에는, 일본에 독특한 막번(幕藩) 및 왕실구조에 외세까지 이해당사자로 얽히기 때문에 실력이나 이념 대립의 양상은 매우 복잡한 형태로 전개됩니다. 결국, 도쿠가와 막부 시대가 문을 닫고 이른바 왕정복고로 결판나면서 근대 일본사의 큰 획이 되는 명치유신으로 이어지게 되는 거죠.

さて, 이 막말에 활약한 갖가지 세력들 가운데, '신센구미'라는 게 있습니다. 한자로는 新撰組 또는 新選組로 씁니다. 이들은 말하자면, 실직한 무사들로 이루어진 무력단체입니다. 1863년 3월, 도쿠가와 막부는 왕실이 있던 경도에서의 反막부 분자들을 단속하려는 목적으로 낭인(실업상태의 무사)들을 모집하고, 이에 응한 무사들로 일종의 치안 경비대가 결성됩니다. 결성후 얼마 안돼 내분을 겪으면서 일단 결렬되었으나, こんどういさみ(近藤勇) 등이 조직을 재건하면서 막부로부터 '신센구미'라는 조직명을 하사받습니다. 이후, 이들은 유감 없이 살인검을 휘둘러 '막부 쓰러뜨리기(討幕)'를 획책하는 이른바 존왕양이(尊王攘夷)파 낭인들을 상대로 피의 숙청을 벌입니다.

1864년 6월, 이들 활동과 운명의 절정이라 할 수 있는 이케다야(池田屋)사건으로 존양파 지사들 30명을 일망타진하는 대살륙극을 벌임으로써 신센구미의 이름은 역사 기록의 전면에 부각됩니다. 그러나 이후, 이들의 시대착오에서 비롯되는 조직적 및 사상적 모순이 점차 표면화하면서 내부숙청이 일어나고 이후 빠른 자멸의 길을 걷게 됩니다. 이들의 전력(戰力) 또한, 거대한 총포의 화력을 앞에 두고, 시대를 거스르는 검술에 매달리는 어리석음으로 급속히 쇠퇴할 수밖에 없었습니다. 대장 곤도는 결국, 명치유신으로 관군에게 붙잡혀 처형됨으로써 풍운의 삶을 마감합니다. 이들이 결성되고 활동을 벌여갈 무렵, 시대의 흐름은 이미, 막부의 몰락과 명치라는 신시대의 시작으로 기울고 있었던 것입니다.

충신 이야기의 대표격인 충신장(忠臣蔵=ちゅうしんぐら)와 비교되기도 하는 이 신센구미의 이야기는, 맹목에 가까운 충성에 공감하는 일본인들에게 여전히 사랑받는 이야기이기도 합니다.

'묻다'는 말로 일본어에 とう(問う)가 있습니다. 이 '묻다'를 곰곰이 따져보면
몇 가지로 나누어집니다.

　1) 묻다(일반적인 きく에 견주어 문어적임)
　2) 따지다(질문하다, 힐문하다)
　3) 제한적이지만, 죄를 씌워 공격하다
　4) 문제 삼다

각각의 용례를 몇 가지 들면 이렇습니다.

1) 道を問う, 安否を問う, 民意を問う　길을 묻다, 안부를 묻다, 민의를 묻다

2) 余罪を問い質す, 問い詰める　여죄를 추궁하다, 따져묻다(복합동사적 용법)

3) 殺人罪に問われる　살인죄를 추궁(혐의, 의심) 당하다

4) 今回の募集に男女の別は問わない
　　이번 모집에 남녀의 구별은 문제 삼지 아니한다

5) 新しく当選された大統領の指導力が問われる
　　새로 당선된 대통령의 지도력이 의문시된다(궁금하다)

관용구로는 이런 것들이 있습니다.

問わず語り　묻지도 않은 말을 (저 혼자) 주저리주저리

問うに落ちず, 語るに落ちる
따져물을 때는 꿈쩍 않더니, 저 혼자 말하면서 제풀에 털어놓다

問うは一度の恥じ, 問わぬは末代の恥じ
묻기는 한번의 부끄러움, 묻지 아니함은 두고두고의 수치

훈읽기에 너무 치우친 감이 있군요. 問의 음읽기는 もん이고, 그 용례는 문제, 문답, 질문, 의문 등등 합성어로서의 쓰임의 경우 한국어와 대체로 비슷합니다. 그 중에, 이런 것은 하나쯤 기억해둘 만합니다.

일본의 사극에서 흔히 듣는 말로, 일본 무사가 칼부림의 상대에게 건네는 한 마디입니다.

問答無用! 문답은 필요없다. 받아라, 이 심판의 칼을!

일본어에는 상대를 높이는 존경어와 나를 낮추는 겸양어가 있습니다. 이에 더하여 인간관계의 명확한 구분에 의하기보다, 듣는 이에게 경의를 표하되 말하는 이의 품위를 점잖게 드러내는 정중어(공손어)가 있습니다. 지금 몇 시인지 묻는다 하면 きく이겠지만, 우리 청소년의 장래를 묻는다 하면 とう가 어울려 보입니다. 또 오늘은 너무 걸어 다리 아프다면 あるく가 적당하지만, 신생 대한민국이 걸어온 길이라면 あゆむ가 그럴듯해 보입니다. 후자 쪽이 문어적이기도 하고 또 우아한 어감을 주기도 합니다. 비슷한 것들을 몇 가지 소개합니다.

묻다: 聞く / 問う   모이다: 集まる / 集う

걷다: 歩く / 歩む   쉬다: 休む / 憩う

2002년에 잡지사나 신문사들이 선정한 '올해의 말' 가운데 가시하가시(かし はがし)란 말이 들어 있습니다. 아마 보통의 일본어사전에는 아직 올라 있지 않을 것입니다. 이 말은 특히, 일본경제의 골치덩어리인 금융기관 부실채권의 처리와 관련하여 크게 유행한 말입니다. 부실채권의 처리 가속화를 위해 안간힘을 쓰고 있는 일본 정부가 갖가지 대책을 내놓았거니와, 당해 금융기관들로서는 한편으로 정부대책에 저항하면서도 한편으로는 자구책을 여러모로 강구해 왔습니다. かしはがし(貸し剝がし)는 이를테면 그와 같은 자구책의 하나입니다.

내용인즉, 금융기관의 입장에서, 기존 융자의 연장을 거부하거나 재융자 금액을 크게 깎는 일. 심지어 만기 이전에 교묘한(?) 수단을 동원하여 무자비하게 융자를 상환시키는 일 등을 가리킵니다.

이와 더불어 은행의 자구책으로 횡행하는 것은, 보다 넓고 오랜 용어인 かししぶり(貸し渋り)가 있습니다. 이 말은 かす(貸す)+しぶる(渋る), 즉 かししぶる(貸し渋る)의 명사형으로서, 말 그대로 '빌려주기를 떫어하다' 그러니까 '잘 안 빌려주려고 하다'라는 뜻입니다. 바꿔 말하면, 융자를 매우 엄격하게 한다는 말이겠죠.

이에 견주어, かしはがし는 かす(貸す)+はがす(剝がす)= かしはがす(貸し剝がす)의 명사형인 것인데, はがす는 '가죽을 벗기다', '뜯어내다'는 뜻입니다. 따라서 かしはがし는 어감상 빌려주었던 것을 벗겨감으로써 차입기업을 벌거숭이로 만든다는 의미가 됩니다. 가시시부리(かししぶり)보다 어감이 더 구체적일 뿐만 아니라, 실제로도 매우 살벌한 융자회수인 것입니다.

은행들이 나 살겠다고 서둘러 그 같은 かしはがし를 일삼자, 적자경영도 아닌데 갑작스럽게 자금융통이 어려워지거나 사업계획이 어그러짐으로써 도산에 몰리는 기업들이 늘고 있는 게 작금 일본의 현실입니다. 부실채권 처리를 서둘러 금융시스템을 바로잡겠다는 일본정부의 심상치 않은 의욕을 곁눈질하면서, 금융기관들로서는, 살아남기 위해서는 좌우간 자기자본 비율을 높이고 그러기 위해서 융자 줄이기에 혈안이 돼 있는 것입니다. かしはがし라는 신조어까지 출현시킨 요즘 일본의 기업금융 풍토, 향후 과연 어느쪽으로 흘러갈지 궁금합니다. 이와 같은 이유 때문에 かしはがし란 말이 확실한 시민권을 얻어 일본어 국어사전에 오르기 전에, 한때의 유행어로 사라져주기를 바라는 사람들이 많을 겁니다.

はがす란 동사를 좀 더 음미해볼까요. '벗기다', '잡아뜯다'의 뜻이죠.

生爪を剝がす 맨손톱을 벗겨내다

化けの皮を剝がす 숨긴 가죽(거짓 얼굴)을 벗기다

はがす와 같은 의미를 가진 말로 はぐ(剝ぐ)가 있습니다. はぐ에다 とる(取る)를 이어붙여 はぎとる(剝ぎ取る)라고 하면 벗겨내다는 어감이 더욱 세집니다. はがす(剝がす)나 はぐ(剝ぐ)에 짝지워진 한자 剝은, 한국어 발음으로는 박, 일본어로 음읽기하면 はく가 됩니다.

職位を剝ぐ 직위를 해제하다

剝離 박리(떨어져 나감)　　　　剝脫 박탈(벗기다가 강조됨)

剝製 박제　　　　剝奪 박탈(벗겨서 빼앗음)

한편, 같은 '벗기다'란 뜻으로 むく(剝く)라는 말이 따로 있는데, 용례가 좀 다르니 유의해야 할 것입니다. 이를테면 '과일(껍질)을 깎다'의 경우는 むく를 사용합니다.

마지막 잎새조차 남지 않은 스산하기 짝이 없는 것이 겨울풍경입니다. 그러나 겨우내 영하로 좀 내려갈까 말까 하는 정도의 동경은 12월 하순까지 은행나무의 단풍이 남아 있고, 침엽수는 물론 활엽수의 초록 잎사귀조차 제법 넉넉하여 서울보다는 도회지의 삭막함이 한결 덜합니다.

'마지막 잎새' 하면 O. 헨리(1862~1910)의 단편 걸작이 떠오릅니다. 평생토록 280여 편의 주옥(珠玉=しゅぎょく) 같은 작품을 남긴 그의 작풍은, 미국의 모파상이라는 명칭에 걸맞게, 눈물겹도록 인정미 넘치는 인생의 갖가지 애환들을 극적으로 그려냈다는 점에서 매우 인상적입니다. 「마지막 잎새(最後の一葉=さいごのいちよう)」의 여주인공 존시가 벽에 그려진 걸작 나뭇잎 덕분에 극적으로 폐렴(肺炎=はいえん)에서 살아나는 것이나, 사랑하는 가난한 젊은 부부가 크리스마스 선물로 빗과 시계줄을 서로 주고받는 이야기(賢者の贈り物=けんじゃのおくりもの) 등등. 그의 드라마틱함은 절묘한 막판뒤집기(どんでん返し=どんでんがえし)가 포인트입니다!

뒤집기는 かえし, 그 동사원형은 ①뒤집다, 방향을 180도 바꾸다는 뜻의 かえす(返す)입니다. 이를테면,

手の平を返す 손바닥을 뒤집다　　　踵を返す 발걸음을 되돌리다

返す(かえす)는 또 ②갚다, 갚음하다, 되돌리다의 뜻이기도 합니다.

借金を返す 빚을 갚다　　　恩を仇で返す 은혜를 원수로 갚다
寄せては返す白波 밀려왔다가는 되돌아가는 흰 물결

한편, かえす는 ③다른 동사의 연용형에 붙어 그 동작을 거듭하거나 되반

아치다, 맞대응하다, 방향을 바꾸다는 뜻으로 사용됩니다.

<table>
<tr><td>折り返す 되접다, 꺾어돌아가다</td><td>問い返す 되묻다</td></tr>
<tr><td>巻き返す 만회하려 반격하다</td><td>思い返す 돌이켜 생각하다</td></tr>
<tr><td>読み返す (읽었던 것을)다시 읽다</td><td>繰り返す 되풀이하다</td></tr>
<tr><td>掘り返す (묻었던 것을) 파헤치다</td><td></td></tr>
</table>

같은 용례로 볼 수 있지만, 仕返す(しかえす)는 '맞받아치다'라는 뜻이 발전하여 '복수하다, 보복하다'는 말로 쓰입니다.

かえす를 중복하여 부사적으로 쓰기도 합니다.

返す返す 거듭, 부디부디

返의 음읽기는 へん입니다.

返納 返却, 返上 반납
返還 반환

返済 변제, 상환

さて, 웬만해선 기온이 영하로 떨어지지 않는 동경이지만, 한국인이 체험하는 일본의 겨울엔 뜻하지 않은 복병이 있습니다. 그것은 비교적 온화한 바깥 날씨와는 달리, 실내는 냉랭하기 이를 데 없습니다. 추위보다는 무더운 여름날씨에 대비한 가옥구조와 생활습관이 주된 원인입니다. 그렇다고 난방에 신경 쓰지 않는 건 아니지만, 일본은 한국의 총체적 난방체제, 방한체제에 견주자면, 지난 1960, 1970년대 겨울, 연탄불도 시원찮은 썰렁한 방을 떠올려야 하는 경우가 많습니다. 맨션(マンション)이라 부르는 아파트도 대개는 중앙이든 개별이든 전체적인 난방시스템이 없는 것이 보통입니다.

이 시대 대부분의 한국인은, 한글전용 또는 한글/한자 겸용 등의 헷갈리는 문자정책에 휘둘리며 살아왔을 것입니다. 더욱이 일제시대를 경험하신 분들은, 일본문자와 일본식 한자의 기억까지 뒤섞여 참으로 혼돈과 무질서, 광란과 무원칙의 문자생활이 강요되어왔으리라 생각합니다. 필자도 물론 예외가 아닙니다.

이를테면 상가(일본어로는 보통 商店街＝しょうてんがい)를 지나다 보면, 유리문이나 셔터에 붙은 포스터에 곧잘 '어쩌구저쩌구, 주인 백'이라는 것이 눈에 띄곤 했습니다. 주인의 성씨가 백(아마 白)인가? 컴퓨터가 일상화된 요즘도 아직, 시장길 어느 구석에서는 손으로 쓴 그런 '어쩌구 주인 백'이라는 벽보 같은 게 발견되기도 합니다. 알고 보니, '백'은 白이었으며, 하양과는 사돈의 팔촌도 아닌, '아뢰다, 사뢰다'의 뜻의 동사였습니다. 일본어에서는 한자 白의 풀이로서, 申すこと(아뢰기), 告げること(알리기)라는 항목이 있습니다.

일본어에서 白이 말함의 의미로 사용되는 사례들을 찾아보겠습니다. 우선, 한국에서 '주인 백'이라고 쓰는 것을, 일본에서는 통상 敬白(けいはく)이라고 씁니다. 말하자면 일본에서는 '어쩌구저쩌구 主人 敬白' 이런 식입니다! '말함'의 뜻하는 백(白), 한국어와 일본에 공통되는 것들도 의외로 많습니다.

こくはく
告白 고백

じはく
自白 자백

どくはく
独白 독백(＝モノローグ)

ぼうはく
傍白 방백(脇台詞＝わきぜりふ)

せりふ
科白 과백(かはく 이라고 읽을 수도 있음)
　　*科白은 본디, 科＝しぐさ(몸짓), 白＝せりふ(대사＝台詞) 즉 '科와 白'의 뜻입니다만,
　　요즘은 せりふ쪽이 강조됨으로써, 科白을 통틀어 せりふ라고 하는 경향입니다.

물론 이들 독백, 과백, 방백은 공히 연극용어들입니다. 그런데 한국어에

서 찾아볼 수 없는 것들도 있습니다.

<ruby>激白<rt>げきはく</rt></ruby> 격백?

　이것은 현대 일본어에서, '격렬하게 말하다(고백하다)' 쯤으로 이해하면 됩니다. 여기서의 激(격)은 세상이 거칠어지면서 일본에서, 보다 더 튀려는 말투로 널리 쓰이는 것이기도 합니다.　激写(げきしゃ), 激辛(げきから) 등등. 이 시대에도 여전히 일본인들은 한자를 낱자로 뜯어 배우고 익히는 경향이 강하기 때문에 이처럼 한자를 응용한 새로운 말들이 생깁니다. 이런 면에서, 한자를 멀리 하려는 한국어로서는 도저히 따라잡기 어려운 일본어스러운 테크닉이기도 합니다!
　자백(自白)과 거의 같은 어감이지만, 일본어에서 구어로 보다 많이 사용하는 것은,

<ruby>白状<rt>はくじょう</rt></ruby> 자백

이 흰 백(白)이란 글자는 그 모양으로 보아, 일백 백(百)의 머리에 있는 가로 획 하나가 빠진 것입니다. 그리하여, 100-1=99를 연상하여, 아흔아홉 살을 가리켜 白寿(はくじゅ)라고도 합니다.

학교 시절, 누구나 청소 당번을 한 경험이 있을 것입니다. 여간 싫은 일이 아니었지만, 화장실 청소가 아닌 것만도 행운이라고 생각하곤 했습니다.

청소 당번: そうじ とうばん　掃除当番

특정 업무를 담당한다는 뜻의 당번 말고, 기간을 강조하여 '한 주마다 교대한다'는 의미의 주번이라는 말도 있습니다. 흔히 학교생활에서 접하는 말이지만, 말뜻을 그대로 살려, 한 주 단위로 교대근무를 하는 것을 주번제라고도 합니다.

일본어도 한국어와 같습니다.

주번: しゅうばん　週番

주번(週番)의 週는 영어로 말하면 week인데, 番은 그러면 무엇일까요?

한국어에서는 번호의 번(番), 즉 1번, 2번 또는 세 번, 네 번 따위의 말로 흔히 사용합니다. 그러나 이 정도로 당번이나 주번의 번을 이해하기는 좀 곤란합니다. 여기서의 번은 등수나 순번이 아닌 '지킴'이라는 뜻으로 사용되는 경우입니다. 이는 물론 원래의 한문에도 있는 용법인데, 일본어에서는 그것을 폭넓게 응용하고 있습니다.

ばんしょ 番所　지키는 곳(초소)	ばんとう 番頭　옛날 상가(商家) 종업원의 총지배인
ばんにん 番人　番(지키기)를 하는 사람	こうばん 交番　번갈아(交) 지키기, 파출소
ばんだい 番台　番人이 앉아 있는 자리.	るすばん 留守番　빈집 지키기, 집보기
げんかんばん 玄関番　현관지킴이	ばん 番をする　지키기(지킴이) 하다

ひ ばん
火の番 불 담당, 불지킴이

みせ ばん
店の番をする 가게를 담당하다, 가게보다

또, '잠자지 않고 지키기'나 '지키는 사람'이라면, 不寢番(ねずのばん 또는 ふしんばん)이 됩니다. 그러고 보니, 한국어에도 불침번이란 말이 있군요. '지키는 개'라면 番犬(ばんけん)입니다. 이상의 의미와 엄밀하게는 구별되지만 비슷한 용법이 있습니다. '돌아오는 차례'라는 뜻으로 분류되는 주번(週番＝しゅうばん), 당번(当番＝とうばん), 윤번(輪番＝りんばん), 비번(非番＝ひばん) 등입니다. 물론 내용상으로는 '지킴'이라는 뜻에서 연상이 가능한 것들입니다.

番의 훈읽기로 つがい라는 말이 있는데, 음읽기하는 경우의 말들과는 인연이 없는 뜻으로, 한 쌍 특히 암수 한 쌍 또는 부부를 가리키는 말입니다.

p.s. 番長(ばんちょう)라는 말이 있습니다.
이상의 글로 미루어 웬만한 독자분들이라면 '番의 長(우두머리)'으로 이해하실 겁니다. 기본적으로 틀리지 않은 접근입니다. 하지만 말뜻이 발전하여, 실제로는 '교내 비행 학생집단의 우두머리'란 말로 쓰입니다. 番長 가운데 특히 여학생 즉 '여자 番長'을 가리키는 속어로 스케방(スケばん)이란 말이 있습니다. 여기서의 스케란 여자를 가리키는 속어입니다.

일제 한자

일본제 영어. 일본어로는 보통 和製英語(わせいえいご)라고 합니다. 영어 단어를 짜맞추어 일본인의 감각상 영어처럼 들리는 말을 가리킵니다. 일본인들 스스로 반성도 하고 때론 제대로 된 영어로 바로잡기도 합니다만, 그 한편으로 새로운 것이 꾸준히 만들어지기도 합니다.

オーエル　OL=Office Lady 직장여성
サラリーマン　Salary Man 샐러리맨
アフター サービス　After Service 애프터서비스(AS)
ゴールデンウィーク　Golden Week 황금의 연휴 주간

샐러리맨 같은 것은 현대 한국어로도 당당한 말이고, 요즈음 에이에스(AS)로 거의 대체되고 있지만 애프터서비스도 낯설지 않습니다.

그런데 이런 행태는 본래 한자의 세계에서 뚜렷한 그 전통과 선례를 찾아볼 수 있는 것입니다. 일찍이 한자를 들여다 쓰면서, 기본적으로 자기들 말을 키워드로 하여 이것에다 수입한 한자를 연결시키려는 경향이 컸던 것이 그 배경입니다. 이 과정에서, 아무리 대단한 선진 문명의 그릇인 한자라도, 일본 토박이 말에 딱 부러지게 짝짓기할 만한 글자가 때론 없을 수도 있습니다. 황사 몰아치는 대륙에서의 유목 및 농경생활을 중심으로 하는 중국과, 섬나라 기후와 어로(漁勞)생활에서 오는 문물의 차이도 만만치 않았을 겁니다.

이를테면 수많은 물고기들의 이름. 원조 중국의 한자에선들 그들 이름이 전혀 없는 건 아니지만, 일본어에서는 자기들 감각에 맞추어 다수의 일본 한자를 스스로 만들어 써왔습니다. 일본의 초밥집(すしや)에 한번 들러보아도 그런 사실을 금방 알아챌 수 있습니다.

말하자면 '일본제 한자'입니다. 통상 '国字'(こくじ)라 하는데, 여기서 国은 영어로 '로컬(local)'의 뜻입니다. 또 이미 있는 일본말에 짝짓고자 한자를 물색

하던 결과인 만큼, 만들어진 한자에는 대개 훈만 있고 음은 없습니다. 일상 용어들 가운데서 몇몇 사례를 소개합니다.

〈명사〉

峠 ^{とうげ} 고개

榊 ^{さかき} 신사 경내의 상록수

畑 ^{はたけ} 밭(뜯어보면 火田)

躾 ^{しつけ} 바른 몸가짐

凩 ^{こがらし} 나무말리기 바람(늦가을의 거센 바람, 木枯らし라고도 씀)

凪 ^{なぎ} 바람자기, 해안에서 바람이 멈추고 물결이 잔잔해짐

凧 ^{たこ} 연(kite)

辻 ^{つじ} 네거리, 큰 길거리

匂い ^{におい} 냄새

〈동사〉

働く ^{はたら} 일하다(사람이 움직이는 건 곧 일하는 것)

喰う ^く 먹다(たべる보다 좀 막된 말씨)

물론 한국으로서는, 중국과의 물리적 거리, 기후나 생활습관, 정치나 사회 체제, 사상이나 철학 등 제반 측면에서, 일본에 견주어 한국만의 특수한 한자의 필요성도 적은 편이었고 실제로 그 시도나 결과도 두드러지지 않았습니다. 드물게, 예컨대 돌쇠라는 이름을 표기하기 위하여 돌(石) 밑에 새(乙)를 붙인 乭(돌) 같은 한자가 있습니다. 생각하기에 따라, 한국은 역사적으로 중국에 매우 충실(?)했던 거죠. 그러니 그들이 이쪽을 가리켜, '동방예의지국'이란 말을 하기도 했던 것이라고 생각합니다.

한자를 향한 과거의 그 같은 자세가, 오늘날에는 영어에 나타나고 있는 것으로 볼 수 있습니다. 시대가 다르고 상황이 다르지만, 압도적인 파워의 외래어라 하더라도 그것을 국내의 필요와 감각에 맞게끔 변형을 시도한다는 것입니다. 원어에 충실하려는 한국과 달리, 일본에서 국산 영어가 활발히 만들어지는 것도 그런 맥락에서 이해될 수 있습니다.

북한이 핵 처리시설의 봉인을 일방적으로 뜯어냄과 더불어, 감시카메라에 의한 감시를 저지하는 등의 조치를 취했음이 밝혀지면서, 관련 국제사회가 떠들썩했습니다[2002년 12월 21일 IAEA(국제 원자력 감시기구)의 발표]. 그 이후 해가 바뀌고, 북핵을 둘러싼 국제외교가 소위 6자회담으로까지 발전하는 가운데, 북한은 이른바 배수의 진을 펼치면서 一か八か(いちかばちか＝죽기 살기)의 초강수를 두는 것처럼 보입니다. 이른바 がけっぷち(崖っ淵＝벼랑끝) 외교를 펼치고 있습니다.

　이러한 가운데 가장 절실한 당사자인 남북한은 그렇다 치지만, 호들갑스럽기는 오히려, 가뜩이나 자국민 납치 문제로 한껏 예민해져 있는 일본입니다. 아마 일본은 그런 정체도 모를 불량(?) 이웃을 두고 있다는 것이 이만저만 못마땅할 게 아닙니다. 한국에 대해서도, 비록 최근 월드컵 공동개최 등으로 다소 관심이 높아지고 감정도 나아지고는 있다 해도, 여전히 탐탁치 않게 생각하고 있을 터입니다. 그런 마당에 북한의 행동이 갈수록 수상쩍기만 하니, 한반도를 싸잡아서 이사 보내고 싶은 생각이 간절할지도 모릅니다. 아니면 자기들이 말하는 일본해의 거친 물결이나 지난날 어느 한때 불었다는 신풍(神風＝かみかぜ)으로, 한반도 이서(以西)를 바다 건너에 꼭 붙들어 맸으면 하는 생각이 굴뚝 같을지도 모릅니다.

　'꼼짝 못하게 붙들어매다', '틀어막다'는, 일본어로 封じる(ふうじる), 더 강하게 말해 封じ込める(ふうじこめる)가 적당합니다.

口封じ 입막음　　　　　　　門を封じる 문을 닫다

自由を封じる 자유를 금지하다

　꽉 틀어막은 뒤 아예 도장까지 꽝 찍어놓겠다면, 封じてから、しるし(印)を つける! 틀어막고 도장찍기, 이것이 바로 봉인(封印＝ふういん)입니다. 다시 말

해, 구멍이나 뚜껑을 꽉 닫고 나서, 그 징표로 도장을 찍어둔다는 말입니다.

숙어로는 다음과 같은 것이 있습니다. 한국어의 봉투는 封套로 쓰지만, 요즘 일본어에서는 발음이 같은 封筒로 쓰는 게 보통입니다. 즉 둘 다 ふうとう!

封鎖 봉쇄　　　　　　　　封書 봉서

封筒 봉투　　　　　　　　封印 봉인

密封 밀봉　　　　　　　　開封 개봉

厳封 엄봉

さて, 封を切る(ふうをきる)하면, '봉을 자르다', 즉 '봉한 것을 뜯다'란 말로서 새로운 것을 처음 공개함을 가리킵니다. 그 명사형이 封切り(ふうぎり)인데, 주로 영화 개봉을 가리킵니다!

封切り映画 개봉영화　　　　　　封切り館 개봉영화관

한편, 封을 ふう가 아니고 ほう로 읽는 경우가 있습니다. '봉건주의'나 '봉건시대'의 그 봉건이란 말이 대표적인 경우입니다. 의미상으로도 앞의 경우와 뚜렷이 구별되는데, 옛날 중국에서 천자가 신하에게 어느 영지를 내어주면서 그 주인 노릇하라고 하는 행위를 '봉하다'라고 하는 것이죠. 일본어로는 封じる(封ずる)가 됩니다만, 이런 말은 하도 낡아 요즘은 듣기 어렵습니다. 어쨌든, ほう라고 읽는 것은 바로 이런 의미의 용례로 기억해두면 편리합니다.

封建 봉건　　　　　　　　冊封 책봉

封土 봉토, 영지　　　　　　封建時代 봉건시대

ふう로 읽는 경우에 견주어, ほう로 읽는 것들은 시간을 한참 거슬러 과거 속으로 들어간 느낌입니다!

'뜨다(浮)' 하면 일본어로, うく(浮く)와 うかぶ(浮かぶ), 두 가지 말이 있어 미묘히 구별됩니다. 먼저 うく(浮く)의 경우. 본래의 '뜨다'라는 의미로 사용되는 말들을 보면 이렇습니다.

浮き輪 물놀이 튜브　　　　　浮き雲 뜬구름(浮雲=ふうん)

浮き袋 물고기의 부레(ふえ), 튜브　　浮き草 부평초

浮き彫り 양각, 부조(浮彫)　　　浮き沈み 부침(浮沈), 뜨고 가라앉기

뜨면 기분 좋지만, 뜨지 못하면 아무래도 재미없게 마련입니다.

うきうき 신난다　　　　　　浮かぬ顔 우울한 표정

또 공중에 붕 뜬 것은 먼저 잡는 사람이 임자가 되곤 합니다.

浮いた金を関係者同士で山分けする 남은 돈을 관계자들이 대충 나눠 갖다

出張費を浮かせる 출장비를 남겨 내 돈으로 하다

그리고 うかぶ(浮かぶ)의 경우.

いいアイデアが浮かぶ 좋은 아이디어가 떠오르다

目になみだが浮かぶ 눈에 눈물이 어리다

空に浮かぶ雲 하늘에 떠 있는 구름

'뜨다'라는 말에서 일본인들은 자연스럽게 불교적 허무주의에 바탕한 인

생관을 연상합니다. 덧없는(はかない) 인생은, 어디에 가만 달라붙어 있는 것도 아니고 꼭 붙들어맬 수도 없는, 그리하여 떠 있는 것입니다. 그런 뜬 세상은 시름(憂) 많은 세상이기도 합니다. 그래서 몇몇 말들은 '뜨다(浮)'에서 나아가 '근심하다(憂)'로 통하기도 합니다.

うき よ
浮き世 뜬세상

う よ なら
浮き世の習い 뜬세상(이 세상)에 흔히 있는 일

う よ え
浮世絵 우키요에, 일본 에도시대의 풍속화

う め あ
憂き目に遭う 쓰라린 일을 겪다. 호된 꼴을 당하다

う め み
憂き目を見る 괴로운 일을 당하다

　한편, 연애와 관련하여, 가만히 어느 한자리에 있지 못하고 떠다니는 마음, 즉 바람기는 うわき(浮気)라고 합니다. 바람둥이는 うわきもの(浮気者)라고 합니다.

かれ   う   ひと   ふた
彼にも浮いたうわさの一つや二つくらいはある
그에게도 바람기 관련 소문 하나둘쯤은 있다

　さて, 요즘의 '뜨다'라는 한국어는 '인기가 부상(浮上)하다'라는 뜻으로도 널리 사용합니다. 근래 CF에 출연한 무명의 아무개들이 곧잘 뜨곤 합니다. 그러나 이때의 '뜨다'는 일본어로 うく나 うかぶ가 아니고 うれる입니다!

p.s. 方丈記(ほうじょうき, 13세기 초의 수필) 중에서
ゆく河の流れは絶えずして、しかももとの水にあらず。よどみに浮かぶうたかたは、
かつ消えかつ結びて久しくとどまりたる ためしなし(저자: 鴨長明=かものちょうめい)
흐르는 강물은 끊임없는 데다 원래의 물도 아니다. 웅덩이에 뜨는 거품도 때로는 꺼졌다가 때로는 뭉쳐 오래도록 머무는 일이 없도다……

세월이 흘러 붕어빵도 어느샌가 황금잉어빵으로 진화했습니다. 붕어빵이든 잉어빵이든, 꼬리쪽까지 단팥(あんこ)이 넉넉히 차 있는 것이 걸리면, 대부분의 사람들은 자그마한 행복감을 아울러 맛볼 것입니다. 그런데 일본에서는 단팥을 넣어 구운 이런 물고기빵을 가리켜, 붕어(フナ)도 잉어(コイ)도 아닌, タイ(도미)やき라고 합니다. 횟감이나 기타 생선요리감으로 도미를 반드시 최고로 치는 것은 아니지만, 일본인들은 좌우간 도미를 좋아합니다. 이는 아마도 '축복할 만하다, 경사스럽다'의 めでたい라는 말의 좋은 어감에 이끌려서라고 생각됩니다.

言霊(ことだま)라 하여 소위 '말에 깃든 넋'에 대한 신앙 때문인지, 일본인들은 말뜻은 물론 어감이나 발음의 관련여부에 매우 민감합니다. 말하자면, めでたい란 말 덕분에, 물고기 タイ의 존재가 여타의 것들과 일선을 그으면서 떠받들어지고 있는 셈입니다. 일본인의 서민생활에 밀접한 칠복신(七福神＝しちふくじん) 가운데, 어업이나 장사번창의 신으로 받들어지는 えびす(恵比寿)도 도미를 낚아올리는 모습으로 그려지고 있습니다.

달리 말하면 タイやき는, 어떤 사소한 일에도 재수나 운과 관련시키려는 일본인의 정신자세와 무관하지 않습니다. 어차피 물고기 모양을 낼 바에는, 에비스 신조차 낚고 싶어하는 도미가 낫지 않겠느냐 하는 것은 일본인으로서는 자연스러운 발상입니다. 어쨌든 물고기의 으뜸을 도미라 하여, くさってもタイ(썩어도 도미)라고 추어올립니다.

회뿐만 아니라, 구이라 해도 서민들이 즐기는 것은 오히려 꽁치구이(やきサンマ)나 고등어구이(やきサバ)로서, タイやき를 찾으면 도미구이 대신 붕어빵이 나타나니 재미있다면 재미있습니다. 그런데 말이 그렇지, 썩은 도미를 먹을 수는 없습니다.

썩다는 くさる입니다. 腐る로 씁니다.

腐るほどある 썩을 만큼 많다　　　腐れ縁 지긋지긋한 인연, 악연

タカラの持ち腐れ 보물을 가지고 썩히기 (능력발휘를 못하고 썩힘)

한편, 腐의 음읽기는 ふ입니다.

腐敗 부패　　　　　　　　　陳腐 진부

腐心 부심　　　　　　　　　豆腐 두부

防腐剤 방부제　　　　　　　腐食 부식 (바르게는 腐蝕)

　그런데 タイやき가 한국에 보급될 때는 일본어를 꺼려 붕어빵이라고 의역되더니, 요즘 수입된 タコやき는 문어구이도 아니고 숫제 다코야키라 부르고, 그것도 꽤나 유행하는 먹거리로 받아들여지고 있으니 참으로 격세지감입니다.

날카로우면 송곳으로, 무디면 망치로

5·7·5조의 하이쿠와 더불어 일본의 대표적인 전통 시가(詩歌)의 다른 형태가 5·7·5·7·7조의 단카(短歌)입니다. 교육 목적을 겸한 오래된 단카에 이런 것이 있습니다.

> 鋭きも 鈍きも共に 捨てがたし 錐と槌とに 使い分けねば
> 날카로움도 무딤도 공히 버리기 어렵도다, 송곳과 망치로 가려써야 하느니
> – 에도시대 말기의 유학자(儒学者), 広瀬淡窓(ひろせたんそう, 1782~1856)

 말하자면, 날카로움(するどき＝するどさ)도 무딤(にぶき＝にぶさ)도 제각기 그 나름의 쓸모가 있으리니, 그 특성에 맞는 용도를 가려 쓰면 될 것이라는 뜻이겠죠. 이것은 곧, 사람을 쓸 때, 일견 무뎌 보이는 사람이든 지나치게 튀는 사람이든 제각기 그 나름의 쓸모가 있을 터이니, 잘 살펴서 적절한 자리에 두도록 하라는 말입니다. 이를테면, 적재적소(適才適所＝てきざいてきしょ)란 말과 통합니다.

 예문에 使い分ける(つかいわける＝가려 쓰다)란 말이 보입니다. 복합동사를 만들 때, 일본어에서는, 주(主)동사가 앞장서고 보조동사가 따라붙는 형태가 기본입니다. 말하자면, 한국어라면 わけつかう(가려쓰다)가 될 법한 것을 일본어에서는 つかいわける라고 말합니다. わける(分ける)란 '나누다', '쪼개다', '가르다' 등의 뜻입니다. 그런데 그렇게 잘 가리려면 상당한 사리분별력을 필요로 하는 게 아닐까요? 그래서 分ける를 보조동사로 해서 만들어지는 말들은, 단순한 나누기의 어감을 넘어 어떤 지적(知的) 판단이 따른다는 어감을 갖습니다.

 見分ける 알아보다, 구별해보다

 聞き分ける 알아듣다, 말귀를 알아듣다

<ruby>嗅<rt>か</rt></ruby>ぎ<ruby>分<rt>わ</rt></ruby>ける 냄새 차이를 알다, 냄새 맡아 알아내다

　使い分ける의 명사형은 使い分け입니다. 명사를 좋아하는 일본어인 만큼, 명사형으로 연습해봅시다.

<ruby>相手<rt>あいて</rt></ruby>によってきちんと<ruby>言葉<rt>ことば</rt></ruby>の<ruby>使<rt>つか</rt></ruby>い<ruby>分<rt>わ</rt></ruby>けをする
상대방에 따라 제대로 말의 가려쓰기를 한다

<ruby>巧<rt>たく</rt></ruby>みな<ruby>作<rt>つく</rt></ruby>りで、<ruby>本物<rt>ほんもの</rt></ruby>と<ruby>見<rt>み</rt></ruby><ruby>分<rt>わ</rt></ruby>けが<ruby>付<rt>つ</rt></ruby>かない
교묘한 만듦새이라 진짜와 구별이 안 된다

あの<ruby>犬<rt>いぬ</rt></ruby>は<ruby>利口<rt>りこう</rt></ruby>で、<ruby>飼<rt>か</rt></ruby>い<ruby>主<rt>ぬし</rt></ruby>の<ruby>足音<rt>あしおと</rt></ruby>の<ruby>聞<rt>き</rt></ruby>き<ruby>分<rt>わ</rt></ruby>けができる
그 개는 영리해서 주인의 발소리를 들어 구별해낼 수 있다

<ruby>聞<rt>き</rt></ruby>き<ruby>分<rt>わ</rt></ruby>けのない<ruby>子<rt>こ</rt></ruby>だな、<ruby>君<rt>きみ</rt></ruby>は、ほんとうに!
말귀 못알아듣는 애구나, 너는, 정말로!

あのデカめ、どうやっておいらのアジトの<ruby>嗅<rt>か</rt></ruby>ぎ<ruby>分<rt>わ</rt></ruby>けができたんだろう
그 형사놈, 어떻게 우리 아지트를 (냄새맡아) 알아냈지?

한국인에 견주어, 일본인의 정서는 여간 드라이(ドライ)한 게 아닙니다. 서양인의 눈과 감각으로라면 거의 비슷해 보일 한국과 일본이지만, 양자간에는 미묘하면서도 엄연한 차이가 있는 것입니다. 한국인들은 그런 차이에 직면하게 되면 오히려 더 큰 위화감을 느끼곤 합니다. 그것은 아마 양자 사이에 별 차이가 없으리라는 선입견이 머릿속에 자리잡고 있었기 때문일 것입니다. 일본인들은 의리와 인정을 떠들면서도, 한편으로 서로 타인임을 깨우치고 타인으로서의 자세를 강조하려는 성향을 보입니다.

兄弟は他人の始まり 형제는 남의 시작

이 말도, 우애가 강조되는 형제간이지만, 결국은 남이라는, 즉 서로 다른 독립된 인간이라는 의미를 깨우칩니다. 이런 일본어에 견주어, 한국에서라면 '피는 물보다 진하다'라든가 '우리가 남이냐'라는, 역시 親血연주의적 형제애가 보다 강조됩니다.

일본에서 유명한 영화로 꼽히는 〈男はつらいよ〉에는 주인공 도라さん의 이런 名대사가 등장합니다.

俺とお前は違う人間に決まってるじゃないか
早い話が、お前がイモ食ったって、俺のケツから屁が出るか!
나와 넌 별개의 인간임이 틀림없잖아
쉽게 말해, 네가 고구마를 먹었다고 내가 방귀를 뀌겠니

아무리 친근한 사이라도 결국은 남이라는 것을, 알아듣기 쉬운 비유로써 설파한 명언입니다. 일본인들이 이 대사(せりふ)에 호소력과 설득력을 느낀다면, 그들 다수의 정서가 바로 그러한 것임을 유추하기는 어렵지 않습니

다. 일상적인 다른 말로 바꾸면, 그렇기 때문에 누구와의 관계에서도 그에 상당하는 遠慮(えんりょ, 사양함)가 필요하다는 것이 일본인의 정서이자 주장입니다.

たとえ親子の間であっても、それ相応の遠慮が必要である
비록 부모자식 사이라도 그에 걸맞은 사양이 필요하다

　さて, 입심 좋은 주인공 도라さん은 ケツ에서 방귀가 나올 텐가 하고 부르짖고 있습니다. ケツ는 엉덩이, 즉 おしり의 비속어입니다. 구멍 혈(穴)을 구태여 음읽기한 것입니다. 도라さん쯤 되니까 이럴 때 이런 표현을 해도 밉지 않은 것이지, 아무나 이런 비어를 함부로 쓸 수는 없는 일입니다.

　ケツ는 역시 비어로서, 꼴찌라는 뜻으로도 사용됩니다. 한편, 도라さん은 へ(방귀)를 하느니 마느니라고 말했지만, 일상의 대화에서는 へ보다 おなら 쪽이 일반적입니다. '방귀를 뀌다'는 へ(屁)을 する 또는 おならをする라고 말합니다. へ(屁)는 원래의 뜻에서 유추하여, '쓸데없는 것', '시시콜콜한 것'이란 의미로 사용하기도 합니다.

屁の河童 별 것 아님(へっちゃら)　　屁理屈 말도 안 되는 억지

屁でもない 별 것 아니다　　屁ともおもわない 대수롭지 않게 여기다

屁にもならない　아무 소용없다, 쓸데없다

다신교의 나라

일본의 어느 대중지는 정치가의 문제 발언을 세 가지 유형으로 분류했습니다.

1) 논의가 비등하여 과격한 비방중상 중에 터져나오는 폭언(暴言＝ぼうげん)
2) 역사 인식과 입장의 차이에 따른 입장상의 부적절한 발언(不適切な発言 ＝ふてきせつな はつげん)
3) 현실에 대한 이해와 인식부족에 의한 실언(失言＝しつげん)

지적 수준으로는 3)이 가장 낮은 경우로서, 필부가 그런다면 그런가 보다 하겠지만, 입장이 무겁거나 지위가 높아질수록 웃어넘길 수 없게 됩니다. 상어골통이란 별명을 얻어들은 모리 전 수상은 취임 후 불과 1주 사이에 지적 수준이 가장 낮은 유형의 '실언'을 두 번씩이나 날렸다고 합니다. 그가 한 실언 중에 한국의 미디어에도 크게 거론된 이런 것이 있었습니다.

　　にほん　　かみ　　くに
日本は神の国 일본은 신(神)의 나라

한국에서는 그 역사적 배경과 연관시켜 미디어를 중심으로 좀 시끄러웠지만, 필자의 생각에는 너무 민감해질 필요는 없는 게 아닐까 합니다. 말하자면, 일본이 신의 나라라 해서 오늘날의 한국이 별스럽게 '아플 것도 가려울 것도 없습니다(痛くも痒くもありません)'!

일본은 다신교의 나랍니다. 서양에서라면 기독교 이전의 그리이스/로마의 신화가 있고 현존하는 대표적인 다신교인 힌두교도 있습니다만, 일본에는 그들 못지않은 거대한 神(かみ)의 세계가 존재합니다. 흔히, 八百万の神(やおよろずのかみ)라 할 정도로 수많은 신들이 일본인의 일상과 잘 어우러져 있습니다. 신(神)을 존칭하여 보통 가미사마라고 합니다.

이를테면 이런 것들.

経営の神様、松下幸之助 (기업)경영의 신, 마츠시타 고오노스케(1894~1989)

お金の神様、丘永漢 이재(理財)의 신, 규 에이칸

競馬の神様、大川慶次郎 경마의 신, 오오카와 게이지로(1929~1999)

相場の神様、本間宗久 쌀 시세의 신, 홈마 무네히사(18세기)

예컨대, 경마의 가미사마가 있다면 경륜의 가미사마, 파칭코의 가미사마, 고스톱이나 마작의 가미사마도 있을 수 있습니다. 살아 생전, 명인이던 사람이 죽으면 가미사마가 될 수 있습니다. 쳤다 하면 첫뻭을 잘 내 짜증스러운 사람이라면 고스톱의 가미사마에게 참배하러 갈 것입니다.

참고로, 근세에 상업문화를 꽃피운 일본으로서는 장사복을 비는, 그래서 비즈니스를 담당하는 가미사마가 단연 참배 대상의 상위에 오르고 새전 수입도 많습니다. 수많은 신들 중에서 복(福)신의 대표인 칠복신(七福神=しちふくじん)의 면면을 소개해두겠습니다.

大黒天 왼어깨에 큰 자루, 오른손엔 복방망이, 쌀가마니를 밟고 있음

恵比寿 바다, 어업 또는 장사번창의 신, 도미를 낚아 올리는 모습

毘沙門天 재물을 지키는 신

弁財天 음악, 변설, 재물 등을 지키는 신(줄여서 弁天=べんてん)

福禄寿 작은 키에 긴 머리, 수염이 많은 모습

寿老人 오래 살겠다면 특히 이 가미사마에게 잘 보여야. 부채를 들고 사슴을 거느림

布袋 늘 자루(포대)를 짊어지고 있는 비만하고 복스런 용모의 신

서양적 유일신을 신봉하는 일부 사람들은 일본의 이런 가미사마를 통틀어, 잡신이니 귀신이니 하여 굳이 폄하하려는 경향이 있는데, 거기 사람들에겐 그들의 신념과 신앙이 있는 게 아닐까요?

땀 흘리거나 돈벌이를 위한 그런 일, 김우중 씨가 말했던 넓은 세상에 널린 많은 일이란 일본어로는 仕事(しごと)에 가깝습니다. 仕事의 仕는 동사 する(하다)의 연용형인 し의 취음(あてじ)으로서 한자의 의미에는 그다지 신경쓸 필요가 없습니다. 그러니까 원래는, 그저 '할 일' 또는 '하는 일' 정도의 뜻이지만, 실제로는 생업이나 직업 같은 어감으로 사용되는 경우가 많습니다.

お仕事は何でしょうか? 무슨 일 하세요?

不況で、なかなか仕事が見つからない
불황이라 좀처럼 일자리를 찾을 수 없다.

このごろ、仕事がはかどらない 요즘, 일이 잘 안 풀린다.

　한편, '일하다'라고 하면 しごとをする라고 말할 수 있지만, 한 단어로 はたらく라는 말이 따로 있습니다. 이 はたらく에 딱 들어맞는 한자가 없다고 생각해서였는지, 일본인은 '일하다', 즉 '사람이 움직이다'라고 풀어서 働く라는 한자를 만들어 씁니다. 이 한자에는 どう라는 음읽기도 주어져 있어, 예컨대 노동이란 말을 労働라고 쓰고 ろうどう로 읽습니다.

　그런데 꼭 그런 힘드는 일 말고, 보다 보편적인 추상명사인 '일'은 대체로 고토(事)와 맞아떨어집니다. 이런 일 저런 일, 세상만사 가지가지입니다.

物事 사물

他人事 남 일

約束事 약속, 약속한 일

私事 사적인 일

内緒事 비밀로 하는 일

隠し事 숨기는 일, 무언가를 숨기기

習い事 배우는 것

濡れ事 정사, 섹스

<ruby>色事<rt>いろごと</rt></ruby>、<ruby>艶事<rt>つやごと</rt></ruby> 정사(情事), 연애

<ruby>揉め事<rt>もごと</rt></ruby> 다툼, 분쟁

<ruby>冗談事<rt>じょうだんごと</rt></ruby> 농짓, 장난짓

<ruby>笑い事<rt>わらごと</rt></ruby> 웃을 일

<ruby>秘め事<rt>ひごと</rt></ruby> 비밀, 비밀스러운 일

<ruby>出来事<rt>できごと</rt></ruby> 생긴 일, 사건

<ruby>稽古事<rt>けいこごと</rt></ruby> (학교나 일 끝나고) 배우는 것

<ruby>戯言<rt>ざれごと</rt></ruby> 장난짓, 까불기 (たわごと로 읽을 수도 있음)

　이런 유의 말들이라면 얼마든지 더 만들어질 수 있겠지만, 관용적으로 널리 발견되는 말들을 소개했습니다. 형식을 따지자면, 명사에 따라붙는 경우와, 동사의 연용형에 붙는 경우로 나누어집니다. 그리고 こと가 뒤에 붙으면서 예외 없이 ごと로 탁음화되는군요.

　정말 세상은 넓고 할 일(こと)은 많은가 본데, 돈벌이 하는 일(しごと)은 요즘 왜 이렇게 찾기 어려운 걸까요.

어렸을 적 읽은 동화를 어른이 되어 다시 읽으면, 군데군데 적지않이 모순이나 억지로 비치기도 합니다. 그럴 때면 왠지 현실 감각에 맞추어 내용의 일부를 비틀어보고 싶어집니다.

이를테면 「개미와 베짱이」의 2001년 한국 버전. 어느날 개미가 베짱이에게 말하기를,

キリギリスさん、あそんでばかりいないで、少しははたらきなさい
베짱이님. 놀지만 말고 일도 좀 해요

でないと、冬になってこまりますよ! 안 그러면 겨울이 되면 난감할 거요!

그러자 현대판 베짱이는 이렇게 대답합니다.

何をいうんですか、アリさん
私にはこういうつよい味方があるんですよ
무슨 말씀을, 개미님. 나한테는 이런 든든한 친구가 있는 걸요
(베짱이는 이렇게 말하며 모 신용카드를 내보입니다)

연전에 한국에서 카드회사들의 광고 경쟁이 일대 혈전을 벌인 바 있는데, 개미 없이 베짱이만의 세상을 만들려는 음모가 꿈틀거리고 있었던 게 아닌가 할 정도였습니다. 결국 몇 해 못 가 심각한 후유증에 시달리고 있습니다만. 사채(私債)업이나 사(私)금융은 걸핏하면 이 사회의 말썽거리인 양 두드려 맞곤 합니다. 하지만 그러면서도 사라지기는커녕 꿋꿋하기만 한 것은 분명 그 존재이유나 가치가 확고하기 때문이라 생각하지 않을 수 없습니다. 경제학에 필요악이란 용어도 있습니다만, 적어도 그러한 금융서비스 자체는 오늘날의 사회에서 결코 '악'이라고만 말할 수 없습니다.

일본에서 사채업은 시대를 거스르면 고리대금업(高利貸＝こうりがし)으로, 특히 1970,80년대는 사라킹(サラ金＝さらきん)이라는 악명으로 기억됩니다. さらきん은 サラリーマン金融(샐러리맨 금융)의 준말입니다. 한창 때는 음습, 위험, 야쿠자, 폭력, 패가망신, 야반도주(夜逃げ＝よにげ)를 연상시키기에 필요충분한 어감을 풍기기도 한 말입니다. 그러던 것이 1990년대 들어, 업자들의 각고(?)의 노력에 힘입어 대대적인 이미지 쇄신이 이루어지고, 무엇보다도 소비자금융(消費者金融＝しょうひしゃきんゆう)이라는 그럴싸한 이름으로 포장된 것입니다.

さて, 일본어에서 私라 하면 1인칭의 '나'를 점잖게 표현한 것입니다. わたくし 또는 わたし로 읽습니다. 또, 私는 공(公)에 반대 되는 의미로 쓰이거니와, 이 경우는 し로 음읽기하거나 わたくし로 훈읽기합니다.

私設 사설

私怨 사원(사사로운 원한)

私刑 린치

私書箱 사서함

私小説 사소설

私立大学 사립대학

私服刑事 사복형사

公私混同 공사혼동

私事 개인적인 일

私腹を肥やす 개인의 배를 불리다, 횡령하다

私淑 사숙(직접 가르침을 받지는 아니하나, 흠모하며 그 언행을 배움)

자, 베짱이로부터 전혀 뜻밖의 답을 들은 개미 또한 현대를 살고 있는지라, 당황하지 않고 이렇게 점잖게 충고 한 마디 했다나……

ならば、カードの利用はちゃんと計画的にしてね!
그렇담. 카드 이용은 계획적으로 잘 해!

닮지 않아 못난 이 사람

중국 한자에 원래 있는 말이든, 명치시대(1868~1912) 이후 일본에서 만든 용어이든, 한국과 일본에서 말뜻이나 어감이 다소 다른 말들이 제법 있습니다.

이를테면, 불초(不肖)라는 말. 한국어에서는 자식이 부모를 향하여 부모만 못해 죄스럽다고 겸양하여 사용하는 말입니다. 그런데 일본어에서는 한국어보다 좀 확대된 용법으로 사용하여, 꼭 부모에게가 아니더라도 '이 못난 사람'이라고 남들에게 겸양하여 사용할 수 있습니다(사족: 물론 일본인이 그리 말한다고 곧이들어 '그래, 너 못났구나' 해서는 안 됩니다!).

불초라는 말 자체는 글자 그대로 '닮지 않았다'는 뜻이죠. 내용상으로는 '닮지 않아 못났다'는 뜻이 됩니다. 따라서 肖는 일본어로 にる(닮다)와 통합니다. 다만, にる(닮다)와 짝지어지는 한자로는 肖보다 似를 쓰는 경향이 있습니다. 그러니까 '닮다'는 통상 似る로 씁니다.

似合い 어울림

お似合いのカップル 잘 어울리는 한 쌍

似顔絵 얼굴 닮은 그림, 초상화

似た者同士 비슷한 처지의 사람들끼리

母親似 어머니를 닮음

似ても似つかない 전혀 닮지 않았다

似て非なる 닮되 다르다(사이비)

子は親に似る 자식은 부모를 닮는다

他人の空似 혈연도 아닌데 우연히 생김새가 닮음

似た者夫婦 닮은 사람 부부, 부부가 서로 닮았음

蟹は甲羅に似せて穴を掘る

게는 자기 등껍질과 닮게 구멍을 판다(사람은 제 수준에 맞게 생각하거나 행동한다)

이른바 숙자훈(관용적 읽기)으로서 似가 들어가는 것으로, 似非(えせ)가 있습니다. えせ는, 似와 非 사이에 한문의 어조사 而를 끼워, 한국인에게도 익

숙한 似而非(사이비)로 쓸 수도 있습니다.

한편 似의 음읽기는 じ입니다.

相似 상사

類似 유사

酷似 혹사(매우 닮음)

擬似 의사

擬似コレラ 의사 콜레라

近似 근사

한자로 써 있지만 한국어에 그대로 들여다 쓸 수 없는 것이 바로 似顔絵(にがおえ) 같은 경우입니다. 말하자면 닮은 얼굴 그림인데, 한문 숭상의 빛나는(?) 전통을 가진 점잖은 한국인으로서는 역시 초상화(肖像画)라 해야 안심이 될 겁니다.

여행을 좋아하는 일본인들의 속담에 어찌된 일인지 다음과 같이 그다지 좋지 않은 어감의 말이 있습니다.

旅の恥は搔き捨て　여행에서의 창피는 당해도 그만

　요즘은 근교 산행을 가더라도 쓰레기를 고스란히 들고 되돌아와야 하지만, 환경문제가 심각하게 인식되지 않았던 시절이라면 웬만한 쓰레기 정도야 여행길 도중에 버려도 이렇다 할 문제는 없었을 겁니다. 그런데 '창피'라든지 '부끄러움'이라는 쓰레기는 과연 어떤 것일까요? 일본 국내도 아닌 해외 여행길에 호텔의 복도에서 밤에 잠옷(ゆかた＝浴衣) 차림으로 돌아다닌다든지 건물이나 누각의 벽 같은 데 이름자 남기는 따위. 이런 것쯤, 일본인들은 그 고마운 속담 덕에 주눅드는 일도 없이 오히려 당당하기만 합니다!

　다시, 여행의 '창피'로 돌아와서, 이 문장에서의 かき(搔き)는 '恥を搔く(はじをかく＝창피를 당하다)'는 관용구로서 사용되는 용법입니다. 그런데 원래는 긁다란 뜻인 かく의 연체형 かき는 강세 접두사로 사용되는 말이기도 합니다. 예컨대, かき集める(그러모으다), かき混ぜる(뒤섞다), かき回す(휘젓다) 등등. 어쨌든 평생 한 곳에 사는 농경민족으로서 모처럼 집 떠난 곳에서 주변에 누구 알 만한 사람도 없고 하니, 기강이 좀 느슨해져도 관용될 수 있다는 뜻. 달리 해석하면, 그렇게 스트레스를 주는 온갖 예의다 범절이다 하는 것들이 주로, 서로 가깝게 알고 지내는 사람들 사이를 엄격히 규범하는 것들임을 반증하는 말이기도 합니다.

　'버리다'는 일본어로 すてる입니다. 捨てる라고 씁니다. すてる의 연용형인 すて가 머리에 오는 이런 합성어들은 기억해둘 만합니다.

捨て子　버려진 아이　　　　　捨て印　예비용으로 찍어두는 도장

捨て鉢 자포자기　　　　　　　　捨て身 내 한 몸 던질 각오(いのちがけ)

世捨て人 속세를 버린 사람

捨て台詞 내뱉는 말, 성질날 때 던지는 한 마디

捨て駒 장기판에서 大를 위해 희생시키는 말(駒＝こま)

捨て石 바둑에서 잡힐 각오로 두는 돌, 장래를 위한 희생으로 쓰는 방책

捨て値 밑지더라도 팔아치우기 위한 가격

捨てたものではない 아직은 쓸모가 있다, 업신여길 수 없다

捨てる神あれば拾う神あり

실망과 좌절의 神이 있으면, 희망과 용기를 주는 神도 있는 법

捨て上手が片づけ上手 잘 버리기가 잘 치우기

한편, 捨의 음읽기는 しゃ입니다.

取捨選択 취사선택　　　　　　　　四捨五入 사사오입

운명적인 수동태

동일한 한자 단어이면서, 훈읽기와 음읽기로써 어감을 달리하는 말들이 있습니다.

예컨대, 運命이란 말. 한국어의 운명과 같은 뜻입니다만, 보통 음읽기하여 うんめい라고 읽습니다. 그런데 이것을 일본의 고유어(大和言葉＝やまとことば)로 훈읽기하여 さだめ라고 읽을 수 있습니다. 개념은 같습니다만, 토착어인 さだめ 쪽이 더욱 운명론적 어감을 지닙니다. 이를테면 엔카(演歌)의 가사로서는 아마, うんめい보다 さだめ로 읊는 것이 보다 구성지다고 생각할 수 있습니다.

그런데 일본인들은 한국인보다 더 운명을 믿는 쪽입니다. 뒤집어 말하면 이는, 체념이 빠르다는 이야기와 통합니다.

諦めが速い

이는, 일본어 부사 중에, 앗사리(あっさり)와 통하는 데가 있습니다. 이 말은 묘하게도, 일제가 이 땅에서 물러간 지 반세기가 넘어도 여전히 젊은 한국인에게조차 즐겨(?) 사용되는 일본어이기도 합니다.

체념이 빠르다는 것은, 인간의 삶에 운명과 같은 제3의 힘이 작용함을 믿는다는 것입니다. 운명이란 곧 하늘(天)의 뜻이요, 인간의 힘으론 어쩔 수 없음을 깨닫고 체념한다는 식의 논리가 가능합니다. 언어학자 아라키 히로유키(荒木博之, 1924~)는 이런 논리로, 일본어의 독특한 어법을 설명합니다.

彼は父に死なれた 그는 아버지를 여의었다

彼女は雨に降られた 그녀는 비를 맞았다

　여기서 일본어 문법을 설명하려는 것은 아닙니다만, 이러한 예문은 참으로 독특한 구문으로서, 한국인으로서는 영어의 수동태를 거쳐 이해하려 해도 어딘가 석연치 않은 문장들입니다. 영문법적 사고를 연장하면, 황당하게도 자동사의 수동태적 용법인 셈입니다! 아라키씨는 그리하여, 이런 경우의 설명을 영문법적으로 접근하기보다는, 일본인들의 운명관을 통해 볼 것을 제안하고 있습니다. 즉, 운명이나 하늘과 같은 제3의 주체가 문장에 생략된 것이라고 보면 쉽게 이해된다는 것이죠. 한국어와 마찬가지로 주어조차 곧잘 생략되는 일본어 문장에서, 그와 같은 은밀한 문구가 생략되었다고 간주하는 것은, 문법상으로도 결코 황당무계한 비약이 아니라는 것입니다.

　말하자면, 아버지는 하늘의 뜻으로 돌아가신 것이며, 그녀가 비 맞은 것은 어쩔수 없었던 운명이었으며, 내가 키우던 고양이가 내 곁을 떠난 것은 나나 고양이의 뜻이라기보다는 하늘(天=てん)의 뜻이라는 식으로 이해할 수 있다는 겁니다. 그렇다면 이 문장들은 그야말로, 일본인들의 짙은 체념관을 극적으로 표현하는 기발한 구문이기도 합니다!

비오는 날이면 일본의 전철 안에서 때로 이런 방송이 들리기도 합니다.

本日は 傘の忘れ物が おおくなっております。
오늘은 우산 분실물이 많습니다.
お降りの際は、かさを 忘れませんよう今一度お確かめください！
내리실 때는 우산을 잊지 않도록 한 번 더 살펴주시기 바랍니다!

장마철도 길고 오락가락 비도 잦은 일본에서 쌓이는 우산 분실물을 처분하기도 만만치 않을 겁니다. 확률이라는 것을 처음 배울 때, 비가 올 듯한 아침에 우산을 들고 나설 것인가 말 것인가 하는 예제가 등장합니다. 이 몇 해처럼, 장마가 끝났다 해도 걸핏하면 비가 내리는 아열대성 우기(雨期)의 기후라면, 망설일 필요 없이 늘 우산을 갖고 나서야 할 것 같습니다.

분실물은 わすれもの(忘れ物)인데, わすれ와 もの를 뒤바꾸면 ものわすれ로서 건망(증)이란 말로 변신합니다. 말하자면, 건망증이 심한 사람은 분실(물)을 통해 사회에 기여한다? 아니면, 폐를 끼친다?

한국어의 우산은 雨傘으로 그 자체가 비에 사용하는 것인 데 반해, 일본어의 かさ(傘)는 보다 광의적입니다. 보통은 그저 かさ만으로 우산이 되지만, 굳이 구별하고자 하면 雨傘이라 쓰고 あまがさ라고 말할 수도 있습니다. 종종 우산이란 뜻으로 コウモリ(박쥐)란 말을 듣기도 합니다. 이는 コウモリがさ의 준말이며 금속제의 우산살로 만들어져, 전통적인 대(竹)살 우산에 구별하여 부르기 시작한 것이라 합니다. 댓살에 튼튼한 기름종이로 만들어진 옛적의 우산은 番傘(ばんがさ)라 부르는데, 지금도 간혹 기념품점 같은 데서 눈에 띕니다.

한편, ひがさ(日傘 또는 陽傘)라 하면 비보다는 해를 가리고자 하는 것으로 요즘은 パラソル가 무난합니다. 또, ようがさ(洋傘)라는 말이 있는데, 이는 양

복이나 양품처럼 전래의 일본식 우산에 대비하여 서양풍의 것을 가리키는 말입니다. 오늘날은 상용하는 우산에 전래풍과 서양풍이 따로 있는 것이 아니기 때문에 그런 구별이 일상생활 속에서는 별 의미가 없게 되었죠.

그런가 하면 우산도 흔해지고 사방에 편의점도 많아, 갑작스레 비를 만난다 해도, 어딘지 로맨틱한 相合傘(あいあいがさ, 우산 함께 쓰기)의 찬스도 거의 없어지고 말았습니다.

'우산을 쓰다(받다)'는 傘を差す(かさをさす).

さて, 일본어의 속담에, 夜目、遠目、傘の内(よめ、とおめ、かさのうち)라는 말이 있습니다. '밤에 보기', '멀리서 보기', 그리고 '우산을 쓰고 있는 것을 보기'라는 말인데, 이런 경우라면 여자가 다 아름다워 보인다고 합니다. 멀리서 보거나 밤에 보는 것은 잘 안 보여서 그렇다 치고, 과거 일본인의 눈에 우산을 쓴 여인은 섹시하게 보였던 보양입니다. 다만, 이 경우의 우산은 에도시대에 유행했던 뱀눈(蛇の目＝じゃのめ) 무늬의 우산, 즉 蛇の目傘(じゃのめがさ)이었겠죠.

한동안 일본의 교과서 왜곡 문제로 시끄러웠던 적이 있습니다. 이쪽에서 아무리 목청을 높여도, BJR(배째라)의 쇠간판을 내걸었는지 진원지 일본에서는 아랑곳없습니다.

교과서 문제를 바라보면서 필자가 느낀 한 가지 분명한 사실은, 벌써 한참 해묵은 이 사안이 어느쪽으로 흐르든 당초의 모습이 세월과 더불어 확실히 풍화하고 있다는 것입니다.

사람들의 말이나 약속은, 정도의 차이는 있어도, 그 이해나 해석에 있어서 어느 하나 세월 앞에 빛바래지 않는 것이 없습니다. 특히 역사적 사실을 두고 마찰과 대립이 생기는 것은, 그 빛바램의 진도에 사람들마다 상당한 시차를 보이기 때문이라고 생각합니다.

침략전쟁을 영구히 포기하기로 한 일본헌법 제9조가 아마 그 좋은 사례가 될 수 있을 겁니다. 그 조문의 해석은 세월과 더불어 풍화하여, 조만간 헌법 제9조는 빈껍데기化하고 이윽고는 개헌으로 그 내용이 명시적으로 바뀌거나 사라질 수도 있습니다.

헌법 제9조 얘길 하다 보니 생각났습니다만, 일본에는, 히로시마와 나가사키의 원자폭탄 피해를 깊이 의식하여 핵무기와 관련한 소위 '비핵3원칙(非核三原則)'이라는 것이 있습니다.

非核三原則 =ひかくさんげんそく
・もたず 보유하지 아니한다
・つくらず 만들지 아니한다
・もちこませず 반입하지 못하게 한다

하지만 이 3원칙도 풍화론에 따르면 뜻밖의 새로운 해석이 가능할지도 모릅니다.

さて, 이야기의 방향이 바뀝니다만, 석 삼(三)은, 일본인들도 과히 싫어하지 않습니다.

음읽기는 さん, 훈읽기는 み, みつ, みっつ 등입니다.

さんけんぶんりつ
三権分立 삼권분립

さんしゅ じんぎ
三種の神器 삼종의 신기(일본의 신화)

さんこ れい
三顧の礼 (제갈공명) 삼고초려

さんみ いったい
三位一体 삼위일체

さんず かわ
三途の川 죽은 자가 저승길에 건넌다는 내(川)

さんだいばなし
三題噺 세 문제 이야기/ 라쿠고(落語)에서 고객이 던지는 세 주제를 받아 즉석에서
이야기를 엮어내는 것

일본인이 즐기는 관용구로는 이런 것들이 있습니다.

さんにん よ もんじゅ ちえ
三人寄れば文殊の知恵 셋이 모이면 좋은 지혜가 나온다

いし うえ さんねん
石の上にも三年 돌 위에서도 3년, 참고 견디면 언젠가는 성공한다

み ご たましいひゃく
三つ子の魂百まで 세 살 버릇 여든까지 간다

한국의 오토바이 폭주족(暴走族＝ぼうそうぞく)은, 굳이 일본과 비교하자면, 그 규모나 노는 모양이나 귀여운 정도입니다. 일년 내내 오토바이를 타기에는 대체로 날씨가 춥고, 도로사정만 해도 저쪽에 견주어 썩 좋은 환경은 아닙니다. 실제로 폭주족의 조직이나 규모, 사회적 영향력(?) 등 그 어느모로 보나, 일본쪽에서 보면 아마, 한국의 경우는 초심도 초심, 코웃음칠 노릇일지도 모릅니다. 거꾸로 일본쪽은, 경찰의 갖가지 기상천외(奇想天外＝きそうてんがい)한 폭주족 대책만을 놓고 보더라도, 폭주족 문제가 여간 심각한 게 아닙니다.

그런데 한국이든 일본이든, 양쪽의 폭주족들에게는 상당수의 공통점이 있습니다. 폭주족(暴走族＝ぼうそうぞく)이라는 같은 말이 양쪽에서 사용된다는 점 말고도 말입니다. 그 가운데 그냥 지나칠 수 없는 것으로, 많은 경우, 젊은 나이에 사고로 인한 동료(仲間＝なかま)의 죽음을 목격하거나 스스로 당하거나 한다는 것입니다.

쌩쌩한 희열의 찰나(刹那＝せつな)들과 상처뿐인 깊은 고독감은 그들에게 언제나 せなかあわせ(＝바로 이웃)입니다.

그러니까, 사회전체가 숨 돌릴 틈 없던 고도 경제성장의 끝자락이던 70년대, 일본에서는 상술한 폭주족이라든가, 보다 넓게는 미국의 로커빌리를 로칼化한 이른바 不良(ふりょう)가 사회적 현상으로 또는 나아가 문화로 꽃피우게(?) 되었습니다. 1980년대의 '광란의 버블'을 거쳐 1990년대 이후 몸져누운 듯한 지금의 일본 사회에서는 그 不良의 순진함 유치함 무모함 고독함 따위가 새삼 그립고 아름답게조차 느껴지는 모양입니다.

さて, 상처라는 한국어는 사실, 傷處라는 무거운 한자말입니다.

상처에 해당하는 일본어가 きず입니다. 아직도 '기스 났다'와 같이 한국어에 그 자취를 남기고 있는 바로 그 말로서, 한자로는 傷으로 씁니다.

傷つける 상처 주다　　　　　傷つく 상처 받다

傷が治る 상처가 낫다

이밖에도 상처는 허다합니다. 마음의 상처(心の傷＝こころのきず), 몸의 상처…….

擦り傷 찰과상, 스쳐 지난 상처　　　傷跡 상처 자국

掠り傷 찰과상, 스친 상처　　　　　傷口 상처, 상처 자리

切り傷 벤 상처, 절상　　　　　　　傷だらけ 상처투성이

刺し傷 찔린 상처, 자상　　　　　　傷がつく 상처가 나다, 흠 잡히다

無傷 무상처, 온전함　　　　　　　傷を負う 상처를 입다, 부상하다

傷의 음읽기는 しょう입니다. 딱딱한 한문투의 말들이라면 음읽기를 하는 경우가 많습니다.

外傷 외상　　　　　　　　　　　重傷 중상

負傷 부상　　　　　　　　　　　損傷 손상

刺傷 자상(찔린 상처)　　　　　　殺傷 살상

こいはとかく、傷つき合ったり、傷つけ合ったり！
사랑이란 툭하면, 서로 상처 받고 또 상처 주고!

그래도, 남에게 상처 주지 말고 삽시다!

이제 머리 염색이 완전히 자리를 잡은 듯합니다. 자리를 잡았다 함은, 너도 나도 갈색이나 노랑머리로 다 바꾸었다는 게 아닙니다. 모두들 충분히 면역이 생겨, 적어도 사회적으로는 머리칼 색깔에 대해 상당히 관대해졌거나 둔감해졌다는 말입니다. 오히려 노랑이나 핑크머리에 물려, 어느날 문득 말쑥한 검은 머리로 되돌아간 여성의 긴 머리칼이, 유난히 신선하고 윤기 흐르는 까망으로 다가오기도 합니다. TV 샴푸 광고에 으레 등장하는 좔좔 윤기가 흐르는 검은 머리칼은 차가운 푸른빛이 감돌아 보이지 않습니까? 이런 색깔을 가리켜, 일본어로는 '까마귀의 젖은 깃털색'이라고 말할 수 있습니다.

カラスの濡れ羽色！

까마귀가 흔한 일본다운 표현이라 할 수 있겠죠. 한국인에게는 젖은 깃털이고 뭐고 까마귀라면, 그저 컴컴하고 꺼림칙한 까만색일 뿐입니다만.

 さて, 한국어든 일본어든 또는 영어도 애당초 색깔을 가리키는 말 자체는 그다지 많지 않습니다. 현대 일본어 같으면, しろ(白), くろ(黒), あか(赤), あお(青), きいろ(黄色), みどり(緑), むらさき(紫) 정도입니다.

 色의 훈읽기는 いろ, 음읽기는 しょく 또는 しき입니다.

ちゃいろ
茶色 갈색

くりいろ
栗色 밤색

みずいろ
水色 하늘색

ねずみいろ
鼠色 쥐색

あかねいろ
茜色 식물 꼭두서니 뿌리의 빛깔, 붉은 보랏빛

あいいろ
藍色 남색, 쪽빛. 파랑(青)보다는 짙고 감(紺)보다는 옅음

たまむしいろ
玉虫色 보기에 따라 이렇게도 저렇게도 보이는 색깔

薔薇色 ^{ばらいろ} 장밋빛, 화려하고 영광스러움으로 비유되는 색깔

물론 요즘에는 한자가 아닌 외래어도 단단히 한몫 하고 있습니다.

オレンジ色 오렌지색   コバルト色 코발트색

한국인과 감각이 같은 경우가 많지만 그렇지 않은 것들도 있습니다. 이를 테면 하늘색. 일본어는 하늘색(空色＝そらいろ)이란 말과 더불어 물색(水色＝みずいろ)이란 말을 곧잘 씁니다. 그런가 하면 일상에서 자주 사용되는 말인 일본어의 茶色(ちゃいろ). 갈색(褐色)을 가리키는 말이지만, 왠지 일본 차(茶)는 영어로 green tea라고 합니다. 근래 유행한 머리 염색을 포괄하여 일본어로 茶髪(ちゃぱつ)라 하는 것으로 보아도, 일본어의 茶色은 갈색을 가리킵니다.

그런데 한국어에서도 가끔 들을 수 있는, 옷감이나 의류 색깔의 곤색(紺色＝こんいろ). 의류매장이나 포목점 따위에서 아직도 떳떳이(?) 들을 수 있는 일본어의 색깔 이름이 紺色(こんいろ)입니다. 감색이라고 말하면 공교롭게 먹는 감(柿)과 혼동스러워서인지, 곤색이라고 일본어를 그냥 사용하는 경우가 많습니다. 한술 더 떠서 진한 감색 또는 흑감(黒紺)색을 가리켜, 구로곤(くろごん)이라고 말하는 것도 심심찮게 듣습니다.

청색과 남색이 등장했습니다만, 이런 색과 관련해서는 다음과 같은 말이 있습니다.

青は藍より出でて藍より青し ^{あおあいいあいあお} 파랑은 쪽에서 나와 쪽보다 더 푸르도다(청출어람)

일본인의 표정

일본 전국시대의 영웅 '오다 노부나가'(織田信長)가 즐겼다던 전통 가무극 能(のう)의 아츠모리(敦盛)는 이런 가사를 담고 있습니다.

人間五十年、下天のうちを比べれば、夢まぼろしのごとくなり。

인생 50년, 불계(佛界)의 긴 세월에 견주면 한낱 꿈만 같도다

一度生をうけ 滅せぬ者の あるべきか……

한번 태어나 죽지 아니하는 자 어디 있으리오……

느릿한 동작도 그렇지만 특히, 배우가 쓰는 가면, 즉 能面(のうめん)이 매우 인상적입니다. 어떻게 인상적인가 하면, 일부러 만든 가면이 어찌 그리도 '무표정'할 수 있을까 하는 점입니다. 일본인의 표정은 그다지 풍부하지 않다고 들 합니다. 풍요로운 자연환경을 바탕으로 일본인의 감정은 매우 섬세하지만, 어찌된 일인지 그같은 감정의 표출, 특히 얼굴에 드러내는 표정은 극도로 절제되는 경향입니다.

일본의 문호 아쿠타가와 류우노스케(芥川龍之介))의 手巾(ハンケチ)이란 소설에 이런 대목이 등장합니다.

…… 어느 여름날 점잖은 풍모의 한 40대 여인이 어느 선생을 방문합니다. 그녀의 방문 목적은, 한 때 그 선생에게 신세진 바 있는 그녀 아들의 죽음을 보고하기 위함이었습니다. 자신이 가장 사랑하던 아들의 죽음을 보고하는 동안 그녀는, 슬픔이나 괴로움의 표정을 짓기는커녕 오히려 엷은 미소를 띠고 있는 것으로 그 선생의 눈에 비쳤습니다. 하세가와라는 이름의 그 선생은 문득, 자신의 독일 유학 시절, 황제 빌헬름1세의 죽음 소식에 온몸으로 통곡하던 하숙집의 독일 사람들에 관한 기억을 떠올리고는, 눈앞의 그 여인과 비교하며 착잡한 감정에 사로잡힙니다.

그런데 마침 손에 들었던 부채를 바닥에 떨어뜨린 그 선생, 몸을 구부려 부채

를 주워 올리려다 탁자 아래쪽으로 맞은편 그 여인의 손을 목격하게 됩니다. 무릎 위의 그녀 손은 바들바들 떨리고 있었고, 게다가 손수건이 거의 뭉개찢어질 듯 움켜쥐어져 있었던 것입니다. 비록 미소에 가까운 극도로 절제된 표정의 다른 한편에서 그 여인은 전신으로 처절한 절규를 하고 있었던 것입니다. ……

서구문명을 탐욕적으로 추종하기 시작한 지 벌써 백수십 년, 제2차세계대전 후는 미국문명의 포로가 되기를 자청한 듯해 보이는 일본인들의 표정은 그러나 적어도 필자가 느끼기에는 여전히 그 여인의 경우에서 그다지 멀지 않습니다. 그같은 충격적이기조차한 표정의 절제가, 감정의 발산보다는 내적수렴을 일종의 미학으로 신봉하던 무사도의 전통 때문인지 어쩐지는 상세히 알 길이 없습니다.

한국인의 감정 표출 방식과 표정 짓기를 생각해볼 때, 지리적으로 이웃이라지만 일본인의 경우와는 참으로 극명한 대조가 아닐 수 없습니다. 일본인과 포커를 칠 경우 한국인은 아마 상당한 핸디캡을 감수해야 할지도 모릅니다!

さて, 소설의 제목은 우리에게 낯익은 수건(手巾)이지만, 위에 소개한 내용의 일부로 미루어 손수건을 가리킴을 알 수 있습니다. 그리고 요즘은 보통 ハンカチ라고 말합니다.

정치가는 법 만들기에 앞서 말 잘하기가 중요한 소양이자 자질로 요구됩니다. 그 중에서도 특히 거짓말하기가 특기인 사람들이 적지 않습니다. 거짓말을 하기 위해서는 한 개의 혀(舌＝した)만으론 역부족(力不足＝ちからぶそく)입니다. '두 개의 혀(舌)'는 필요조건입니다.

二枚舌 한 입으로 두 말하기　　　　舌を二枚に使う (二枚舌를 풀어 말한 것)

말바꾸기의 빠름은

舌の根の乾かぬうちに 혀뿌리가 마르기도 전에

그런 기막힌 광경을 목격하거나 꼴을 당하면

舌を巻く 혀를 내두르다

잘해도 탈, 못해도 탈, 그것이 말이고 또 혀 놀리기입니다.
舌의 음읽기는 ぜつ입니다.

毒舌 독설　　　　　　　　　　　　饒舌 요설
長広舌 장광설

　세 치 길이의 혀는 세상을 뒤바꾸고 사람의 인생을 창졸간에 망칠 수도 있습니다.

舌先三寸 세 치 혀끝

혀를 잘못 놀렸다가는

<ruby>舌禍<rt>ぜっか</rt></ruby> 설화

<ruby>舌は禍の根<rt>した わざわい ね</rt></ruby> 혀는 화근(禍根)

육탄전을 벌이기 전의

<ruby>舌戦<rt>ぜっせん</rt></ruby> 설전

혀도 혀지만, 사람의 입에 문짝을 달 수도 없는 노릇이라 안타깝습니다.

<ruby>人の口に戸は立てられぬ<rt>ひと くち と たて</rt></ruby>

'말하기'의 가치를 긍정적으로 평가한 예가 전혀 없는 것은 아니나, 동서 고금의 사상가들은 예외없이 듣기를 말하기보다 더 높이 평가했고, 말하기 남발에 따르는 위험성을 깨우치곤 했습니다. 거짓말은 うそ(嘘)라고 합니다. 한국어나 일본어나 거짓말과 거짓이 혼용되기도 합니다만, 일본어에서 거 짓은 보통 偽를 쓰고 いつわり라고 읽습니다. 거짓말은 할수록 늘어만 가게 마련입니다.

<ruby>嘘八百<rt>うそはっぴゃく</rt></ruby> 온통 거짓말투성이

그렇지만 자기합리화에 능숙한 게 인간, 거짓말도 다 이유가 있는 법.

<ruby>嘘も方便<rt>うそ ほうべん</rt></ruby> 거짓말도 한 방편

p.s.
혀는, した 대신 속된 말로 べろ라고도 합니다.

우수, 경칩 지나 기승을 부리던 추위가 꺾이는 듯해도 섣부른 방심은 금물입니다. 꽃샘추위(花冷え=はなびえ)도 기다리고 있고, 계절이 바뀌면서 거센 찬바람이 돌연 불어칠 수도 있습니다.

　일본어에서는 暑さ寒さも彼岸まで(あつさ さむさも ひがんまで)라고 하여 적어도 춘분 무렵까지는 추위를 경계하고 있습니다. 거꾸로, 아무리 추위나 더위가 질질 끌더라도 이 무렵을 넘기는 일은 없다는 의미로도 사용됩니다. 彼岸(ひがん)이란 춘분 및 추분의 각각을 전후한 일주일간을 가리킵니다.

　모든 것이 다 그렇지만 가장 번성할 때야말로 기울기 시작하는 때입니다. '달도 차면 기울다'라는 평범한 말도 있는가 하면 성자필쇠(盛者必衰=じょうしゃひっすい)라는 어려운 불교 용어도 있습니다. 성자(盛者)란 알기 쉬운 요즘 말로 '잘 나가는 사람'입니다. 따라서 위 말들은 행간에, 잘 나갈 때일수록 오히려 앞날에 대비하는 겸허한 자세를 요구하는 것일 수도 있습니다.

　'번성하다'라는 성(盛)의 이야기를 좀 할까 합니다. 우선 성(盛)은 음읽기로는 せい와 じょう 의 두 가지입니다.

せいきょう
盛況 성황

せいだい
盛大 성대

せい か
盛夏 성하(한여름)

りゅうせい
隆盛 융성

せいすい
盛衰 성쇠

さいせいき
最盛期 최성기(가장 번성할 때)

じょう로 읽는 흔한 말로는 繁盛(はんじょう) 정도입니다.

しょうばいはんじょう
商売繁盛 장사번창

한편, 훈읽기는 さかり인데, 다음과 같은 용례는 기억해둘 만합니다.

カンブク わかもの さか ば チョンロ
江北の若者の盛り場は鐘路 강북 젊은이의 번화가는 종로

カンナム さか ば カンナムえきいちえん
江南の盛り場は江南駅一円 강남쪽 젊은이들의 바글거리는 데는 강남역 일대

さかり라는 훈읽기와 관련해서 오히려 관심을 가져볼 만한 것은 접미어적 용법입니다. 이 경우는 발음이 ざかり로 흐려지는데, 다음과 같은 것들이 있습니다.

おとこざか
男盛り 사나이로서 한창 때

はなざか
花盛り 한창 꽃필 무렵, 한창 (좋을)때

おんなざか
女盛り 여자로서 한창 때

ふんべつざか
分別盛り 한창 사려분별이 분명할 나이

にんきざか
人気盛り 한창 인기 있을 때

そだ ざか
育ち盛り 한창 자랄 때

た ざか
食べ盛り 한창 잘 먹을 때

の ざか
伸び盛り 한창 클(성장할) 때

はたら ざか
働き盛り 한창 일할 때

そだ ざか た ざか
育ち盛りは食べ盛り 한창 자랄 때란 한창 잘 먹을 때

순서가 바뀐 감이 있지만, さかり는 단독으로 '동물의 발정(発情)', '암내'라는 의미도 있는데, さかりがつく(발정 나다)라는 관용구로 많이 사용됩니다.

ねこ
さかりのついた猫 발정한 고양이

동장군(冬将軍＝ふゆしょうぐん)의 기세가 아무리 거세어도 입춘이면 그 사카리를 넘기고 슬슬 퇴장을 준비하고 춘분 무렵이면 완전히 은퇴할 것입니다.

작지만 쌉사름하고 수분 많은 한국 마늘, 크기만 했지 버석하고 무미한 일본 마늘(にんにく). 된장찌개에 빠질 수 없는 호박, 일본에서는 조선호박(朝鮮かぼちゃ)이라고도 하는데 동네 슈퍼나 야채상(やおや)에서 여간해서 찾아볼 수 없습니다. 한국에선 영광굴비라 하여 조기(いしもち)를 생선의 으뜸으로 치지만, 이 역시 일본의 슈퍼나 어물전(さかなや)에서 찾으려면 비교적 후미진 곳으로 가보아야 합니다. 더 넓게 보면, 동북아시아의 쌀 자포니카의 반질반질한 외모와 끈적끈적한 입맛은, 동남아시아나 서아시아로 가면서 윤기도 끈기도 사라진 인디카로 바뀝니다.

　所(ところ)かわれば品(しな)かわる라는 말이 있습니다. 좁은 한국땅에서도 장소가 달라지면, 말도 다르고 인심도 풍습도 다르게 마련입니다. 그런데 입장이나 상황이 바뀌면 생각이나 견해도 달라지기 마련일까요?

立場 ^{たちば} かわれば 見方 ^{みかた} かわる？

　일본의 유명 출판사 소학관(小学館)에서 월 2회 발간되는 《사피오(SAPIO)》라는 잡지는 오른쪽(右翼＝うよく)의 색채가 짙은 편집입니다. 남북 정상회담에 즈음하여 당시 김대중 한국대통령을 두고 '웃는 얼굴의 독재(笑顔の独裁＝えがおのどくさい)'를 표제로 하여, 정상회담과 그 이후에 관련된 몇몇 기사를 특집으로 엮은 적이 있습니다. 《상케이(サンケイ)신문》 서울지국장인 구로다(黒田)씨의 기고도 게재돼 있는데, 그는 정상회담에 즈음한 한국 매스컴의 태도 변화를 빈정거리는 말투로 꼬집고 있습니다. 이를테면, 김정일의 태도나 성격을 가리켜, 다음과 같이 한국의 보도 표현이 바뀌었다는 겁니다.

과거에는 傍若無人 ^{ぼうじゃくぶじん}(방약무인), 지금은 自信 ^{じしん}たっぷり(자신 듬뿍)

과거에는 短気(단기, 성질이 급함), 지금은 決断が早い(결단이 빠르다)

과거에는 毒舌(독설), 지금은 ユーモアたっぷり(유머 듬뿍)

  그러고 보니 생각나는 것이, 가끔 우스개로 등장하곤 하는 말로 내가 하면 로맨스요 남이 하면 불륜(不倫＝ふりん). 오후 세 시, 휴게실의 나는 티브레이크, 남들은 땡땡이(サボり). 야당 때는 준법 민주투쟁, 지금 보니 불법 시위. 이쯤 되면 아무래도 위에서 제기한 입장이 바뀌면 어쩌구 하는 것, 역시 범속한 인간들이 엮는 이 속세에서는 들어맞는 명제(命題)가 될 것 같군요.

오리지날: 所かわれば品かわる   응용: 立場かわれば見方かわる

  일본어의 ところ(所)는 한국어의 '바'와 흡사하여, 물리적인 장소를 가리키기도 하고 추상적인 용법도 아울러 갖습니다.

台所 부엌   至る所 도처

所せまし 장소가 좁다는 듯   所所 군데군데

한편, 所의 음읽기는 しょ입니다.

所見 소견   所信 소신   所得 소득   所有 소유   場所 장소   関所 관문

한국과 마찬가지로 계절이 뚜렷한 일본. 게다가 남북으로 길기도 길어, 한 가지 꽃이라도 일본 전체를 놓고 보면, 보다 일찍 그리고 보다 늦도록 즐길 수 있습니다. 겨울꽃이라 할 수 있는 동백(つばき=椿)에서 이른봄의 매화(うめ=梅)만 해도, 일본 전국 곳곳에 명소라느니 꽃구경이라느니 하면서 요란합니다.

그러나 뭐니뭐니 해도, 일본에서 꽃 하면 벚꽃, 즉 さくら입니다. 이 말은, 꽃 가운데 으뜸을 벚꽃으로 친다는 의미에 그치지 아니합니다. 문학작품 따위를 비롯하여 일상의 회화에서도 그저 꽃이라고 말할 경우, 의심할 여지없이 벚꽃을 가리킵니다.

중국의 어느 시인은, 해마다 사람은 달라져도 해마다 피는 꽃은 변함없다고 읊었거니와, 변함없는 꽃이기에 더욱, 달라지는 인간과 인생의 덧없음을 느끼게 하는 것이 아닐까요? 변함없는 모습으로 다시 피는 그 꽃을 찾고, 찾으면 이 삶의 덧없음을 새삼 깨우치게 되는 게 아닐까요? 그리고 꽃이 지는 것이 아쉽다기보다는 결국은 머무르지 못하고 달라지는 자신을 안타까워하는 게 아닐까요?

'꽃이 피다'는 はながさく 라고 말합니다. 쓰기로는 보통 花が咲く 입니다. 咲 라는 한자는 한문에도 있는 것으로, '웃다'는 뜻의 笑와 통하는 글자입니다. 그러나 현대 일본어 속에서는, 한문적 의미와 관계없이, '피다'는 뜻으로 사용됩니다. 따라서 일본어 속에서의 이 한자는, 비록 しょう라는 음이 있지만, 실제의 있어서는 さく로 훈읽기하는 용법만 알아두면 됩니다.

早咲き ^{はやざき} 일찍 피기

遅咲き ^{おそざき} 늦게 피기

五分咲き ^{ごぶざき} 50% 개화

八部咲き ^{はちぶざき} 80% 개화

咲き誇る 피어 뽐내다, 뽐내듯이 한껏 피다

咲き乱れる 피어 흐드러지다, 어지러울 정도로 한껏 피다

咲き揃う 펴야 할 꽃들이 일제히 다 피다

咲き残る 다른 꽃이 진 다음까지 남다 또는 다른 꽃보다 늦게 피다

한문투로 개화라는 말도 사용됩니다. 開花＝かいか

예컨대, '올해는 벚꽃의 개화가 평년보다 이르다'는 다음과 같이 씁니다.

今年は桜の開花が例年より早い

그리고 100% 개화를 말하는 한국어의 만발은 보통 満開(まんかい)라고 말합니다. 최근, 한국에서도 이따금 만개라는 표현이 눈에 띕니다만.

주식투자에 있어서, 소액투자의 개인투자가라 해도 반드시 부딪치는 심각한 명제의 하나에 '손절(損切)'이라는 말이 있습니다. '손실을 끊어낸다'고 풀이할 수 있는데, 이 말은 본디 일본어입니다.

損を切る, 명사화하여　損切り!

IMF 이후의 글로벌化, 즉 사실상의 미국화 물결에 밀려, 특히 전문가들 사이에는 스탑로스(stop loss) 또는 로스컷(loss cut)이라는 영어로 대체되고 있습니다만, 損切り의 목숨이 완전히 끊긴 것은 아닙니다.

1주당 1만 원에 샀는데, '어어' 하는 사이에 9,000원으로 떨어지는가 싶더니 점점 떨어져 급기야 절반인 5,000원으로 폭락! 9,000원으로 떨어졌을 때나 8,000원 또는 7,000원 때에도, 이제 곧 되오르겠지 하는 마음에 웬만해서는 손해를 무릅쓰고 팔지 못하게 마련입니다. 반 토막 났어도 울며 부둥켜안고, '이제야말로 오를 거야'. 결과적으로 주가가 9,000원 할 때 손실 1,000원을 무릅쓰고 팔았더라면 얼마나 좋았을까요!

손실을 끌어안지 않고 끊어팔기가 바로 損切り売り(そんぎりうり)입니다! 이것을 한국어로는, 한자를 한국음으로 그저 읽어 손절매(損切売)라고 부르는 것이죠. 한국어가 자청한 일본어 수입의 삐딱한 유형의 한 가지입니다. 한편, 실현되지 아니한 장부상의 손실을 평가손이라고 합니다. 일본어로는 評価損(ひょうかぞん). 가장 흔한 말투의 '손해보다'라는 한국어에 대응하는 적절한 일본어는 損(そん)をする입니다. 손의 음읽기는 そん.

損失 손실　　損傷 손상
損益 손익　　損得 손득

　손익이나 손득과 관련해서 짚어볼 만한 것으로 トントン이란 말이 있습니다. 한국어로도 제법 시민권을 누리는 것인데, 대등하다는 의미입니다.

大損 대손(큰 손실) 　　　　　　破損 파손

毀損 훼손 　　　　　　　　　損害保険 손해보험

欠損 결손 　　　　　　　　　損害賠償 손해보상

名誉毀損 명예훼손

株で大損をする 주식으로 큰 손실을 보다

収支はトントンである 수지는 똔똔이다(밑지지도 남지도 않았다)

　한편, 훈읽기는 損なう(そこなう)또는 損ねる로서, '잃다', '해치다', '실패하다', '손해보다'의 뜻이 됩니다. 이들이 특히, 동사의 연용형에 붙어 보조동사로 사용되면, 무언가를 하려다 미처 못하다는 독특한 용법이 됩니다.

食べ損なう (어쩌다 보니) 먹지 못하다

言い損なう (우물쭈물하다가, 망설이다가) 미처 말 못하다

불꽃놀이

지평선 멀리 뭉게구름(入道雲＝にゅうどうぐも)이 피어오르면 틀림없는 한여름입니다. 일본의 여름 풍물이라면 단연, 여름축제(夏まつり), 그리고 여름밤을 수놓는 불꽃놀이(花火大会＝はなびたいかい)가 손꼽힙니다.

불꽃놀이의 불꽃(はなび)이라 하면 보통 쏘아올리는 불꽃(打ち上げ花火=うちあげはなび)를 떠올리지만, 동네 개구장이들의 장난감 불꽃(線香花火=せんこうはなび)도 어린 시절 여름날의 추억거리입니다. 대규모 打ち上げ花火는 특히, 참으로 숨막히고 손에 땀쥐는 그러면서도 허전하기 그지없는 한편의 야상곡입니다.

작가 山口洋子에 따르면……

…… 불꽃의 좋은 점은 궁극적으로 그 장대한 낭비에 있다. 돈을 들이고 열심히 준비하여, 그 성과는 밤하늘을 한 순간 물들이고 사라져간다. 하지만 어둠에 빨려든 뒤의 잔상은 생생한 선명함으로 눈두덩에 남아 영원히 사라지지 아니한다.

그리고 그녀는 그같은 불꽃을 사랑(恋=こい)에 빗대고 있습니다. 아름다운 こい에는 언제나 분별없는 장대한 ムダ(낭비)가 따르게 마련, 그리고 그 성과는 일순간의 반짝 아름다움에 그치고 아쉬움 속에 그 잔상만이 언제까지고 길게 아련히 남겨질 뿐이라나.

내친김에 그녀는, 5·7·5 調의 하이쿠(俳句)까지 한 수 읊어 보입니다.

寂しさや 花火のあとの キスの味　허전하구나 불꽃놀이 뒤의 키스의 맛

기타노 다케시(北野 武)가 감독했던 영화 〈하나비(はなび)〉를 보신 분이든

아니든, 한여름철에 혹시 일본쪽으로 배낭여행을 떠나시는 분, 언젠가 일본
여행을 계획하시는 분, 일본인의 여름 정서의 단면을 들여다보시겠다면 반드
시 はなびたいかい를 한번쯤 체험하시기를 권합니다.

　동경에서라면, 隅田川(스미다가와) 花火大会나 江戸川(에도가와) 花火大会가
특히 유명합니다.

　浴衣(ゆかた)차림에 부채(うちわ)를 손에 쥔 나팔꽃 같은 청초한 아가씨와
함께라면, 쏘아올려지는 불꽃이 다 끝나더라도 허전하지만은 않으리!(단, 불
똥이나 재가 흩떨어지는 곳은 피해 앉을 것!)

결실의 가을, 맛사냥에 나서자

깊어가는 가을, 황금 들판의 가을걷이가 마무리되어도 밭이나 뒷산의 풍요로운 결실은 늦도록 사람들의 손길을 기다립니다. 그 무렵, 일본 열도 곳곳에서는 관광을 겸한 열매 따기가 널리 성행합니다. 농장으로서는 수확의 일손도 덜고 즉석 판매도 가능하여, 일석이조를 기대할 수 있습니다. 국도를 따라 차를 달리다 보면, 노변 곳곳에 세운 간판으로 열매 따기에 들르도록 하는 광고가 널려 있습니다.

이런 경우의 '따기'를 가리켜 일본어로는 かり(狩り)라고 합니다. 狩り는 원래 사냥이란 뜻입니다. 일본어에서는 이 말이, 동물의 사냥뿐만 아니라 식물의 채취나 채집에도 사용됩니다. 어감상으로는, 사냥에서 짐작할 수 있듯이, 이리저리 찾아다니면서 캔다는 느낌이 따르는 말입니다. 물론 요즘은 밭이든 뒷산이든 사람 손 안 간 곳이 없으니, 찾아 헤맬 정도까지의 일은 적습니다만.

소득이 높아지면서 요즘엔 한국에도 이런 '사냥'이 적지 않습니다.

味覚狩り 미각(맛) 사냥
薩摩芋狩り 고구마 사냥, 고구마 캐기
林檎狩り 사과 사냥, 사과 따기
蜜柑狩り 귤 사냥, 귤 따기
栗狩り 밤 사냥, 밤 줍기
茸狩り 버섯 사냥, 버섯 캐기

수확의 계절이나 가을과는 무관하지만 이런 것들도 있습니다.

潮干狩り 갯벌 줍기
魔女狩り 마녀 사냥
山狩り 산사냥, 산속에 숨은 범죄자 따위를 많은 사람이 수색하기
ナチスのユダヤ人狩り 나치스의 유태인 사냥

참고로 사냥꾼이란 뜻의 예스러운 말로 狩人(かりゅうど)가 있습니다. 가타카나 시대인 요즈음이라면 狩り는 ハンティング(hunting)으로, 狩人은 ハンター(hunter)로 말하는 게 때로 더 자연스럽거나 멋있습니다.

한편, 狩의 음읽기는 しゅ입니다.

狩猟 수렵

일본에는 두 가지 '숙녀'가 있습니다! 그런데 한자로 써보면 조금 얘기가 달라집니다.

淑女 ＝ しゅくじょ　　　　熟女 ＝ じゅくじょ

한국어로는 둘 다 숙녀로 읽지만, 일본어로는 읽기가 좀 다르죠!

淑女(숙녀)는 고대 중국문헌의 요조숙녀(窈窕淑女)로 거스르는 장구한 역사적(?) 용어이기도 합니다만, 熟女 쪽은 한국인에게는 낯선 말입니다. 현대 일본어에서 이따금 눈에 띄는 熟女(じゅくじょ)라는 말은, 이보다 널리 사용되는 熟年 ＝ じゅくねん이라는 말과 아울러 생각해볼 필요가 있습니다. 그러기 위해서라도, 한자 熟(숙)을 들여다보면 이렇습니다.

숙(熟)이란 한자는 '익다', '여물다', '속이 꽉차다'는 말!

한자 응용에 열심인 일본어로서는, 지긋하게 잘 익은 인생의 황금기를 가리켜, 듣기 좋은 어감도 살려, 熟年(じゅくねん)이라 부르자는 겁니다.

그 熟年(じゅくねん)가운데서도 여성만이 해당하는 熟女(じゅくじょ)!

한자의 뜻 그대로, 무르익은 여자!

정리하면, 잘 익었다는 熟은 음읽기하여 じゅく, 훈읽기하여 うれる 입니다.

유의할 점은, 熟에 する를 붙여, 熟する(じゅくする)라는 동사로 사용하는 용법도 있습니다. 의미상으로는, 熟れる(うれる)와 다를 바 없습니다.

機運が熟する 기운이 무르익다　　　柿が熟する 감이 잘 익다
仕事に熟する 일에 충분히 익숙해지다

그러면 じゅく로 음읽기하는 단어들을 보겠습니다.

熟語 숙어　　　　　　熟字訓 숙자훈, 관용적인 훈

熟考 숙고　　　　　　円熟 원숙

熟柿 숙시? 잘 익은 감　成熟 성숙

熟成 숙성　　　　　　早熟 조숙

熟達 숙달　　　　　　半熟 반숙

熟睡 숙수, 숙면과 같음　未熟 미숙

熟知 숙지　　　　　　熟練 숙련

熟読 숙독

　淑女와 熟女의 경우, 한국어로는 우연히 동음이의어가 되지만, 일본어로는 뜻도 다르고 발음도 다른 말입니다.

해가 바뀌면 곳곳에서 신춘(新春)이란 말이 눈에 뜨입니다. 신춘문예, 신춘 특선, 신춘대작, 신춘호(新春号) 등등. 애당초 음력 1월이면 계절적으로도 봄의 시작이니, 1월을 新春(しんしゅん)이라 함은 부자연스럽지 않습니다. 그러나 양력이 일반화된 요즘도, 비록 엄동설한의 한가운데이지만, 해가 갓 바뀐 무렵을 가리켜 신춘이라고 부릅니다. 이 경우의 신춘이란 신년을 경축하는 의미의 표현으로 이해됩니다.

　태음력의 사용에서 태양력의 사용으로 이행하면서, 일본의 경우는 특히, 과거의 관행적 표현을 태양력에 의한 실제 계절을 무시한 채 종전대로 사용하고 있습니다. 예컨대, 원래는 달이 기울대로 다 기운 날을 가리켜 みそか(그믐날)라고 하지만, 지금은 실제의 달 모양과는 상관없이 그저 그 월의 마지막을 일컫기에 거부감이 없습니다. 실제로는 12월 31일을 가리키는 おおみそか(大晦日)란 말 정도가 사용되고 있습니다만. 어찌됐건, 북풍한설이 몰아쳐도 이제 한국에서나 일본에서나 음력이 아닌 양력 1월이 곧 신춘(新春＝しんしゅん)입니다. 양력 3월은 비록 '새 봄' 또는 그냥 봄(春)이라고는 불러도, 신춘이라고 부르지는 않습니다! 계절은 안 맞는 것 같아도 듣기 좋은 말입니다.

　새것에는 역시 설레임이 따릅니다. 일본의 속담에 이런 말이 있습니다.

女房と畳は新しい方が良い 마누라와 다타미는 새 것이 좋다
（にょうぼう　たたみ　あたら　ほう　い）

　여기서의 새 마누라에 관해서는, 설(說)이 갈리기도 하고 해서, 필자로서는 그저 '젊은 아내'로 이해하고자 합니다.

　새것이라 눈에 띈다는 감각으로, お+ニュー(new)로서 만들어진 おニュー라는 말이, 출신은 고품격이 아니지만 아직 버티고 있습니다.

　それ、おニューじゃないの? 그거 새것 아냐?

うん、昨日かったの。응, 어제 샀어.

형용사 '새롭다'는 あたらしい로서, 新しい로 씁니다. 이와는 별도로, あらた(新た)라는 말이 있어, 新たな 하면 관형사적으로 '새로운', 新たに 하면 부사적으로 '새롭게'란 뜻이 됩니다.

思いを新たにする 각오를 새로이 하다
人生の新たな門出 인생의 새로운 출발

한편 新의 음읽기는 しん, 한국어와 흡사합니다. 新으로 만들어지는 성어 가운데 한국어로는 낯선 것들을 몇 개 골라 소개합니다.

新調 옷을 새로 해 입음　　　　新茶 신차, 햇차
新米 햅쌀　　　　　　　　　　新患 처음 내원한 환자

다시 훈읽기로 되돌아갑니다. 마찬가지로 새롭다는 뜻이지만 にい로 읽는 경우가 있습니다.

新潟 일본의 지명, 니이가타　　新妻 신부, 새색시
新嘗祭 천황이 햇곡식을 천신지신에게 바치고 몸소 맛보는 제례[しんじょうさい라고도 하는 이 날을 지금은 '근로감사의 날'(11/23)로 이름을 바꾸어 휴일로 지내고 있습니다.]

p.s.

본문의 예와는 대조적으로 '女房と味噌は古いほど良い(にょうぼうとみそはふるいほどよい=마누라와 된장은 오랠수록 좋다)'는 속담도 있습니다. 속담이란 때로, 그때그때 형편에 맞추어 이리 구르기도 저리 흐르기도 하는 것 같습니다.

생각해보신 적 있습니까? 사계절 가운데, 오직 가을의 경우만 '깊다' 또는 '깊어가다'는 수식어를 거느린다는 것을. 길고 짧음으로 치면, 가을은 봄과 더불어, 아쉬움을 남긴 채 어느샌가 지나가 버리는 짧은 계절입니다. 그런데 그 봄과도 달리, 가을에는 '깊다'는 형용사가 따릅니다. 또, 고요하다는 수식어가 어울리는 것도 가을뿐입니다. 일본어도 마찬가지로, 가을을 깊다고 말하고 있습니다.

秋深き隣は何を する人ぞ 가을 깊어라. 이웃은 무얼 하는 사람이지

　5·7·5조 겨우 17마디의 이 짧막한 하이쿠(俳句)에는 가을의 깊고 조용함이 단적으로 함축돼 있습니다. 낙엽 수북한 깊은 가을은 비록 어수선한 도회지에서조차 고요하고 그윽합니다. 다들 떠난 고즈넉한 저녁 무렵의 공원에, 한 번 더 고가라시(木枯らし＝나뭇잎 떨어뜨리는 찬바람)가 지나치면, 가을은 이제 너무 깊어 겨울의 문전입니다. 깊은 가을과 함께 깊은 것들이 이렇게 많습니다.

奥深い 깊숙하다, 의미심장하다	信心深い 신앙심 깊다
欲深い 욕심많다	注意深い 주의 깊다
草深い 풀이 우거지다, 산속 깊다	執念深い 집념이 깊다
情け深い 인정 많다, 자비롭다	嫉妬深い 질투심 많다
疑い深い 의심 많다	興味深い 흥미 깊다
感慨深い 감개가 깊다	思い出深い 추억 깊다

目深(まぶか)란 말이 있는데, 다음과 같이 쓰입니다.

目深に帽子をかぶる 눈이 가려질 정도로 깊숙이 모자를 눌러 쓰다

さて, 가을은 여러 얼굴을 지닌 바람의 계절이기도 합니다. 늦가을이라면, 앞서도 등장한 나뭇잎 떨어뜨리는 고가라시(こがらし)가 계절의 바뀜을 재촉합니다. 계절이 바뀌어감은 어쩔 수 없다지만, 당신의 마음이 지금의 그 사람에서 어디론가 다른 데로 움직여간다면 간단히 넘길 일은 아닐 겁니다. 일본어의 가을 あき(秋)는 우연히 '물림, 질림'의 あき(飽き)와 같은 발음입니다. 이에 착안한 패러디로, 秋風が立つ(あきかぜが たつ= 가을바람이 일다)라는 말이 있습니다. 이는 곧, 남녀 사이에 飽き가 찾아와 관계가 식다는 뜻으로 사용됩니다. 당신의 こい에는 아무쪼록 秋風(あきかぜ)가 일지 않기를.

深의 음읽기는 しん, 훈읽기는 ふかい 입니다. 그 각각의 용례를 몇몇 추려 봅니다.

深海 심해

深夜 심야

深刻 심각

水深 수심

意味深 의미 깊음

深酒 과음

深手 큰 상처

深入り 깊이 관여함

深情け 깊은 인정

深深 (부사)깊숙이

우선 하이쿠 한 수.

我が物と思えば軽し笠の雪 내 것이라 생각하면 가볍구나, 삿갓 위의 눈조차
(고생도 나 자신을 위한 것이라 생각하면 괴롭지 아니하다)

겨울날 갓 위에 내려앉은 눈을, 이런 감회로 읊는 사람의 감성은 역시 섬세합니다. 꿈보다 해몽이라고, 때로는 싯귀를 보는 사람들이 더 그럴싸한 풀이를 붙이기도 합니다.

我が物(わがもの)란 내 것을 문어적으로 표현하는 말입니다. 내 것이라 해도 여러 가지가 있습니다.

我が国 우리나라

我が社 우리 회사

我が家 우리 집

我が物顔 내것인양 하는 거만한 태도

我が世の春 내 세상의 봄(내 절정기)

我が身をつねって人の痛さを知れ 내 몸을 꼬집어 남의 아픔을 알라

我が妻 내 아내

我が身 내 몸, 내 신세

我が儘 내멋대로 함

我의 보다 일반적인 훈읽기는 われ입니다.

我我 우리

我に返る 제 정신이 들다

我思う、故に我あり 나는 생각한다. 그러므로 존재한다

我関せず 내 알 바 아니다

가로 음읽기하는 말에는 이런 것들이 있습니다.

自我 자아

無我 무아

没我 몰아

我田引水 아전인수

我が強い 자아가 세다

我を通す 자기 고집이나 주장을 밀어붙이다

我慢 참음, 인내(이 경우 我는, 한자 본래의 의미와는 동떨어진 것)

p.s.
我는 참고로, 戈(ほこづくり)의 3획으로 찾습니다. 총획으로는 7획이 됩니다.

마츠리에 목숨을 거는 사나이들

일본의 여름은 길고 시끄럽습니다. 시끄럽기로 말하자면, 밤하늘에 쏘아올려지는 불꽃의 굉음도 있지만 마을마다 떠들썩한 여름축제(夏まつり)가 있습니다. 그리고 보통 8월 중하순에 걸친 동네마다의 ぼんおどり(盆踊り)대회 또한 여름날 저녁을 요란하게 밝힙니다.

일본 문화를 논하는 자리에 まつり가 빠지는 일은 없습니다. 한자로는 보통 祭り라 하여 제사의 제를 씁니다. 일본어의 まつり를 옮김에 있어, 축제나 제사 모두 썩 적절하지는 않습니다. 어찌 됐건, 일본의 まつり는 종합적 문화 행사임에 틀림없습니다. 이 행사는 크게 세 참가 주체의 연대로서 비로소 성립합니다. 정신적 신앙적 기둥을 제공하는 신도(神道), 재무담당의 지역 상점회, 그리고 연기자들과 관람자들이라는 지역주민들입니다.

즉, 신앙과 자금 그리고 인간이라는 삼자의 상호 필요성이 치밀하고 절묘하게 조화됨으로써 이루어진 일대 커뮤니티 행사인 것입니다. 바꿔 말해, 신도라는 정신적 바탕이 없거나, 행사진행을 위한 자금의 제공이 빠지거나, 그리고 행사에 열광하는 사람들이 없으면 훌륭한 まつり는 기획될 수도 연출될 수도 없게 됩니다. 그리고 더욱 중요한 것은, 참가자들 대부분이 프로페셔널로서의 자세로 임한다는 사실입니다. 그 프로 정신이란 다름아닌 '죽기 살기로' 달라붙는 자세입니다.

일본의 유명 まつり들은 특히 사나이다움(男っぽさ), 즉 거칠고 우악스러움을 일종의 미학이나 선(善)으로 치부하는 경향이 있는데, 예컨대 기시와다(岸和田)의 だんじりまつり도 그 남성다움으로 유명합니다. 해마다 9월 중순에 펼쳐지는 이 마츠리에서도 늘 다수의 부상자가 발생하지만, 골절 따위는 다친 축에 들지도 아니한다 하는군요. 파리 전근을 명령받은 어느 회사원은 이 마츠리에 참가할 수 없게 되는 게 싫어서 회사를 그만두었다고 합니다. 그러자 젊은 그의 아내도 태연하게, "아무렴, 기시와다의 사나이라면 그 정돈 돼야지"

라고 했다던가.

일본의 まつり를 관찰하는 한국인의 눈에는 그 특징이나 의미가 여러 가지 각도에서 잡힐 수 있습니다. 필자가 보기에는, 한국의 유교적 세시풍속에 견주어 일본의 마츠리는 '집안'이라는 혈연을 벗어나, 한걸음 이익집단으로 나아간 커뮤니티를 그 행사의 터(場)로 하고 있음이 매우 인상적이고 의미깊은 대목입니다. 일찍이 압도적인 서양 물질 문명에 굴복하고 추종하고자 발벗고 나섰던 일본이지만, 정신적 영혼적 행사에 있어서는 여전히, 아니 더욱, 토착의 전통이 떠받들어지고 또 면면히 이어지는 사회입니다.

참고로, だんじり(壇尻)라 함은 마츠리에 끌고 다니는 수레를 가리키는데, 주로 관서지방이나 서일본 지역의 용어입니다. 이에 해당하는 말로 관동쪽에서는 보통 だし(山車)라고 합니다. 한편, 신체(神体=しんたい, 신령을 상징하는 성스러운 물체)를 모셔 태운 것이라 하여, 장정 여럿이 메고 다니는 신전 모양의 가마는 みこし라 부릅니다.

わっしょい, わっしょい!! 왓쇼이, 왓쇼이!!(수레꾼들이 행진하며 외치는 소리)

언어습관이나 사고유형이 비슷하다 보니 한국어와 일본어 사이는 닮은꼴 표현이 많습니다. 그러나 닮은 듯 하면서도 어딘가 다른 표현들이 있습니다. 학교 시험에서라면 틀리지 않도록 주의해야 하겠거니와, 이런 미묘한 차이를 가만 뜯어보면, 양쪽의 생각이나 시각의 차이를 발견할 수도 있습니다. 예컨대, 한국어에서는 널리 아는 사람이 많다는 것을 '발이 넓다'고 하지만 일본어로는 '얼굴이 넓다'고 합니다.

かお
顔がひろい 발이 넓다

또, 한국어의 '키가 크다'는 일본어로 보통, '背が高い(せがたかい＝키가 높다)'라고 합니다. 또, '눈이 작다'보다는 '目が細い(めがほそい＝눈이 가늘다)'란 표현이 일반적입니다.

さて, 지킬 박사와 하이드氏는 아니더라도 사람에게는 여러 얼굴이 있게 마련입니다. 얼굴은 顔이라 쓰며, 훈읽기로 かお이고 음읽기로는 がん입니다. 얼굴을 접미어로 쓰면 얼굴 모습이나 표정을 가리키는 여러 가지 말이 만들어집니다.

わら かお
笑い顔 웃는 얼굴

し あんかお
思案顔 생각에 잠긴 얼굴

な かお
泣き顔 우는 얼굴

し かお
死に顔 죽은 (사람의) 얼굴

ね かお
寝顔 자는 얼굴

とく い かお
得意顔 거 보란 듯한 얼굴

よこかお
横顔 옆얼굴? 프로필

ふ まんかお
不満顔 불만스러운 얼굴

す かお
素顔 맨얼굴?, 화장 안 한 얼굴, 본래의 모습

わ ものかお
我が物顔 내 것인 양하는 얼굴, 주인인 체하는 얼굴, 태도

ひとま　がお
人待ち顔 사람 기다리는 듯한 얼굴

  갖가지 얼굴들이 소개되었는데, 성어로 굳어진 말들은 거의 がお로 탁음화하고 있습니다. かお(顔)가 머리에 오는 말들도 여러 가지 있지만, 여기서는 몇 가지만 소개하기로 합니다.

かお ま
顔負け 무색해짐

かおいろ
顔色をかえる 안색을 바꾸다

かお み し
顔見知り 얼굴 아는 사람, 얼굴 알고 지내는 사람

かおいろ
顔色をうかがう 안색을 살피다. 눈치를 보다

かお　ひ　で
顔から火が出る 몹시 부끄러워 얼굴이 새빨개지다

  한편, がん으로 읽는 음읽기 가운데서 몇 가지만 짚어봅시다.

こうがん
紅顔 홍안

こうがん む ち
厚顔無恥 후안무치

どうがん
童顔 동안

は がんたいしょう
破顔大笑 파안대소

せんがん
洗顔 세안

がんめんそうはく
顔面蒼白 안면창백

  여러 가지 얼굴들이 많기도 합니다. 그런데 얼굴은 얼굴인데 사람 얼굴이 아닌 것도 있습니다.

あさがお
朝顔 아침에 피는 나팔꽃

ゆうがお
夕顔 저녁에 얼굴을 드러내는 박꽃

말이란 흐르는 구름 못지않게 변화하기 마련입니다. 요즘, 한국어에서 사람을 부르는 말에 주목할 만한 변화가 보입니다. 한국 축구의 4강 신화를 이룬 주역의 한 사람인 히딩크 감독은 선수들 사이에서 선후배 가릴 것 없이 서로 이름을 부르도록 했다는 이야기가 있습니다. 상식적으로 이는, 한국어를 상용하는 한국인에게는 아직 현실성이 낮은 일입니다.

이렇게 복잡다단하고 비대한 사회에서 출신도 소속도 집단도 다른 불특정 다수와 부대끼며 살아야 하는 오늘날, 서로 편하게 부를 수 있는 호칭이 없다는 게 참 아쉽습니다. 이런 면에서 우리 전통사회의 유산으로서의 호칭은 오히려 불편한 요소를 두루 지니고 있습니다. 족보와 촌수까지는 아니더라도, 나이와 직급, 성별, 학연상의 선후배, 주객(主客)관계 등등의 요소가 복잡하게 뒤얽혀, 호칭이 상황에 따라 달라집니다. 물론 이런 상황에서 이 사회의 우리 구성원들은 사실상 큰 불편 없이 잘도 가려쓰고 있습니다.

이러한 의미에서, 작금 그 세력을 넓히고 있는 아무개 '님'이란 말은 전통적인 걸림돌을 상당 부분 걷어치우는 썩 편리한 용어입니다. 인간관계 혹은 직업이나 직위명 따위에 붙는 전통적 용법 말고, 사람 이름에 '님'이 바로 붙는 그런 용법 말입니다. 이를테면, 병원의 창구에서 환자를 향해서 그 성별이나 나이 따위에 관계없이 그저 아무개님으로 부르는 것이 요즘 세상 '님'의 비근한 용례입니다.

홍길동 님, 안쪽으로 들어오세요! ホンギルトンさま、中へどうぞ!

이런 맥락에서 볼 때 일본어의 さん 또는 さま는 참 편리한 말입니다. さま는 さん에 견주어, 보다 정중하거나 정색한 말투입니다. 나와 상대방의 관계가 특정되기 전 단계에서, 그러니까 서로의 속성을 잘 모르는 상황에서 비교적 스스럼없이 상대방을 부르거나 가리킬 때, 이름 아래 붙여 사용할 수 있다는 그런 편리함입니다.

　그런데 さま(様)는 이런 용법 말고 본래, 그 글자가 말해주듯이 어떤 모양이나 상태 등을 점잖게 일컫는 말로 사용되는 경우도 있습니다. 예컨대, 맛있는 음식을 ごちそう라고 하거니와, ごちそうさま라고 하면 '맛있는 음식이었다', 즉 '맛있게 잘 먹었다'는 말이 됩니다. 상 차려 준 사람이나 한 턱 낸 사람에게 감사의 뜻을 밝히는 표현이 됩니다. 이와 같은 용법의 표현을 추려 봅시다.

ご馳走様でした 잘 먹었습니다　　お粗末様でした 변변치 못했습니다

ご迷惑様でした 폐를 끼쳤습니다　　お待遠様でした 오래 기다리셨습니다

ご苦労様でした 수고했습니다　　お生憎様でした 공교롭게 됐습니다

ご愁傷様でした (喪主=もしゅ를 향하여) 안됐습니다

お世話様でした 신세 졌습니다, 폐 끼쳤습니다

お蔭様でした 덕분이었습니다, 덕분에 잘 됐습니다

　이들 표현에 있어서 말머리의 お나 ご는 그 다음 말과 진드기처럼 붙어 있어야 하는 것으로, 떼어내면 표현이 성립하지 않습니다. お가 맞는지 ご가 맞는 것인지는 일일이 고민할 필요 없이, 아예 붙어 있는 채 한 낱말로 여겨 외우면 그만입니다.

한국에서 '야근'이라 하면, 통상의 낮 근무시간을 넘겨 저녁 또는 밤늦게까지 일하는 경우를 가리키는 게 보통입니다. 물론 업무의 성격상, 2교대 또는 3교대 중의 야간근무를 가리키는 경우도 있습니다. 그런데 야근이라는 말은 아무래도 후자의 경우에 적합해 보입니다. 말이란 쓰이는 대로 쓰면 그만일 수도 있겠지만, 나인 투 식스의 일을 마치고, 그 연장으로서 일을 더 하는 것은, 야간근무의 야근과는 구별되는 다른 용어를 사용함이 낫지 않을까요? 이런 맥락에서 일본어는, 정해진 시간이 지났는데도 '남아서 일하다'는 뜻으로 잔업(残業＝ざんぎょう)이란 말을 사용합니다.

그런데 요즈음, 일본경제의 불황이 장기화되고 있는 가운데, 구조조정(リストラ)에 살아남은 종업원들에게 새로이 강요되는 것이 있습니다. 원래 残業을 하면 소위 '残業手当(ざんぎょうてあて)'라 하여 법적으로도 '시간외 근무'에 대한 금전적 보상을 받게 돼 있는데, 불황과 구조조정 따위를 구실로, 이러한 수당이 지급되지 않는 경우가 늘고 있답니다. 기업을 둘러싼 어려운 환경을 절실히 느끼고 있는 종업원으로서도 자의반 타의반, 부득이한 것으로 받아들이는 모양입니다. 이처럼 수당 없이 하는 잔업을 가리켜 일본어는 サービス残業(ざんぎょう)라고 말합니다.

残業의 말풀이는 앞서 했습니다만, 業자에 주목하고자 합니다. 業의 음읽기는 ぎょう 또는 ごう, 훈읽기는 わざ입니다.

仕業 소행, 짓

軽業 곡예, 위험한 일

早業 날랜 재주

至難の業 지극히 어려운 일

神業 신기, 기막힌 재간

寝業 누워하는 기술, 이면공작

離れ業 대담하고 기발한 재주

음읽기하는 말들은 한국어의 경우와 대부분 중복되는 것으로서, 여기서의 業은 일이라는 뜻으로 풀이됩니다.

家業 가업   就業 취업
失業 실업   作業 작업
授業 수업   副業 부업

ごう로 읽는 것은 소수인데, 불교용어에 가끔 보입니다.

業報 업보   悪業 악업(전세에서의 악행)
非業 비업(뜻밖의 불행)   自業自得 자업자득

生業은 이 단어를 통틀어 なりわい(의미는 '생업')으로 읽는 독특한 경우입니다. 한편, 이런 관용구가 있습니다.

業を煮やす 화가 나서 안절부절못하다

非業の死を遂げる 뜻밖의 불행한 죽음을 당하다

참고로 부수(部首)로 찾는다면 業은 木(きへん)의 9획으로서 총 13획입니다.

p.s.

일본의 노동기준법은, 하루 8시간, 주 40시간의 법정 노동시간을 넘는 경우에 기업이 수당을 지급하도록 의무화하고 있습니다. 위반하면 6개월 이하의 징역이나 30만 엔 이하의 벌금이 부과됩니다. 그러나 전국의 노동기준 감독관청이 2001년의 '서비스 잔업' 시정지도는 사상최대인 16,059건에 달해 10년 전의 2.5배로 늘어났답니다. 2002년 이후도 사정은 개선되지 않고 있는 모양입니다.

미국 테러 사태의 주모자로 지목된 오사마 빈 라덴의 정확한 소재가 이제껏 파악되지 못하는 이유의 하나로, 그가 적어도 4명의 가짜를 두고 있기 때문이라는 설이 있습니다.

그런데 일본에서는 특히 전국시대(戦国時代: 15세기 후반~16세기 말) 때, 그야말로 전쟁으로 날밤을 새우는 시절에, 장수들이 만약에 대비하여 자신과 닮은꼴을 준비하여 전술의 일환으로 활용한 사례가 다수 보고되어 있습니다. 자신과 용모가 닮은 이런 사람은 '그림자 무사'라 하여 かげむしゃ(影武者)라고 불리웠습니다. 전국시대의 마지막 승자인 도쿠가와 이에야스(德川家康)에 얽힌 가게무샤 이야기도 흥미로운 것이 많습니다.

시대와 공간을 뛰어넘어 오늘날에도 여전히 가게무샤(かげむしゃ) 전법은 살아 있는 모양입니다. 1991년 걸프전쟁(湾岸戦争 = わんがんせんそう) 때나 2003년의 미-이라크 전쟁 때에도, 미국에게 쫓기던 이라크의 대통령 사담 후세인이 수명의 かげむしゃ를 거느렸던 것으로 추측되고 있습니다. 멀리 갈 것 없이, 북쪽의 김정일도 성형까지 한 かげむしゃ를 두고 있다는 주장이 있습니다(일본의 저널리스트 惠谷 治 = えや おさむ).

かげむしゃ 란 말은 과연 그럴싸하게 들립니다. 여기서의 かげ는 그림자입니다. 일본어의 かげ는 그림자 말고 그늘이란 뜻으로도 쓰입니다. 말로는 서로 혼동이 되지만, 한자를 이용하여, 그림자는 影, 그늘은 陰으로 구분합니다.

ひとかげ
人影 사람 그림자, 인적

ほかげ
火影 불빛(등불에 비치는 사물의 모습)

つきかげ
月影 달 그림자 (달빛, 달빛에 비치는 사물의 모습)

ほかげ
帆影 돛 그림자(아스라히 보이는 배의 모습)

おもかげ
面影 눈앞엔 없지만 보이는 듯한 옛 얼굴 모습

影絵 ^{かげえ} 그림자 그림?(손가락이나 종이 따위의 그림자로 만드는 그림)

影法師 ^{かげぼうし} 그림자(그림자를 의인화한 일컬음)

影が薄い ^{かげ うす} 그림자가 엷다, 영향력이 작다

影を落とす ^{かげ お} 그림자를 떨구다, 영향을 미치다

影も形もない ^{かげ かたち} 그림자도 꼴도 없다, 흔적도 없다

湖面に映る山の影 ^{こ めん うつ やま かげ} 호면(호수면)에 비치는 산 그림자

한편, 影(영)의 음읽기는 えい입니다

影響 ^{えいきょう} 영향　　　　　　投影 ^{とうえい} 투영

撮影 ^{さつえい} 촬영　　　　　　造影 ^{ぞうえい} 조영(의료기술 따위에서)

映像 ^{えいぞう} 영상　　　　　　陰影 ^{いんえい} 음영

　가뜩이나 속내를 알기 어려운 북한, 그리고 그 지도자 김정일. 가게무샤까지 있다면 정말 신비롭기(?)까지 합니다. 당시의 김대중 대통령이 만나 악수한 그 김정일, 설마 가게무샤는 아니었겠지요.

게이샤란 말, 들어보셨습니까? 芸者＝げいしゃ. 한국어의 기생(妓生)에 해당하는 말입니다. 그러나 기생과 달리 げいしゃ는 소수이기는 하지만, 바로 그 이름을 가지고 일본의 일부 온천여관 같은 데서 활동하는 현존하는 직업인이기도 합니다. 사용 빈도는 떨어지지만, 芸者 대신 芸妓(げいき)라고 말하기도 합니다.

안타까운 것은, 일본사회의 고령화보다 더욱 빠른 속도로 게이샤의 고령화가 진전되었다는 점이죠! 그러나 현대풍 술집의 호스테스나 コンパニオン(도우미) 따위의 거센 내몰기에도 변신을 꾀하며 살아남았다는 것만 해도, げいしゃ의 존재는 '더불어 살기'식 일본적 문화 풍토의 단면일 수 있습니다.

芸者란, 말뜻으로만 따져보자면, 남을 즐겁게 하는 재주(芸＝げい)를 많이 가지고 있거나, 그 芸를 내보이며 뽐내는 것을 직업으로 하는 사람입니다. 요즘 일본어로 치자면 일종의 예능인(芸能人＝げいのうじん)입니다. 예능인이란 말하자면, 예(芸)에 능(能)한 사람(人)이라고 풀이할 수 있는데, 실제로는 한국어의 연예인을 가리킵니다. 일본어에도 演芸(えんげい)란 말이 있지만, 이 용어의 사용 범위는 좁아, 주로 전통적인 대중 예능(落語＝らくご, 講談＝こうだん, 芝居＝しばい 따위)을 내보이는(演) 경우에 국한됩니다.

芸(げい)란 그럼 무엇일까? 명사로서 げい(芸)라고 하면 보통, 장끼나 특기, 연습을 통해 체득한 특별한 재주를 가리키는 말로 쓰입니다. 후자는 わざ(技)하고도 통하는 말입니다.

犬に芸をおしえる 개한테 재주를 가르치다

어쨌든 芸에는, 아주 잘 체계화된 큼지막한 것도 있거니와, 비록 사소하지만 남을 즐겁게 해줄 수 있는 것들까지 다양합니다.

武芸 무예　　　　　　　　　曲芸 곡예

文芸 문예　　　　　　　　　手芸 수예

工芸 공예　　　　　　　　　陶芸 도예

園芸 원예　　　　　　　　　民芸 민예

隠し芸 비장의 특기　　　　学芸会 학예회

수예나 공예는 한국인들도 곧잘 하지만 배(腹)로 하는 퍼포먼스, 즉 腹芸(はらげい)는 아마 일본인들의 장기가 아닐까 싶습니다.

腹芸 배짱이나 경험, 눈치 따위로 대화나 일을 해 나가는 재주

명시적인 표현을 썩 좋게 치지 않는 일본인들의 의사소통 수법으로, 이런 기술은 높게 평가되기도 합니다.

어느 가문이나 회사, 그밖의 집단이 독보적으로 간직하고 있는 げい는 お家芸(おいえげい)입니다.

建前と本音の使い分けは日本人のお家芸だ
다테마에(겉자세)와 혼네(속내)를 구별해 쓰는 것은 일본인의 특기이다

徹底した家族経営はＬＧグループのお家芸だ
철저한 가족경영은 LG그룹의 특기이다

마술 같은 재주나 트릭도 芸(げい)는 芸입니다.

紐芸 끈으로 하는 재주나 트릭　　　トランプ芸 트럼프 트릭

瞬間芸 아주 짧은 사이에 펼쳐 보이는 芸(げい)

관용구로서는 이런 게 있습니다.

芸がこまかい 사물을 다룸에 있어 매우 면밀하다
芸がない 재주가 없다. 멋이나 운치가 없다

　잠깐 げいしゃ(芸者)의 영업장소로 되돌아가봅시다. 오늘날도 그렇지만, 술손님에게 서비스 하려면 술도 날라야 하고 기타 잔심부름도 눈치 빠르게 해야 합니다. 언니(げいしゃ)들과 손님들 사이의 분위기 조절도 중요한 일이 겠죠. 전통 일본의 기방에서는 이런 특수 임무를 수행하는 남자를 가리켜, 男芸者(おとこげいしゃ) 또는 太鼓持ち(たいこもち)라고 부릅니다. 幇間(ほうかん)이라고도 합니다. たいこもち(太鼓持ち)는 오늘날, 알랑거리며 다른 사람의 비위를 맞추려는 사람이란 뜻으로 쓰입니다.

아테지(あてじ)

누차 강조하지만 일본어에서 한자의 위치는 기본적으로, 말을 표기하기 위한 수단 또는 도구입니다. 물론 매우 특별하고 고급스러운 도구입니다만. 그 도구로서의 이용이라는 측면과 관련하여 썩 중요한 것이, あてじ=当て字 (또는 宛字)라는 개념입니다. 고유어를 구태여 한자를 이용하여 표기하되, 뜻이 제대로 들어맞는 한자를 찾아 바르게 짝짓기하는 게 아니고, 음이 됐든 훈이 됐든 '적당히' 짝짓기하는 글자를 あてじ라고 합니다.

가나문자도 있고, 요즘 같으면 영문자도 쓰는 터이라, 굳이 그런 짓을 안 해도 됩니다! 그럼 왜 하는가? 관습입니다. 표기 수단이라곤 한자밖에 없던 시절에 자연스럽게 생겼던 습관이죠. 워낙 오랜 전통이라, 이런 식의 한자 부리기는 여전히 일본어 표기의 한 구석을 차지하고 있습니다. 낡은 것을 버리지 않는 일본인의 습성이 이런 데서도 나타납니다.

パリ 巴里 파리	とにかく 兎に角 어쨌든
すてき 素敵 멋있음	でたらめ 出鱈目 엉터리
コーヒー 珈琲 커피	めでたい 目出度い 경축스럽다
めちゃくちゃ 滅茶苦茶 엉망진창	

부연하면 이렇습니다. 일본어 속에서 한자는 원칙적으로 한 글자마다, 원래의 한문에 준하여, 그 뜻(훈)과 음과 글자 모양이 약속돼 있습니다. 이 기본적 약속을 벗어나는 경우를, '넓은 의미의 아테지'로 볼 수 있습니다. 그래서 넓은 의미로는, 소위 '숙자훈(熟字訓) 읽기'도 이에 포함됩니다. 오늘날, 적어도 학교 교육상, 아테지를 남용하는 것은 바람직하지 못한 것으로 여겨지고 있습니다. 요즘, 서구로부터 외래어가 밀려듦에 따라, 이들을 가타카나로 쓰면 그만인데도, 한자를 가지고 놀려는 일본인의 오랜 습성 때문에 아테지는 쉽사리 사라질 것으로 보이지 않습니다.

형사를 일컫는 デカ라는 은어가 있습니다. 형사라 하면 좁게는 대개 사복형사를 가리키지만, 넓게 경찰을 뜻하는 은어로는 サツ 또는 ポリ란 말이 있습니다. サツ는 けいさつ(警察)의 뒷부분만을 읽은 것이고 ポリ는 영어의 police 앞쪽을 따다 읽은 것입니다.

TV 드라마를 통해 소위 민완(敏腕)형사로, 미국의 콜롬보나 프랑스의 포와로 등의 인물들은 우리에게 낯익습니다. 추리소설을 좋아하는 일본인들이라, 당연히 TV 드라마나 영화에도 이른바 형사물(刑事物=けいじもの)이 흘러넘칠 정도입니다. 몇 해 전, 오다 유우지(織田裕二)가 주연한 코믹형사물 〈춤추는 대수사선(踊る大搜査線)〉이 한국에서 개봉되기도 했죠.

일본 TV 드라마에는 추리나 형사 이야기를 다룬 프로그램이 많습니다. 60분에서 120분 정도까지의 단편을 꾸준히 방영한 것으로, 20년 넘게 계속되는 〈화요 서스펜스 극장〉이 그렇고 순정파 형사 이야기인 〈さすらい刑事 純情派〉도 괜찮습니다. 한국에서는 〈수사반장〉이라는 형사물이 한때 인기를 끌기도 했으나, 어찌된 일인지 그나마 사라지고, 〈사건 추적 25시〉 같은 다큐멘타리로 변질(?)돼 버렸습니다. 한국인은 TV 드라마로 형사물이나 추리물을 싫어하는 것일까요?

형사물이 많은 일본에는 민완형사들이 있습니다. 이를테면, 일본 최대의 환락가 동경하고도 신쥬쿠 가부키쵸(新宿歌舞伎町)를 무대로 종횡무진하는, 터프한 사나이 일명 ‘신쥬쿠 상어(新宿鮫=しんじゅくザメ)’도 그 하나입니다.

さて, 민완(敏腕)이라고 하는데, 한자를 들여다보면 ‘날랜(敏) 팔(腕)’입니다. 여기서의 팔은 ‘솜씨’ 또는 ‘실력’을 일컫는 말입니다.

팔 완(腕)은 훈읽기로 うで, 음읽기로는 わん입니다. 먼저, ‘팔’이라는 뜻으로 쓰인 경우를 보겠습니다.

左腕 왼팔, 왼팔(좌완) 투수

腕時計 손목시계

右腕 오른팔, 오른팔(우완) 투수

腕相撲 팔씨름

腕力 팔힘, 완력

腕を組む 팔짱을 끼다

二の腕 이두박, 상박(上膊)

腕を拱く 수수방관하다, 손을 못쓰다

暖簾に腕押し 헝겊을 팔(힘)로 밀치기, 별 반응 없음

腕一本 脛一本 팔 하나, 정갱이 하나(가진 게 없음)

　'장난꾸러기'란 뜻으로 腕白(わんぱく)란 말이 있는데, 이 경우의 완(腕)은 한자의 의미와 관계없이 발음만 빌려다 쓰는 소위 아테지(あて字)입니다.

　이어서, 솜씨나 실력 또는 중요한 구실을 말하는 경우들.

手腕 수완, 솜씨

右腕 오른팔, 첫째로 중요한 부하(심복)

敏腕 민완

凄腕 대단한 실력(자)

辣腕 날완, 민완과 마찬가지

腕利きの刑事 실력 있는 형사

剛腕 대단한 수단가

腕が上がる 재주나 기량이 늘다, 좋아지다

腕前 솜씨, 실력

腕によりをかける 실력을 향상시키다

腕試し 실력테스트

腕をみがく 기량, 솜씨를 닦다

腕におぼえがある 힘깨나 쓰다

腕を鳴らす 이름을 날리다, 힘깨나 쓰다

　한국어와 달리, 실제의 팔을 가리키기보다 '솜씨'나 '기량' 등의 뜻으로 사용하는 경우가 많은 것 같습니다.

발렌타인 데이는 서기 269년쯤 순교했다는 로마의 사제 성 발렌타인의 이름이 되살아나는 날입니다. 비즈니스 냄새가 풀풀 나는 이 날의 선물 주고받기가 한국에서도 해마다 가열되는 것 같습니다. 처음엔 사랑하는 남녀 사이에 주고받던 것이 요즘은 여자쪽에서 남자쪽에 사랑의 선물을 보내는 관습으로 굳어졌다는군요. 대신, 한달 후 화이트데이라는 신원불명의 기념일이 남자들이 의사표시를 하는 날로서 따로 마련돼 있습니다. 이 역시 상업인의 음모일지 모르지만, 청춘 남녀들은 그런 것 따위 아랑곳없이 가슴 설레는 한때에 울고 웃습니다.

그러나 아무래도, 면도날처럼 감수성이 예민한 십대들을 바라보며 좀 걱정되는 것은 '하트브레이크'입니다. 하트 모양의 초콜릿이 깨져버리는 순간, 초콜릿에 실었던 달콤한 こいごころ(恋心)도 좌절과 절망에 주저앉을지도 모릅니다. 그 많은 부서진 하트를 누가 쓸어담아 어루만져줄 수 있겠습니까? 상처 주지도 받지도 않기 위해 미리미리 대비합시다!

転ばぬ先の杖 넘어지기 전의 지팡이

備えあれば憂いなし 유비무환(有備無患)

상처를 방지하기 위한 대책으로 등장하는 것이 다름아닌 '의리(義理)상의 초콜릿'. 일본어로는 보통 義理(ぎり)チョコ입니다. 물론 위의 언급처럼 반드시 심각한 사태를 대비코자 하는 것만은 아니지만, 인간관계의 미묘한 구석을 쓰다듬는 과정에서 생겨난 일종의 지혜일 수도 있습니다. 예건대, 義理チョコ는, 초콜릿을 건네는 여자쪽에서 자신의 바로 그 사람(本命＝ほんめい)을 콕 찍기가 너무 쑥스러워서 또는 일부러 주변을 혼란시키려는 작전으로 이용될 수도 있습니다.

일본어의 義理란 말의 정의를 새삼 확인해봅니다(広辞苑이라는 일본어 국어 사전).

1) 사물의 바른 길, 도리(道理)
2) 이유, 의미
3) (유교) 인간이 행해야 할 바른 길
4) 특히 에도시대 이후, 다른 사람에 대해 교제상 싫더라도 힘써 해야 할 행위
5) 원래 혈족(血族)이 아니던 사람이 혈족과 같은 관계를 맺는 일

이들 정의 가운데 4)번이 위에서 말한 義理チョコ에 해당하는 설명입니다. 즉, 다음과 같은 표현이 가능합니다.

義理で出席する 의리상 출석하다

義理と人情 의리와 인정

義理を立てる 사귐이나 은혜 등을 생각하여 상대의 입장을 우선하다

義理堅い 남들과의 교제상 의리를 소홀히 하지 아니하다

義理と褌はかかされぬ 사나이라면 의리와 훈도시(전통 남자 팬티)는 빠뜨릴 수 없다

義理ばるより頬張れ 의리 때문에 무리하느니 자기 이익을 챙기는 게 낫다

さて, 정의 다섯째에 관해서 한마디 보태고자 합니다.

한국어에서 말하는 시집의 시(媤)字. 그리고 처갓집의 처(妻)字. 이들 말을 얹어서, 이를테면 시어머니, 시누이, 시숙, 시할머니 등등. 그리고 장모, 장인 외에, 처남, 처형, 처고모 등등은 결혼으로 만들어진 관계의 사람, 즉 인척(姻戚)들입니다. 이들 인척을 가리킬 때 일본어에서는 '의리상의(義理の)'라는 말을 얹어 사용합니다.

義理の父, 義理の母, 義理の兄, 義理の妹 등등.

예컨대 義理の兄은 한국어의 의형(義兄)과는 다릅니다. 간혹 의형제의 의형과 같은 용례가 있기도 하지만, 어디까지나 '법적관계상의 형'이란 뜻입니다. 영어의 'brother-in-law'와 흡사합니다. 그런데 이 말들은 관계를 '가리키는 말'이고, 당사자를 부를 때는 보통 아버님, 어머님, 형님 등의 경어를 사용함이 일반적입니다. 손아래라면 이름에 さん붙이기가 무난합니다.

넷째 정의와 다섯째 정의를 묶어 생각할 때, 본심에서 우러나는 것을 자연이라 한다면, 의리란, 자연 아닌 공동집단의 법이나 약속에 근접한 개념이라는 해석이 가능해 보이는군요.

자, 그건 그렇고, 발렌타인 데이에 초콜릿을 받는 남자분들. 義理チョコ인지, 本命(ほんめい)チョコ인지 잘 가려야 되겠죠.

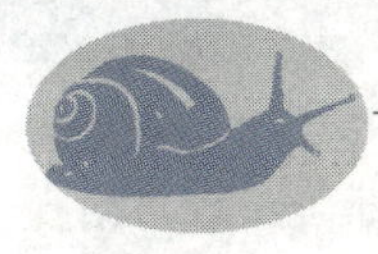

띄어쓰기

일본어 문장은 한국어 같은 띄어쓰기는 하지 않습니다. 한자와 가나의 섞어쓰기가 한국어의 띄어쓰기 같은 역할을 해주고 있는데 종종 엉뚱한 경우가 발생합니다.

예컨대, '재빨리' 또는 '즉각적으로'라는 뜻의 관용구로 間髪を容れず가 있습니다. 間髪을 한 단어로 잘못 생각하여 감파츠라고 읽을 수도 있는데, 바르게는 두 글자 사이를 떼어, かん、はつをいれず 라고 읽어야 합니다. '사이에 머리카락을 넣을 틈도 없이'라는 말이죠. 비슷한 것을 소개합니다. 히라가나 문장 쪽에 찍은 쉼표에 유의하여 읽어봅시다.

屋上屋を重ねる(おくじょう、おくをかさねる)
집 위에 집을 만들다, 부질없는 짓을 하다
口角泡を飛ばす(こうかく、あわをとばす) 입에 침을 튀며 열변을 토하다
蛇穴に入る(へび、あなにいる) 뱀이 동면에 들어가다
一敗地に塗れる(いっぱい、ちにまみれる) 일패도지, 무참히 지다
好事魔多し(こうじ、ま、おおし) 호사다마
鬼面人を驚かす(きめん、ひとをおどろかす) 거짓 위협으로 사람을 놀래키다
大義親を滅す(たいぎ、しんをめっす) 대의를 위해 사사로운 정을 버리다
門前市を成す(もんぜん、いちをなす) 문전성시
技神に入る(ぎ、しんにいる) 기술이 신의 경지에 들다
事志と違う(こと、こころざしとちがう) 사태가 내 뜻과 다르다
風雲急を告げる(ふううん、きゅうをつげる) 풍운이 급박하다
位人臣を極める(くらい、じんしんをきわめる) 최고 벼슬에 오르다
幽明堺を異にする(ゆうめい、さかいをことにする) 유명을 달리하다
天二物を与えず(てん、にぶつをあたえず)
하늘은 두 가지(재능 따위)를 주지 아니 한다

IMF 이후 한국경제는 마치 한국인의 격정(激情)과도 같은 급등락을 보여온 데 반해, 일본의 경기는 1990년대 이래 꾸준한 침체일로입니다. 벌써 십수년입니다. 칠팔십 년대 「내 세상의 봄(わがよの春)」을 노래하던 일본경제와 사회가 겪는 좌절감은 상당히 깊은 상처(深手=ふかで)인 것으로 보입니다.

　자, 불경기가 되면 돈놀이(金貸し=かねかし)와 매춘(賣春=ばいしゅん)이 성행한다고 합니다. 이들 비즈니스는 인류 문명에 있어서 가장 오랜 것들이기도 하고, 그런 만큼 경기의 좋고나쁨과 관련한 사연들도 많습니다. 경기침체의 끝자락인지 아직 한창인지, 지금 일본에서는 분명히 대금업이 성행중인 것으로 보입니다. 이른바 소비자금융(속칭, サラ金=さらきん) 회사들의 업적은 1990년대 이후 순조로운 신장을 보이고 있습니다. 역 앞(駅前=えきまえ)의 눈에 잘 띄고 보기 좋은 네온간판 중에는 그 같은 회사들 광고를 손쉽게 찾아볼 수 있습니다. 武富士(たけふじ), アコム, レイク, アイフル 등등.

　그런데 이런 네온 간판이 저녁 거리를 휘황하게 밝히는 한편으로, 주로 낮시간대를 중심으로 일본 도회지의 번화가 곳곳에는 인간 입(立)간판이 가끔 눈에 뜨입니다. 선전내용인즉, 대체로 金貸し(대금)이거나 또는 소위 풍속(風俗)산업 관련인 경우가 보통입니다.

　살아 움직이는 광고맨, 이름하여 サンドイッチマン(샌드위치맨)입니다!

　요즘은 데모대의 피켓 같은 형태가 많습니다만, 원래는 목제 광고판을 마치 풀오버를 걸쳐 입듯 내걸어 배쪽과 등쪽 양쪽으로 행인의 시선을 끄는 스타일이 많았습니다. 앞뒤로 선전문구를 적은 광고판에 끼인 모습을 가리켜 샌드위치맨이라는 이름이 붙었다 합니다.

　정보기술의 혁명기를 맞아 IMT2000의 화상 휴대전화다, 모바일 인터넷의 'i모드'다 떠드는 이 시대에, 거리의 샌드위치맨 광고와 그들의 무표정을 보노라면, 과거와 현재의 부자연스러운 대비로 비칩니다. 행인지 불행인지

(幸か不幸か＝こうかふこうか) 서울 거리에는 그런 일본류(流)의 샌드위치맨은 찾기 어렵습니다. 명동거리 한복판에서 근처 음식점을 알리는 피켓맨(?)을 필자가 직접 목격한 적은 있습니다. 피켓맨이 됐든 샌드위치맨이 됐든, 그런 과묵하고 무표정한 광고매체는 한국인에게는 호소력이 떨어집니다. 무엇보다 광고맨 본인이 그런 모습의 자신을 납득하기 어려울 것입니다.

남대문시장의 명물이기도 한 '춤추는 삐끼'. 한국인이라면 역시 고성방가와 현란율동의 뜨거운 피가 선조대대의 면면한 체질이 아닐까요!

삐끼라고 하는 것은 일본어에서는 보통 ぽんびき(간혹 ぽんぴき)라고 하는데, 그 의미는 한국어에서와 거의 마찬가지로, 물정 어두운 사람을 꼬셔들이는 일을 주업으로 하는 사람입니다. 한국어의 삐끼는 일본어의 뒷부분을 빌려쓰고 있는 셈인데, 연음되기 전의 발음 ひき는 ひく의 명사형입니다. 당기다, 끌다를 ひく라고 하고, 한자로는 引く로 씁니다.

당기다, 끌다의 인(引)은 훈읽기로 ひく, 음읽기로는 いん입니다. 이밖에도 ひく는 당기다나 끌다로 연상할 만한 매우 폭넓은 쓰임새를 보이는 말입니다. ぽんびき와 비슷한 모양을 한 말들을 찾아봅니다.

綱引き 줄다리기

字引 글자 찾기, 사전

値引き 값 깎기, 흥정

手引き 손 끌기? 안내(서), 지침(서)

客引き 손님 끌기, ぽんびき보다는 점잖고 범용적인 표현

置引き 놓여 있는 것 슬쩍하기, 또는 그런 좀도둑

間引き 사이 솎기, 중간을 솎아서 성기게 함

首っ引き 고개(首)와의 줄다리기? 늘 곁에 두고 참고하기

ひき가 びき 또는 ぴき로 바뀌고 있습니다. 축 처지고 무표정한 동경거리의 サンドイッチマン보다, 서울의 저자거리엔 역시 기세 좋은 '踊るぴき(춤추는 삐끼)'가 어울리지 않겠습니까!

日本一(にっぽんいち)가 좋다

세계 제일의 초고속 인터넷 보급율!

40대 한국인 남성의 성인병 사망률 세계 제일!

한국 제일의 고추장 맛!

우리반 제일의 장난꾸러기!

'세계 제일'이다, '한국 제일'이다 또 '우리반 제일' 등등의 경우에, 쪼그라들기 좋아하는 일본어, 역시 한 글자라도 줄여보려는 노력에서인지 제(第)를 떼고 일(一)만으로 충분합니다.

世界一 세계 제일 （せかいいち）

アジア一 아시아 제일 （いち）

韓国一 한국 제일 （かんこくいち）

クラス一 반에서 제일 （いち）

이러한 말 가운데, 뭐니뭐니해도 일본인들이 가장 즐기고 좋아하는 것은 단연 '일본 제일'입니다.

日本一 일본 제일(일본 최고) （にっぽんいち）

日本一のさくらの名所 일본에서 으뜸가는 벚꽃의 명소 （にっぽんいち）（めいしょ）

心臓外科分野で日本一の名医 심장외과 분야에서 일본 최고의 명의 （しんぞうげかぶんや）（にっぽんいち）（めいい）

昨年日本一に輝いたドラマ名作 작년 일본 넘버원에 빛난 드라마 명작 （さくねんにっぽんいち）（かがや）（めいさく）

日本一の高校野球の名門 일본 최고의 고교야구 명문 （にっぽんいち）（こうこうやきゅう）（めいもん）

俺はぜったい日本一のプロゲーマーになるぞ （おれ）（にっぽんいち）

난 기어코 일본 제일의 프로게이머가 될 테야

'일본 제일(최고)'의, '일본에서 제일가는' 등등의 어감을 무척 좋아하는 일

본인. 아직 폐쇄적이던 시절의 일본사회에서, 분야마다 나라 안 최고 가는 실력과 명예를 추구하고 또 존중했던 분위기를 日本一라는 이 말 한 마디로 미루어 짐작할 수 있습니다. 근대 이후의 일본은 많은 분야에서, 종래의 日本一(にっぽんいち) 대신 世界一(せかいいち)를 추구하고 또 달성하기도 했지만, 여전히 日本一의 어감에는 일본인만의 선망과 동경이 배어 있습니다.

일본열도의 겨울철을 특징짓는 기압배치는 서고동저(西高東低＝せいこうとうてい)입니다. 그러나 2월로 접어들면서 서서히 일본을 둘러싼 동북아시아쪽의 기압배치에 변화가 나타나고, 이윽고 입춘 무렵이면 기상학상의 첫 봄바람이 열도에 상륙하게 됩니다. 이 첫 봄바람의 이름이 바로 하루이치방(春一番＝はるいちばん)! 통상 입춘 후에 처음 부는 강한 남풍을 가리킵니다.

추위로 치면 아직 적어도 한 달, 완전히 안심하기까지는 춘분 때까지 기다려야 합니다. 하지만 가슴 설레는 立春(りっしゅん). 곳곳에 내걸리는 立春大吉(りっしゅんだいきち)의 큼직한 휘장에 하루이치방의 훈풍이 와 닿으면, 이미 동지를 고비로 되살아나기 시작한 陽의 기운이 천지 사방에 모락모락 피어오릅니다.

春一番(하루이치방)에서의 番(ばん)은 한국어의 감각으로는 등수를 가리키는 등에 가깝습니다. 숫자로 치면 기수가 아닌 서수인 것이죠. 番 자체의 기본적인 의미와 용법은 한국어와 비슷하지만, 한국어에서는 1등, 2등을 1번, 2번이라고 말하지는 않습니다. 거꾸로 말해, 한국어의 1등, 2등, 3등은 일본어의 구어체로는 보통 一番(いちばん), 二番(にばん), 三番(さんばん)이라고 말합니다.

참고로, 한국어에서 횟수를 가리키는 한 번, 두 번, 세 번은 일본어로 1回(いっかい), 2回(にかい), 3回(さんかい)라고 말함이 바릅니다.

한국에서는 구어에서 '한 번', '두 번' 하다가, 문장어 같은 데서는 일회, 이회라고 혼용하고 있습니다. 이런 것은, 전통적인 한국어나 한문적 표현방식에다가, 일제시대 이후 거의 여과 없이 받아들여진 일본어 또는 일본어식 표현방식이 혼재하는 경우라 할 수 있습니다. 비근한 다른 예로, 종잇장을 세는 말로, 현대 한국어에는 한문투의 한 장(張), 두 장(張), 석 장(張)과 더불어 일본어의 1매, 2매, 3매라는 표현이 둘 다 당당히 사용되고 있습니다. 一

枚(いちまい), 二枚(にまい), 三枚(さんまい)는 일본어!

자, 그 정도로 해 두고, 一番으로 되돌아가봅시다. 일본어의 いちばん(一番),하면, 우선 한국어와 마찬가지로, 번호, 순번, 차례가 처음이라는 뜻이 됩니다. 사람 사는 세상에서 대개의 경우, 1번은 기분 좋은 경우가 많습니다.

그리고 앞서 언급했듯이, 일본어에서는 특히 구어에서 一番은 일등(一等) 나아가 최고란 의미로 사용됩니다. 그러니 일본어의 いちばん(一番)은 한국의 일번보다 더욱 좋은 느낌입니다. 말하자면, '짱'인 거죠!

一番弟子(いちばんでし) 수제자

一番茶(いちばんちゃ) 가장 먼저 딴 차

一番鶏(いちばんどり) 첫닭

一番乗り(いちばんのり) 가장 먼저 도착한 사람

一番勝負(いちばんしょうぶ) 딱 한 번의 승부, 단판승부

一番煎じ(いちばんせん) 차(茶)나 약탕을 처음 달인 것

一番手(いちばんて) 제일진(陣), 가장 먼저 달려드는 사람, 일등인 사람

一番抵当(いちばんていとう) 저당물 하나에 복수 저당권이 설정된 경우의 첫째

一番星(いちばんぼし) 저녁에 가장 먼저 빛나는 별

하여간, 일본인들은 一番이 좋은가 봅니다.

한편, 이들 용례에서도 유추할 수 있겠습니다만, いちばん(一番)은 '가장', '제일'의 뜻으로 사용되는 부사이기도 합니다.

꽃구경(花見)

새로운 학년에 새로운 사업년도의 시작, 그리고 여전히 일본인들이 즐겨 마지 않는 프로야구도 개막. 일본의 4월은 시작으로 가득한 달입니다. 특히 대학에 진학한 젊은이들의 경우, 고향과 가족을 떠나 새로운 주거에서 전혀 생소한 삶을 시작해야 하는 가슴 설레는 계절입니다. 그런가 하면, 멀리 다른 지방으로 전근 명령을 받은 아저씨들이라면 많은 경우, 가족을 놔두고 소위 '단신부임(単身赴任=たんしんふにん)'에 나서야 합니다.

이런 일본의 시작들은, 삶을 규율하는 뚜렷한 자연의 변화에 순종하려는 자세와 무관하지 않습니다. 이 무렵의 자연이란 단연, 갖가지 봄꽃들의 개화가 두드러집니다. 이들의 개화는, 자연의 새로운 시작, 일본인의 사고에 폭넓게 자리잡고 있는 윤회(輪廻＝りんね)의 새로운 개시를 알리는 신호이기도 합니다. 참고로, 일본 주요지역의 벚꽃 개화는 4월 상순입니다.

벚꽃 이전에 매화도 있지만, 꽃구경(花見＝はなみ) 하면 역시 벚꽃. 더욱이, 잠깐 피었다가 일제히 져버리는 그 찰나를 놓치지 않고자, 일본열도는 떠들썩 합니다.

花の命は短すぎる 꽃의 목숨은 너무 짧아

꽃의 입장에서 보아도, 찾아주는 사람, 봐주는 사람 없으면 안타깝습니다. 그러니까, 우물쭈물하지 말고 꽃구경에 나서야 합니다. 인터넷의 '비주얼 고도리'는 아무때나 할 수 있지만 라이브는 1년에 단 한 번!

さて, 종신고용과 연공서열이라는 풍토에서 벗어나지 못하는 일본의 기업사회, 회사와 결혼한다는 일본의 샐러리맨들에게도 봄철 하나미(花見)는 지나칠 수 없는 의례입니다. 이것을 위해서라면 공인된 땡땡이를 즐길 수도 있습니다. 꽃이라면 벚꽃, 연례의 사쿠라 하나미를 준비하는 어느 직장인들의 모습을 엿봅니다.

　자, 낮엔 좀 그렇고 하니 우리 부서는 오늘 저녁 우에노(上野) 공원 하나미 결행(決行)!
　전원 빠짐없이 6시까지 소정의 장소에 집결하도록! 장소 맡아두기(場所取り＝ばしょどり)는 다나카 대리가 책임지도록. 이따 점심 먹고 나서, 적당히 신참들과 교대해서, 작년에 갔던 그 자리 좋았잖아. 그쪽으로 틀림없이 잡아두도록! 그리고 술이나 안주, 여흥 따위는 나카무라 주임 자네가 맡아 주게, 차질없게끔.
　와우, 작년에 왔을 때는 70% 개화(七分咲き＝ななぶざき)였는데, 금년은 최고네, 오늘이 만개(満開＝まんかい)잖아! 자, 마시자 花見酒(はなみざけ). 권커니 잣커니, 어어 취한다, 끄윽.

　이튿날 아침 뉴스……
　벚꽃이 만개한 어제 우에노 공원의 꽃구경꾼은 좋은 날씨 덕에 평년 수준을 크게 웃돌아 대단한 혼잡을 빚었습니다. 밤이 늦자 경찰은 강제 귀가를 종용했지만, 구경객들과의 실랑이, 술취한 객들끼리의 언쟁과 치고받기 등 예년과 다름없이 밤늦도록 시끌벅적했습니다…….
　공공의 질서나 예절에 비교적 충실한 일본인들이 어째 벚꽃놀이 때는 흐트러질대로 흐트러지는지, 역시 벚꽃은 술 이상으로 일본인을 취하게 하는 것 같습니다(꿈보다 해몽).
　꽃구경 가시거들랑 ‘花より酒’에 要주의!

　한편, 벚꽃 하면 만발한 벚꽃을 바라보는 것도 좋지만, 바람에 흩날려 우수수 떨어져 지는 광경 또한 장관(壯觀＝そうかん)입니다. 꽃잎(はなびら)이 바람에 흩날리는 모습이 마치 눈보라(吹雪＝ふぶき)와 닮았다 하여 이를 さくらふぶき(벚꽃 눈보라)라고 부릅니다. 일본인들 가운데는 구태여, 지는 사쿠라에서 미학(美学＝びがく)을 찾는 사람들도 적지 않습니다.

못된 아이가 활개치는 세상

근래 일본이나 한국이나, 집집마다 자식 수가 적은 이른바 '소자녀화(少子女化)'가 급속히 진전하고 있습니다. 소자녀화란 말은 일본어의 소자화(少子化 ＝しょうしか)를 한국어로 옮기는 과정에서 태어난 말이라고 생각합니다. 종전처럼 이 少子化를 발음만 한국식으로 옮겨서 한글로 '소자화'로 적기에는 여간 부담스러운 게 아닙니다. 그래서 자식의 '자(子)' 한 글자 대신에, 한국어로 익숙한 자녀로 늘여서, 소자녀화라는 말이 생겨났습니다. 요즘, 한국의 소자녀화는 일본보다 더 빠른 것 같은데도, 용어의 보급은 늦습니다.

　언어적 측면에서 보아, 필자의 생각으로는 일본어의 기본적 특성의 하나인 이름 만들기, 즉 명사화라는 장기(長技)에 한국어가 못 미치고 있는 게 아닌가 합니다. 한자를 사실상 도외시하고 있는 데다, 코너킥을 구석차기로 부르는 북한식의 고유어합성 조어방식도 반기지 않는 현대 한국어로서는, 그처럼 새로운 개념에 붙여줄 이름 만들기에 자칫 소홀하거나 뒤처지기 쉽다는 게 제 생각입니다.

　さて, 자(子)라는 말로 되돌아가봅시다. 少子化(しょうしか)에서 子는 일본어의 子(こども)입니다. '아이' 또는 '자식', '새끼'란 뜻인데, 넓게는 '사람'이란 뜻으로 쓰이는 용법도 있습니다. 여자 이름에 붙는 말로도 여전히 중요하지만 요즘 패션으로 좀 처지는 감각입니다.

　자, 자(子)가 들어가는 말에는 어떤 게 있을까요? 어떤 아이들 또는 사람들이 있을까요. 다른 말에 따라붙으면서 こ는 ご로 흐려지기도 하는데, 흐려지지 않는 경우는 오히려 발음이 격해져 받침 っ가 붙으려는 경향(促音化)이 있습니다.

親子 부모자식
おや こ

赤子 갓난아기
あか ご

我が子 내 자식
わ こ

末っ子 막내(또는, 末子＝すえこ)
すえ こ

双子 쌍둥이   迷子 미아(迷児로도 씀)

一人っ子 형제 없는 혼자, 독자(또는 一人子=ひとりご)

鍵っ子 열쇠아이?(집 비우는 부모 때문에 열쇠를 갖고 다니는 아이)

다소 흔치 않은 혼인관계와 관련이 있는 아이들.

捨て子 버린 아이   隠し子 숨겨둔 아이, 사생아

連れっこ 딸린 아이(또는 連れ子=つれこ)

落とし子 몰래(뜻하지 않게) 나은 아이, 낙윤(落胤)

집밖에도 아이들이 있습니다.

弟子 어린 제자   申し子 신에게 빌어 얻은 아이

教え子 내가 가르친(가르치는) 아이, 제자

아이라는 느낌이 들기도 하지만 어른이라 해도 무방합니다.

売り子 판매원   売れっ子 잘나가는 사람, 인기인

都会っ子 도회지 아이, 도회지 사람   ソウルっこ 서울 출신자, 서울 사람

舞子 춤추는 사람, 무희(舞姫), 무기(舞妓)

이런 속담도 있습니다.

憎まれっ子、世に憚る 미움 받는 못된 아이가 세상에서 활개친다

赤子の手をねじる 갓난아기의 손을 비틀다. 즉 매우 손쉽게 처리하다

저 이런 사람인데요

처음으로 대면하는 사람에게 명함을 건네면서 보통은, "아무개입니다"라고 말합니다. 그러나 간혹, 좀 독특한 어감이지만 첫 인사로서 "저는 이런 사람인데요"라고 말하는 경우도 있습니다. 처음 전화를 하거나 방문했을 때 때로는 이런 표현이 적절하다 싶은 경우가 있습니다.

한국어로 '이런 사람' 어쩌구로 시작하면 경우에 따라 오히려 고압적인 듯한 느낌이 되기도 하지만 일본어에서는 '사람'을 적당히 낮추어 가리키는 말이 있어, 공손하게 말하고자 할 때 편리하게 사용됩니다. 바로 もの입니다. 물건을 가리키는 もの와 같은데, 표기할 때는 物이 아닌 者를 씁니다. 한국어에서도 친숙한 '놈 자(者)'입니다. 생각해보면, 한국어로도 "저 이런 놈입니다"라든가 "나 이런 놈이오"라는 표현이 있죠. 그러나 '놈'은, 겸양을 한다 하더라도 점잖게 말해야 할 경우에는 부적절하고, 한자를 음으로 읽어 이 자 저 자 하는 것도, 나를 낮추기보다 오히려 상대를 낮추는 데에 적당한 말투입니다.

もの가 잔뜩 들어가는 어느 격언을 통해 그 쓰임이를 익혀봅시다.

よい主人は知恵ある者を使い	훌륭한 주인은 지혜 있는 자도 부리고
健気な者を使い	착실한 자도 쓰며
欲に耽る者をも使い	욕심 많은 자도 쓰고
愚痴なる者をも捨てずして	어리숙한 자도 버리지 아니하고
それぞれの用に応じて使う	제각기 쓸모에 맞추어 쓴다.

もの는 한국어의 '놈'처럼 사람을 얕보거나 욕되게 부르는 경우에도 사용하지만 자신을 겸양할 때도 무난히 사용할 수 있습니다. さて, 어떤 놈들이 있을까요? 者의 훈읽기는 もの, 음읽기는 しゃ(종종 흐려져서 じゃ)입니다!

何者 웬 놈

悪者 악당

切れ者 수완이 좋은 사람

臆病者 겁쟁이

前科者 전과자

人気者 인기 있는 사람

適者生存 적자생존

落伍者 낙오자

第三者 제삼자

芸者 기생

貧者 빈자, 가난뱅이

役者 배우

忍者 닌쟈

達者 건강한 사람, 뛰어난 사람

親類縁者 일가친척

医者 의사

患者 환자

보통의 읽기와 좀 다른, 소위 숙자훈(熟字訓)으로서는 이런 것이 있습니다.

猛者 강자, 센 놈

불교 용어이지만 일반에 널리 알려진 사자성어로, 이런 정도는 알아둘 만합니다.

生者必滅 생자필멸, 목숨 있는 자 반드시 죽는다

盛者必衰 성자필쇠, 융성했던 자 반드시 쇠약해진다

여름날 아침 우물가의 나팔꽃에 얽힌 하이쿠(俳句) 한 수.

あさがお / みず
朝顔に つるべとられて もらい水
나팔꽃 덩굴에 두레박 얽혀 (물을 긷지 못하고) 물을 얻어쓰도다

불과 이 열일곱 음절의 짧은 문장에 계절 감각과 더불어 섬세한 인정의 움직임이 함축적으로 담겨, 완결된 한 수의 시가로 읊어지고 있습니다.

그 같은 함축은 비단 시뿐만 아니라 일상의 대화에서도 중요합니다. 일본은 여전히 이심전심, 염화시중의 애매모호한 미소가 미덕으로 여겨지는 사회입니다. 따라서 말끝 하나나 억양은 물론 표정이나 심지어 침묵 속에서도 상대방의 의중을 읽으려는 노력이 자연스럽게 요구됩니다. 이런 것을 '살핌' 또는 '헤아림'이라 하여 察し(さっし)라고 일컫습니다. 말이나 표정으로 드러나지 않는 '뱃속 재주'란 뜻의 腹芸(はらげい)란 말도 이와 통합니다.

직설적이고 똑부러지는 것을 정의로운 것으로 여기고 이에 익숙한 한국인으로서는, 일본인의 이러한 의사소통 현장에 부딪히면 당황, 난감, 왕짜증, 오해, 이윽고는 '속았잖아' 하는 분개에 이르기까지 합니다. 이웃이라고 하지만, 서로 어찌 그리 다른 이웃이 돼버렸는지! 좌우간 정서적으로 일본인들은 긴(長) 표현을 즐기지 않는 것 같습니다.

長의 음읽기는 ちょう, 일반적인 훈읽기는 ながい입니다.

ちょうなん
長男 장남

ひゃくまん ちょうじゃ
百万長者 백만장자

いっちょういったん
一長一短 일장일단

ちょうだ　れつ
長蛇の列 장사진

むよう　ちょうぶつ
無用の長物 무용지물

さけ　ひゃくやく　ちょう
酒は百薬の長 술은 백약의 으뜸

ながさお
長竿 장대

ながでんわ
長電話 수다맨의 긴 전화

長続き 오래 지속함　　　長雨 오래 지속되는 비

長持ち 오래 감(견딤), 수명이 긺　　　気長に待つ 느긋하게 기다리다

胴長短足 몸통 길고 다리 짧아(솟다리)

なま物は長持ちしない 날것은 오래 못 간다

秋の夜長に読書三昧 가을의 긴 밤에 독서삼매

長いものには巻かれろ! 긴 것(힘센 것)에는 거스르지 말고 그냥 말려들어라

帯に短し襷に長し

허리띠로 하기에는 짧고 어깨띠로 하기에는 길구나(어중간해서 별로 도움이 안됨)

　한편 드물게, 우두머리 또는 으뜸이란 뜻으로 長을 おさ로 훈읽기하는 경우가 있습니다.

鯛は魚の長 도미는 물고기의 으뜸

음력으로 4월이면 맹하, 곧 초여름입니다. 이런 좋은 계절에는 소풍이나 야유회, 산행도 쾌적합니다. 그런데 기대하던 야유회나 예정된 소풍 날짜를 들떠 기다리는 참에, 바로 그 전날, 날씨 때문도 아니고 갑작스런 사고 따위로 예정이 취소되는 사태가 벌어진다면?

しかたないでしょう 할 수 없겠죠.

　이러한 '막판 취소'를 가리키는 말이 바로 ドタキャン입니다. ドタ는 ドタンバ(土壇場)의 머릿부분, 그리고 キャン은 영어 cancel의 일본어식 읽기 キャンセル의 역시 머릿부분입니다. 이 둘을 합성하여 생겨난 것이 ドタキャン! 우스꽝스럽기도 하지만 딱딱한 시사잡지에도 엄연히 이런 용어가 등장하고 있으니, 마다할 수 없는 현대 용어입니다. ドタンバ란 본래 죄수를 처형하는 '처형장'에서 유래한 말이라 합니다. 요즘은 '마지막 장면, 마지막 순간', 그러니까 '막판' 등의 뜻으로 쓰입니다.

　ドタンバ로 연상되는 말에 正念場(しょうねんば)라는 것이 있습니다. 이것은 근세의 연극 용어로서, 가부키의 주연배우가 그 역할을 뽐내보일 수 있는 가장 핵심 장면이라는 설이 유력합니다. 따라서 오늘날에는 가장 중요한 대목, 그러니까 한국어로 '고비'쯤 됩니다. どたんば(土壇場)든 しょうねんば(正念場)든 場이 들어 있어, 어떤 장소를 가리키고 있습니다.

　場을 ば로 훈읽기하는 말들을 훑어봅시다.

タクシー乗り場 택시 타는 곳

新幹線の切符売場 신칸센 표 파는 곳

この頃 金融市場が不安なのでお金の行き場がない
요즘 금융시장이 불안하여 돈 갈 데가 없다

もうこれ以上 逃げ場がない 더 이상 달아날 데가 없다

揺籃から墓場までの完璧な社会福祉 요람에서 무덤까지의 완벽한 사회복지

恥ずかしくて目のやり場がない 창피해서 눈 둘 데가 없다

ガラクタの置き場がない 잡동사니 둘 곳이 없다

이밖에도 이런 것들이 있습니다.

立場 설 자리, 입장   市場 장터

現場 현장   火事場 불난 데

酒場 술집   盛り場 번화가

足場 발판, 발 디딜 데   濡れ場 섹스 신

　여기서도 뜻하지 않게, 한국어와의 접점이 발견됩니다. 매장(売場), 치장(置場), 입장(立場) 등등. 이 가운데 예컨대 매장(売り場=うりば) 같은 것은, 한국의 지하철에서는 표 '매장' 대신에 표 '파는 곳'으로 바뀌었지만, 백화점에서는 여전히, 신사복 '매장'이라고 합니다!

일본어가 한자를 필요로 하는 이유

일본어가 한자를 깍듯이 대하는 이유는 몇 가지 있습니다. 그 중의 하나가, 종이 값을 아낄 수 있게 해준다는 겁니다. 종이값을 아낀다? 그렇습니다, 스페이스를 절약한다. 즉 省紙面(しょうしめん)또는 省(しょう)스페이스의 효과가 대단하다는 것입니다. 그 배경에는, 음읽기든 훈읽기든, 한자 한 글자에 대응하는 かな표기 가 두 글자(공간) 이상을 차지하는 경우가 극히 많다는 점이 있습니다.

획수가 많아 번잡한 한자나 간단명료한 かな문자나 스페이스 하나씩 잡아 먹기는 마찬가지입니다. 따라서 かな로만 쓰면 아무래도 훨씬 많은 공간이 필 요합니다. 이러한 점은, 漢字–한글의 관계와는 썩 다른, 漢字–かな의 특수한 관계이기도 합니다.

예컨대, '나는 고이즈미입니다'라는 문장을 놓고 봅시다.

わたくしはこいずみです。(12칸)
私は小泉です。(7칸)

한자를 섞어 쓰면, 구두점까지 포함해도 거의 절반 정도의 공간이면 됩니다.

봄은 새벽이요, 여름은 밤
はるはあけぼの、なつはよる(13칸)
春は曙、夏は夜(7칸)

– 枕草子(まくらのそうし)

그런데 어떤 한자가 특히 省紙面、省スペース, 즉 공간 절약하기에 공이 클 까요? かな로 넉 자(네 음절), 다섯 자(다섯 음절)짜리를 한자 하나로 서비스 해준다면, 정말 두드러진 공적이 아닐까요? 일상에서 사용되는 보통명사를 중심으로 찾아봅시다.

먼저, 넉 자짜리.

暁	あかつき	새벽	塊	かたまり	덩어리, 뭉치
曙	あけぼの	새벽	雷	かみなり	번개
礎	いしずえ	초석, 주춧돌	簪	かんざし	비녀
頂	いただき	꼭대기	冠	かんむり	갓, 갓머리
徒	いたずら	부질없음, 쓸데없음	嘴	くちばし	(새의)부리
古	いにしえ	옛적	唇	くちびる	입술
猪	いのしし	멧돼지	紅	くれない	붉은색, 홍
趣	おもむき	취지, 취향	理	ことわり	도리, 이치

杯(또는, 盃)	さかずき	술잔	灯	ともしび	등, 등불
侍(또는, 士)	さむらい	무사	鶏	にわとり	닭
屍	しかばね	주검	幻	まぼろし	허깨비
姑	しゅうとめ	시어머니, 장모	源	みなもと	수원(水源)
酣	たけなわ	한창, 최고조	紫	むらさき	보라(색)
鬣	たてがみ	갈기, 갈기털	邪	よこしま	사악함
魂	たましい	넋, 얼	私	わたくし	나, 사(私)

다섯 자짜리도 있습니다.

志	こころざし	뜻, 지(志)	掌	たなごころ	손바닥
政	まつりごと	정치			

훈읽기라는 독특한 기법을 발전시킨 덕에 이런 특별한 절약이 가능해진 것입니다. 하지만 세상만사 양날의 검. 거꾸로 이런 한자의 읽기를 외우기란 결코 쉽지 않을 것!

對이라크 전쟁의 개전에 앞서, 공격에 반대를 표명한 할리우드 배우들에게 못살게 굴기(いじめ)가 잇따르자, 전미배우조합(SAG)이 성명을 발표, 과거 냉전시절의 매카시즘이 재연(再燃)돼서는 안 된다고 강하게 대응한 바 있습니다. SAG에 따르면, 반전(反戰=はんせん)을 밝힌 배우들에게, 협박이나 중상 따위의 편지 보내기, 출연 영화의 보이코트 요구, TV드라마 출연 중지 요구, 인터넷 게시판에서의 비난 등 갖가지 공격이 이어졌답니다.

SAG는 성명을 통하여, "역사로부터 아무런 교훈도 배우지 못하는 사람들이 있는 것 같다. 유명인이 자신의 의견을 밝히는 용기를 가졌다는 것 때문에 직업적으로 손상을 입게 되는 것을 유감으로 생각한다"고 발표했습니다.

매카시즘(mccarthyism)이란 1950~1954년 미국에서 매카시(Joseph R. Mccarthy, 1908~1957, 공화당 우파의 상원의원)가 중심이 되어 벌인 반공 활동. 이른바 '빨갱이 사냥'이라고 일컬어질 정도로, 공산주의의 위협을 과장하여, 다수의 저명인이나 단체들을 공격하고 탄압한 일입니다.

일본어에는 赤狩り(あかがり)라는 말이 있습니다. 사전에 따라서는 실리지 않기도 하고 일상에서 자주 듣는 말도 아니지만, 한국어로 '빨갱이 사냥'이라 말했을 경우처럼, 그 의미를 이해하는 데는 큰 무리가 없습니다. 매카시즘이란 바로, 미국의 그 무렵에 일어났던 赤狩り이었던 것입니다. かり(狩り)는 사냥입니다. 앞말에 따라붙으면서 유성음화하여(탁음화하여) がり로 바뀝니다. 일본어에서 흔히 관찰되는 발음현상의 하나로서 連濁(れんだく)라고 말합니다. あか(赤)란 특히 지난 냉전시대에, 이 한 마디로 공산주의자를 가리키는 말로 통하기도 했지만, 아무튼 근본은 색깔의 빨강입니다. 음읽기로는 せき입니다. 먼저 음읽기하는 경우를 몇 가지 추려보았습니다.

せきじゅうじ
赤十字 적십자

せきひん
赤貧 적빈(매우 가난함)

せきらら
赤裸裸 적나라

せきめん
赤面 얼굴 붉히기

せっか
赤化 적화(공산화)

せきぐんは
赤軍派 적군파(과거 일본의 좌익집단)

せきしゅ
赤手 적수(빈손, 맨손)

せっけっきゅう
赤血球 적혈구

せっかっしょく
赤褐色 적갈색

훈읽기하는 것들.

あかご
赤子 적자(=赤ん坊, 갓난아기)

あかさか
赤坂 아카사카(동경의 번화가)

あかじ
赤字 적자(무역수지의 적자)

あかしんごう
赤信号 빨간 신호, 적신호

あかはた
赤旗 붉은 깃발, 일본공산당의 기관紙

あかちょうちん
赤提灯 빨간 초롱, 빨간 초롱을 내건 대중 술집

あかとんぼ
赤蜻蛉 고추잠자리

あか
赤ワイン 적포도주, 레드와인

あか ひろば
赤の広場 붉은 광장(모스크바)

ま か うそ
真っ赤な嘘 새빨간 거짓말

훈읽기하지만, 빨강이란 색깔을 나타내기보다는, '순전히' 또는 '명백히'라는 접두어로 사용되는 예도 있습니다.

あか
赤はだか 완전 알몸

あか たにん
赤の他人 전혀 모르는 남

あかはじ
赤恥 지독한 창피

모반(謀叛＝むほん)이라 하면 동서고금을 두고 심심치 않게 찾아볼 수 있는 일입니다. 일본에서는 전국(戦国＝せんごく)시대의 장수인 아케치 미츠히데(明智光秀)의 경우가 모반의 좋은(?) 사례로 널리 알려져 있습니다. 그의 상사였던 노부나가(織田信長＝のぶなが)의 평소 성격, 울지 않는 두견새는 죽여버리라는 그 냉혹한 스타일에 적응하지 못하고 힘들어했던 미츠히데였습니다. 지금의 히로시마 쪽 전장으로 향하던 도중, 갑자기 진군 방향을 바꾸어 노부나가가 머물던 本能寺(ほんのうじ)라는 사찰로 그를 공격합니다. 불의(不意)의 급습을 받은 노부나가는 변변히 맞대응도 못하다가 결국 자결하고 맙니다(1582년). 명백한 반역(反逆＝はんぎゃく)이었던 거죠.

　그 이야기의 전말을 읽으면서 일본적 충성과 모반의 시스템에 관해 생각해봅니다. 미츠히데는 분명히 노부나가의 부하였습니다. 그러나 미츠히데가 거느리는 군졸들은 오로지 미츠히데 부하이기만 했다는 점입니다(?). 즉, 미츠히데가 노부나가의 부하라면, 미츠히데의 부하는 곧 노부나가의 부하라는 지극히 당연해 보이는 삼단논법이 실제에 있어서 성립하지 않았다는 말입니다. 바꿔 말해, 미츠히데가 바칠 충성은 그 주군인 노부나가에게 향해지지만, 미츠히데의 부하들로서는 자기들의 주인인 미츠히데에게 충성을 바치면 그것으로 족했던 것입니다. 말하자면, 충(忠)이라 해도 중세 일본 사회에서는 조선이나 중국과 달리 독특한 다원적 구조를 지니고 있었던 것입니다.

　다시 그 모반사건으로 잠깐 되돌아가면……, 노부나가의 명을 받아 전장으로 향하던 미츠히데는, 적은 다른 곳, 즉 本能寺(ほんのうじ)에 있다고 부하들에게 선언하면서 진로를 바꿉니다.

　　てき　ほんのうじ　あ
　　敵は本能寺に在り! 적은 본능사에 있도다!

이 말은 이제, 생각지 못한 엉뚱한 데, 또는 외부가 아닌 내부에 적(敵)이 있음을 가리키는 말로 인용되고 있습니다.

자, 우리 주위에 어떤 적(敵)들이 널려 있을까요?

しゅくてき
宿敵 숙적

きゅうてき
仇敵 원수

おんてき
怨敵 원적(원한에 사무친 적)

りてきこうい
利敵行爲 이적행위

어제의 적은 오늘의 내 편일 수 있는 게 인간세상.

きのう　てき　きょう　　とも
昨日の敵は今日の友

그런가 하면, 역시 일본의 전국시대, 노부나가의 선배격인 우에스기 겐신(上杉謙信)이라는 장수는 전시체제인데도 이웃한 그의 숙적 다케다 신겐(武田信玄)에게 피 같은 소금을 보냈다는 일화가 있습니다.

てき　しお　おく
敵に塩を送る 적(敵)에게 소금을 보내다

한편, 敵의 훈읽기는 かたき 입니다.

かたきう
敵討ち 복수

め　かたき
目の敵にする 눈의 가시처럼 생각하다, 적대시하다

'맞붙어 싸우기' 란 뜻으로 일본어에는 合戦(かっせん)이란 말이 있습니다. 한국어에서는 찾아볼 수 없는 말입니다. 동화에서 역사에 이르기까지, 일본에는 많은 合戦이 있습니다.

ゆきがっせん
雪合戦 눈싸움

がっせん
スパイ合戦 스파이전, 첩보전

さるかにがっせん
猿蟹合戦 원숭이와 게의 싸움(동화)

源平合戦(げんぺいがっせん). 12세기의 헤이안 시대 말기에, 양대 군사세력인 源씨 집안과 平씨 집안의 수십 년에 걸친 세력 다툼을 가리킵니다. 말로 하는 싸움이 아니고, 처절한 전쟁, 즉 실전(実戦＝じっせん)의 연속입니다. 약30년에 걸친 平씨네의 꿈 같은 권력은 끝내 源씨 손으로 넘어가고, 마침내 일본 역사상 본격적인 무인정치 시대를 맞이하는 계기가 마련됩니다. 源平(げんぺい)최후의 해전은 1185년, 지금의 시모노세키 부근에서 벌어진, 이른바 壇ノ浦の戦い(だんのうらのたたかい)입니다. 그와 같은 源平의 수십 년에 걸친 대결 구도에서 비롯한 말로, 일본에서는 예로부터 편가르고 붙는 시합이란 의미로 げんぺい란 말이 있습니다. 어찌된 일인지, 오늘날 한국의 당구장에서 편가르고 시합하기란 뜻으로 겜페이란 말이 사용되고 있습니다.

한편 앞서, 源씨 집안과 平씨 집안이라고 했는데, 이를 일본어로는 각각 源氏(げんじ), 平家(へいけ)라고 합니다. 또, 성씨로 읽을 때는 각각 みなもと、たいら라고 합니다.

다만, 중세 이전의 일본 귀족의 이름 읽기에서 나타나는 특징으로서, 성에서 이름으로 넘어가기 전에 の를 붙이는 경우가 있습니다. 가마쿠라 막부를 세운 源頼朝의 경우, みなもとのよりとも라고 읽습니다.

関が原の合戦(せきがはらのかっせん). 도요토미 히데요시가 죽고 나서, 천하의 패권을 쥐려는 도쿠가와 이에야스와, 이에 맞서는 구 도요토미(豊臣)계 세력 간의 일대 전투입니다. 여기서 도쿠가와가 승리함으로써 일본천하는 사실상 도쿠가와 손으로 넘어가게 됩니다. 1600년 9월 15일, 天下分け目の決戦(てんか わけめの けっせん, 천하를 가르는 결전)!

그런가 하면 바로 이 시대, 섣달그믐날 공영 TV방송인 NHK가 벌써 수십 년째 진행해오는 남녀 가수들의 노래시합인 紅白歌合戦(こうはく うた がっせん)이라는 것도 있습니다.

さて, 예스러운 일본어로 전쟁을 いくさ라 하고, 이것을 한자로는 戦이라 씁니다. 현대어에서 전쟁이란 의미로는 통상 せん이라고 음읽기합니다.

商戦 상전(장사 전쟁?) 〔しょうせん〕   交戦 교전 〔こうせん〕

敗戦 패전 〔はいせん〕   抗戦 항전 〔こうせん〕

停戦 정전 〔ていせん〕   ゲリラ戦 게릴라전 〔せん〕

海戦 해전 〔かいせん〕   持久戦 지구전 〔じ きゅうせん〕

舌戦 설전 〔ぜっせん〕   日韓戦 한일전 〔にっかんせん〕

戦의 훈읽기로는 우선 싸움이란 뜻으로 戦う(たたかう)가 있는데, 그 명사형은 戦い입니다. 앞서 소개한 1185년의 壇ノ浦の戦い(だんのうらのたたかい).

仁義なき戦い 피도 눈물도 없는 싸움(일본 야쿠자 영화의 제목) 〔じんぎ たたか〕

嫁と姑の戦い 고부간의 싸움 〔よめ しゅうとめ たたか〕

戦이라는 한자는 '(몸을) 떨다'는 뜻도 가지고 있습니다. 戦慄(せんりつ= 전율)라는 익숙한 성어로 많이 사용됩니다. 전전긍긍=戦戦兢兢(せんせんきょうきょう, 兢자가 어렵다 하여 戦戦恐恐로 쓰는 경향이 있음)이라는 사자성어도 한국어나 일본어 모두에 비교적 친숙한 말입니다.

한국은 3월이면 신학년도가 시작합니다. 일본은 한국보다 한 달 늦은 4월에 시작합니다. 학년도뿐만 아니라, 중앙이나 지방정부의 회계년도, 민간기업들의 사업년도 등도 대부분 4월에 시작하여 이듬해 3월로 마감합니다.

学年度 학년도　　　　　　　　　会計年度 회계년도

事業年度 사업년도

　이와 같이, 연도(年度)라 함은, 1월에서 시작하여 12월로 끝나는 달력상의 해(年)와 구별하여, 특정 목적을 위해 기간을 설정한다는 의미를 지닙니다. 그러니까 연도는 3월에 시작할 수도 있고, 4월이나 다른 달에도 시작할 수 있는 것입니다. 한국어는 연(年)과 연도(年度)의 구별이 명확치 않은 채 뒤섞여 사용되는 경향을 보입니다만, 일본어는 그 쓰임새가 비교적 명확히 구분됩니다.

　さて, 초등학교는 일본어로 小学校(しょうがっこう)라고 합니다. 小学校에 갓 입학한 병아리 같은 귀여운 1학년생을 가리켜 일본에서는 ピカピカの一年生(いちねんせい)라고 부르곤 합니다. 정말 초롱초롱 반짝반짝합니다.

　한국어로는 보통 '1학년'이라고 하는데, 일본어는 '학'자를 떼어내고 '1년'이라고 부릅니다. 따라서 1학년생이라면 보통 1年生(いちねんせい)라고 말하는 것입니다. 중학교, 고등학교를 일컫는 말은 한국어와 똑같습니다.

中学校　　　　　　　　　　　高等学校

　한국에서도 고등학교를 줄여 더러 고교라고 말하는 경우가 있습니다만, 일본에서는 高校(こうこう)라고 말하는 것이 오히려 일반적입니다. 그러므로

'고등학교 2학년생'이라면 보통 高校2年生(こうこうにねんせい)라고 말합니다. 중학교 3학년, 고등학교 1학년을 줄여 중3, 고1로 부르는 것은 한국어와 일본어 모두에 공통입니다. 中三(ちゅうさん), 高一(こういち) 등등.

신학년도 초에는 반도 새로 정해집니다. 1학년 2반, 2학년 3반……. 반은 班이라는 한자입니다. 오늘날의 일본에서는 학급이란 뜻으로 통상, 영어에서 온 クラス란 말을 쓰는 편이며, '몇 반이다' 하는 경우는 くみ(組)란 말을 사용합니다.

1학년 2반 = 1年 2組 (いちねん にくみ)　　　3학년 B반 = 3年 B組 (さんねん ビーくみ)

くみ(組み)는 동사 'くむ(組む)=짜다'의 명사형으로, 요즘의 한국어로는 팀에 거의 들어맞는 어감입니다. 물론 조직이란 뜻으로도 사용됩니다.

組合 (くみあい) 조합　　　　　　　　　　組長 (くみちょう) 조장

骨組み (ほねぐ) 골조, 뼈대　　　　　　　縁組み (えんぐ) 인연맺기(부부, 양자 등), 중매

紅組 (あかぐみ) 홍팀　　　　　　　　　　仕組み (しく) 짜임새, 방식, 장치

白組 (しろぐみ) 백팀　　　　　　　　　　番組 (ばんぐみ) (TV, 라디오 등의) 프로그램

勝ち組 (か くみ) 이기는 팀　　　　　　　三人組の強盗 (さんにんぐみ ごうとう) 3인조 강도

組頭 (くみがしら) 조장, 조직의 우두머리

四人組 (よにんぐみ) 사인방(중국 현대사), 네 명의 팀(패거리)

新撰組(또는 新選組) (しんせんぐみ) 신센구미, 에도시대 말기의 정치주변 집단

한편, 組의 음읽기는 そ입니다.

組織 (そしき) 조직　　　　　　　　　　　労組 (ろうそ) 노조

組成 (そせい) 조성　　　　　　　　　　　日教組 (にっきょうそ) 일본교원노조

미즈와리

술 소비 세계 제일을 자랑하는 한국이지만 술 마시는 방식은 여전히 스트레이트(ストレート)가 우세합니다. 물론, 위스키와 맥주를 섞는 폭탄주라든가, 레몬즙 따위로 묽게 만든 주전자 소주, 주로 젊은이들 사이의 소맥 따위처럼 섞어마시기가 없는 것은 아닙니다. 근자에는 백세주를 소주로 꺾어 오십세주라 일컫는 것도 인기입니다.

그러나 가만 보면 한국에서, 섞거나 묽게 만들기에 가장 손쉬운 물이 직접 이용되는 경우는 별로 없습니다. 한국에서도 위스키 마시는 자리에 물이나 얼음이 따라붙는 게 보통이지만, 대부분 위스키 따로 물 따로 마시면 마셨지, 위스키와 물을 처음부터 적당히 섞어 마시는 경우는 찾아보기 어렵습니다. '피 같은 술에 물을 타다니' 하는 묘한 터부에, 진국 같은 위스키를 받들어 홀짝거리는 경향이 일반적입니다.

그러나 일본인들은 소주나 위스키의 경우, 물을 직접 섞어 마시는 게 오히려 일반적입니다. 특히 위스키는, 개인적으로 특별히 스트레이트를 즐긴다면 몰라도, 술집에서 마시는 경우라면 물을 타서 묽게 마시는 것이 당연시됩니다.

이처럼 물을 타서 묽게 만든 것을 水割り(みずわり)라고 합니다. 위스키를 水割り한 것은 ウイスキーの水割り, 소주를 水割り한 것은 焼酎(しょうちゅう)の水割り. 또, みず(찬물) 아닌 おゆ(따뜻한 물)로 묽게 해 마시는 경우도 더러 있습니다. 말하자면 おゆわり(お湯割り)입니다.

여기서의 割り(わり)는 동사 割る(わる)의 명사형인데, 한자로 알 수 있듯이 '쪼개다'는 뜻입니다. '다른 액체를 섞어 묽히다(うすめる)'라는 뜻이기도 합니다.

ウイスキーをソーダ水で割る 위스키를 소다수로 묽게 하다

焼酎をレモン汁で割る 소주를 레몬즙으로 묽히다

さて, 더운 물에 섞어 마시는 おゆわり라는 방식에서 미루어 짐작할 수 있는데, 일본인들은 술을 데워서 마시는 습관도 있습니다. 일본어로는 술(お酒＝おさけ) 하면 日本酒(にほんしゅ), 즉 청주를 가리키기도 하는데, 이 일본주는 스트레이트로 마시되 데워 마시는 경우가 많습니다. 간혹 여름철도 그렇지만, 찬바람 부는 계절이면 데워 마시는 게 보통입니다. 한국에서는 여전히, 일본에서 말하는 일본주가 정종이란 이름으로 통하고 있습니다. 데운 정종에 그을린 복어 꼬리지느러미를 띄운 것은 흔히 히레 또는 히레사케라 부릅니다. 정종(正宗)이란 일본주의 한 브랜드 이름이고, 히레(ヒレ)란 일본어로 지느러미란 뜻입니다.

어쨌든 청주를 데운다는 것을 あたためる라고도 하지만 흔히 燗(かん)にする라고 합니다. 데운 술은 お燗(かん). お燗 중에서도 미지근한 것은 ぬる燗 또는 人肌のお燗(ひとはだのおかん, 줄여서 ひとはだ). 여기서 人肌(ひとはだ)라 함은 '체온'을 가리킵니다. 뜨겁다 싶은 것은 熱燗(あつかん)이라고 말합니다. 일본의 대중 술집인 居酒屋(いざかや)에서 주문할 때는, 예컨대 '熱燗二本(あつかんにほん)'하면 됩니다. 또는 お酒二本、人肌でお願いします!라고도 주문할 수 있습니다. 여름철이라면 차갑게 해서 마시고 싶습니다. 그렇다면 冷(ひ)やでおねがいします!

여기서 お酒라 했다 해서, "무슨 술요? 소주, 아니면 맥주요?"라는 반문은 돌아오지 않습니다. 왜냐면, 이 경우의 おさけ는 틀림없이 日本酒, 즉 청주를 가리키는 말이기 때문입니다. 다만 일본주라 해도 워낙 브랜드가 많기 때문에 종종 브랜드를 지명해서 주문해야 하는 경우도 있습니다. 물론 와인의 경우처럼 하우스와인, 즉 그 술집의 추천 브랜드가 있어 그냥 이것으로 대신하는 경우가 많습니다.

데우지 않은 술을 冷や酒(ひやざけ) 또는 음읽기하여 冷酒(れいしゅ)라고 합니다. 이것을 줄여 그냥 ひや라고도 하거니와, 이 말에 무심코 お를 얹어 おひや라고 하면 술 대신 '차가운 (마실) 물'이 돼버리니까 要주의!

미국에는 샌드위치 세대(sandwich generation)란 말이 있답니다. 부모를 돌보는 한편 자녀도 양육해야 하는 세대를 가리키는 말이라 하더군요. 한국이라면, 사람마다 정도의 차와 시대적 변화는 있더라도, 샌드위치 세대에 해당하지 않는 사람이 거의 없을 터이고, 따라서, 새삼스럽게 그런 말이 따로 꼭 필요한 건 아닐 겁니다. 한국과는 다소 다르지만 일본 역시, 아직은 대부분 사람들이 샌드위치 세대란 말을 새삼스러워하는 가족관계의 전통이 남아 있는 것으로 엿보입니다.

　영어의 sandwich generation을 サンドイッチ世代(せだい) 대신에 サンドイッチ族(ぞく)라고 옮기면, 어느 연대의 사람들을 망라하기보다 좀 좁은 의미로, '특정 부류의 사람들'로 이해됩니다. 즉, 어느 연령대의 모든 사람이 그런 경우에 해당하는 것이 아니고, 그야말로 가족형편상, 부모를 돌보지 않으면 안되는 한편으로 아이까지 키워야 하는 일부 여성들이 미국의 전형적 샌드위치族이라 할 수 있습니다. 더욱이 그런 여성이 직업을 가지고 있거나 경제적 이유로 일을 해야만 하는 상황이라면, 샌드위치族의 삶은 정말 힘들어질 것입니다.

　샌드위치族. 이 경우의 족(族=ぞく)이란, 앞서 말했듯이, '특정 부류의 사람들'로서 시대상(像)을 반영하는, 좀 독특하고 유행을 타는 부류를 가리키는 용법입니다. 그런 만큼 한때 유행어처럼 쓰이다가 조용히 무대 뒤로 물러서는 말들도 있습니다. 요즘에는 한국어로도 그다지 위화감이 없는 표현이 돼버렸습니다. 어떠한 경로였는지 좌우간, 일본에서 들여다 쓰기를 벌써 한참, 이제 한국어로서도 충분한 시민권을 얻은 것으로 보입니다. 일본어의 용례를 함께 찾아봅시다.

ぼうそうぞく
暴走族 폭주족

しんやぞく
深夜族 심야족

けいたいぞく
携帯族 핸드폰족

ちんたいぞく
賃貸族 임대족, 자기 집을 구입하려 들지 않고 세살이로 만족하는 사람들

しゃようぞく
社用族 회사일이란 핑계로 회사 돈 쓰는 사람들

ながら族은 두 가지 이상을 동시에 하는 사람들, 예컨대 TV 보며 밥 먹는 사람, 휴대폰 걸며 운전하는 사람, 음악 들으며 신문 보는 사람을 뜻합니다.

さて, 당신은 무슨 族?

p.s.

일본의 국회에는 族議員(ぞく ぎいん)이라는 말이 있습니다. 이를테면 農水産族, 建設族 따위인데, 그 분야와 유착관계에 있는 의원들을 가리키는 말로, 어감이 썩 좋은 말은 아닙니다.

언제부터인가 '대박'이란 말의 세력이 비약적으로 신장한 느낌입니다. 한국에서 이 말이 크게 퍼진 것은, 한때 코스닥 주식시장이 크게 각광을 받으면서, 이 시장에 주식을 상장하는 회사들의 주가가 수십 수백 배까지 뛰어오른 것이 좋은 계기가 됐습니다. 많은 사람들이 대박에 웃거나, 대박을 터뜨리지 못해 실망했습니다. 주가의 속성에 관해선 넘칠 정도로 설명이 많습니다.

失望のどん底で株価は上昇に反転し、
실망의 밑바닥에서 주가는 상승으로 반전하고,

有頂天の絶頂で株価は静かに下げに入る
황홀한 절정에서 조용히 하락으로 들어간다

　주식투자의 달인인 미국의 피터 린치는 『주식투자의 법칙』이란 책에서 이렇게 말했습니다.

株式投資の運命を決めるのは頭脳ではなく肝である
주식투자의 운명을 결정하는 것은 두되가 아니고 담력이다

ダイエットと株式投資の成果を決めるのは頭ではなく意志である
다이어트와 주식투자의 성과를 결정하는 것은 머리가 아니고 의지이다

　그러나 주식시장이란 미국 다르고 한국 다르고, 또 과거의 유형을 반드시 되풀이한다고도 할 수 없습니다. 그럼에도, 주가의 지난 발자취를 요모조모 뜯어보고 모종의 법칙을 끄집어내려는, 그리하여 내일의 주가 행방을 더듬어보려는 차티스트(주가 그래프로 종목·업종을 분석하는 사람)들의 눈물겨운 노력은 오늘도 계속되고 있습니다.

　그런데 요즘은, 그런 고전적인 격언을 곁눈질하며 데이트레이딩(최단기간

내에 시세차익을 얻는 초단타매매 기법)에 열중하는 투자가들이 적지 않습니다. 아침에 사서 오후에 팔아 장사를 끝낸 저녁이면, 내 계좌에 주식이란 물건은 없고 오로지 현금뿐. 문제는, 그런 데이트레이딩을 되풀이하다가 결국 주식 재고뿐 아니라 허망하게도 현금 재고까지 사라져버릴 수 있다는 것이죠. 현금 잃고 투자 방식 고친들 무슨 소용이 있으랴.

　주식은 일본어로 かぶしき(株式)라고 하는데, 흔히 かぶ(株)라고 줄여 말하기도 합니다. かぶ(株)에 얽힌 말들 몇 가지.

ふるかぶ
古株 고참

かぶけん
株券 주권

しんかぶ
新株 신주(새로 상장한 주식), 신참

かぶか
株価 주가

かぶはい
株配 주식배당(株式配当＝かぶしきはいとう)을 줄인 말

かぶ　あが
株が上がる 평판(인기, 명성)이 오르다

かぶ　うば
お株を奪う (남의) 장기, 특기를 내 것으로 가로채다

かぶ　まも　うさぎ　ま
株を守りて兎を待つ

그루터기를 지켜 토끼를 기다리다(수주대토)

* 단, 이 경우 株는 くいぜ로 읽기도 합니다.

화장실에서 사용하는 종이를 한국에서는 화장지라고 부릅니다. 의미를 좀 더 분명하게 해야 한다면, 두루마리 화장지라고 부르면 됩니다. 수세식에 맞는 종이를 써야 하기 때문에, 넉넉한 집이라고 해서 티슈를 쓰는 것은 의미가 없습니다. 막히면 큰일이니까요.

아직(?) 일부 동네 음식점, 떡볶이집 길거리 포장마차 따위에서는 두루마리가 당당합니다. 그렇게 느끼는 분들도 많겠지만, 필자는 먹는 자리에 놓인 두루마리가 거슬립니다. 국민소득이 2만달러는 되어야 두루마리가 먹는 자리에서 자취를 감출까요?

그런데 현대 일본어로 그 두루마리는 무엇일까요? 좀 길지만, トイレットペーパー 입니다. 지금이야 이 가타카나 말이 천하를 통일했지만, 과거에도 화장지가 없었을 리 없고 따라서 엄연히 이에 해당하는 말이 있었을 것입니다. 그 가운데, 아직도 명맥을 잇는 것이 ちり紙＝ちりがみ.

이 말은 얼마 전까지만 해도 ちり紙交換(ちりがみ こうかん)이라는 말로도 널리 사람들에게 친숙했습니다. 주로 헌책, 헌 신문, 잡지 따위를 두루마리와 바꿔주는 지역 밀착형 서비스, 바로 그것이 일본의 골목을 누볐던 것입니다.

그런데 ちりがみ 말고 요즘 일상에서 듣기는 거의 불가능하지만, 우아한(?) 말이 하나 있습니다. 落とし紙＝おとしがみ. 사용 후 '떨어뜨리는 종이'라 해서 이런 말이 생겼던 게 아닐까요.

이밖에 어떤 종이가 있을까요?

<table>
<tr><td><ruby>手紙<rt>て がみ</rt></ruby> 편지</td><td><ruby>鼻紙<rt>はながみ</rt></ruby> 코 푸는 종이, 휴지(예스러운 말)</td></tr>
<tr><td><ruby>紙屑<rt>かみくず</rt></ruby> 종이 쓰레기, 폐지</td><td><ruby>紙細工<rt>かみざいく</rt></ruby> 종이 세공</td></tr>
<tr><td><ruby>紙芝居<rt>かみしばい</rt></ruby> 가미시바이, 종이 연극</td><td><ruby>紙一重の差<rt>かみひとえ　さ</rt></ruby> 종이 한 장 차이</td></tr>
<tr><td><ruby>懐紙<rt>ふところがみ</rt></ruby> 휴지, 휴대용 글쓰기 종이(예스러운 말)</td><td></td></tr>
</table>

^{たとうがみ}
畳紙 두꺼운 전통 포장지. 휴지(예스러운 말)

^{け しょうがみ}
化粧紙 정말 화장할 때 쓰는 종이입니다!

^{お がみ}
折り紙 종이접기

한편, 紙의 음읽기는 し입니다.

^{はん し}
半紙 습자지

^{も ぞう し}
模造紙 모조지

^{かい し}
懐紙 품에 지니는 종이

^{しんぶん し}
新聞紙 신문지

^{わ し}
和紙 일본 종이, 한국의 '한지'와 비슷

^{ひょう し}
表紙 표지

^{べっ し}
別紙 별지

우리말로 아주 근소한 차이를 '종이 한 장 차이'라고 하거니와, 일본어도 이를 紙一重の差(かみひとえのさ)라고 합니다. 닮았죠!

김치가 기무치를 물리쳤다

김치가 기무치를 물리치고 국제 표준으로 공인되었다는 보도가 있었습니다. "그거 당연한 얘기 아닌가, 새삼스럽게"라고 하실 분들이 많을 겁니다. 하지만 반드시 당연한 것도 그다지 단순한 것도 아닙니다.

이를테면, '콜럼버스가 아메리카 대륙을 발견했다. 그리고 그 신대륙에 아메리카라는 이름을 붙였다'는 것. 남극이나 북극 또는 달나라라면 몰라도, 지금까지 알려진 바로는, 콜럼버스 이전에 아메리카 대륙에 엄연히 사람이 살고 있었고 상당한 정도의 문명이 존재했는데 새삼스럽게 발견은 웬 발견?

그러나 그것은 요즘 식으로 말하자면, 인터넷 도메인 이름을 국제 공인 또는 관리 기관 따위에 먼저 등록함으로써 '이 집은 내 집, 지금부터 내 것!'이라는 식입니다. 속된 말로, 먼저 침 발라놓고, "자 볼 테면 봐라, 이 등기부등본을!" 하는 것과 같습니다. 한국인들은 하루 세 끼 거르지도 않고 김치 먹으며 집구석에만 있는 사이에, 일본 사람들이 김치를 싸들고 지구촌의 왕회장 미국을 찾아뵙고 다음과 같이 말했다면?

> キムチでございます。 めしあがってみてください
> 기무치이옵니다. 잡수어보십시오

그리고는 내친김에 Kimuchi라는 도장과 인증서까지 받아놓았다면? 뒤늦게 황급히 달려간 한국이, '어불성설, 언어도단, 누가 이런 짓을. 말도 안돼. 헉'하고 부르짖은들 '이미 때는 늦었도다'가 되기 쉽습니다. 실제로 어떤 경위가 있었는지 잘 모르겠으나, 운좋게(?) 김치가 공인되는 다행스런 결과가 된 모양이더군요.

자, 모양새나 출생 경위로 보아, 김치를 연상케 하는 일본의 식품으로 つけもの란 것이 있습니다. つけもの(漬物). 말 그대로는 담근 것(절인 것)이란 말입니다. 배추나 오이, 무우 등 채소류를 소금이나 된장 등에 절여 만드는 식품을 총칭하는 말로서. 광의의 김치라고 할 수 있겠습니다. 달리, おしん

こ(お新香)라고도 말합니다.

　동사 つける(漬ける)는 '(물에) 담그다' 또는 '적시다'는 뜻과, '(소금이나 된장 따위에) 절이다', '김치 종류를 담그다'는 두 가지 뜻을 지닙니다. 후자의 방법으로 만든 먹거리가 つけもの로서, 그 대표는 역시 소금에 절인 것(塩漬け= しおづけ)입니다.

　흔히 백김치라 하는 것, 또는 일본김치라고 할 수 있는 것이 바로 이런 상태의 김치입니다. 김치 만들기의 중간단계인 소금절이에 머무른 것이 일본의 김치라고 할 수 있습니다. 그런데 이 말은 소금에 절여져 숨이 다 죽은 배추처럼 꼼짝달싹 못하고 처져 있는 상태를 연상시켜서,

投資した株は暴落した後、ずっと塩漬けの状態にある
투자한 주식은 폭락한 뒤 줄곧 소금절이 상태(아무런 손도 못쓰고 그대로 있음)다

　漬け가 접미어로 사용되는 것으로, 절여서 숨죽이기(꼼짝 못하기) 상태가 되는 이런 경우들이 있습니다.

テレビ漬け TV중독　　　　　　　　　くすり漬け 약물 과용상태
一夜漬け 하룻밤 푹 빠지기, 벼락치기 공부, 단기간에 급조하기

　예시된 낱말들의 뒷부분 漬け(つけ)는 づけ로 전부 탁음화하고 있습니다.

금연시대

한국의 젊은이들도 일제 담배를 꽤 찾는 것 같습니다. 일본 하면 그저 싫어, 왠지 맘에 들지 않아, 심지어 좌우간 반대하고 본다는 사람들이 웬 일제 담배는 그리 좋아할까? 아니, 반일이나 극일을 떠드는 사람이라면 일제 담배를 피우지 않는 것일까 하는 의문도 듭니다. 그러나 따지고 보면, 반일과 일제 담배 피우기를 꼭 연관 지어 생각할 필요는 없을지도 모릅니다. 오늘날의 많은 한국인들, 일제는 좋아해도 일본은 싫어해야 하는 엇갈린 두 감정을 함께 지니면서, 그 두 감정을 지혜롭게 아니면 무심코 잘도 갈라 쓰는 것 같습니다.

담배는 たばこ라고 말하며 한자로는 煙草로 씁니다. 요즘은 히라가나로 쓰는 경우가 많지만 한자도 모른 체 할 수는 없습니다. '담배를 피우다'는 일반적으로 たばこを吸(す)う라고 말합니다. 그러나 명사로는, 흡연보다 끽연(喫煙 きつえん)이 보편적입니다. 금연은 한국어와 같은 禁煙(きんえん), '세븐스타'라는 브랜드가 있었고, 순한 맛을 좇는 경향에 따라, '마일드 세븐'이 등장했습니다. 그리고는 갖가지 방계 브랜드가 선보였습니다. 마일드 세븐보다 더 순하다 해서 마일드세븐 라이트, 그것도 모자라 슈퍼 라이트 등등입니다.

현재 일본은 일본담배주식회사(JT)로 돼 있습니다. JT가 발표한 2000년 일본인의 흡연율을 보면, 남성이 53.5%, 여성이 13.7%로 나타났습니다. 세계적 평균으로 보아 수준급입니다. 혐연(嫌煙＝けんえん)이다 금연이다 해서 점점 입지가 좁아진다는 스모커들이지만, 그래도 일본에서는 아직 담배 피우기가 어렵지 않은 형편입니다. 한국만큼은 아니지만, 담배 인심도 살아 있는 편이고, 특히 흡연 자체에 대해서도 비교적 우호적이고 관대한 환경이 아직 유지되고 있다고 할 수 있습니다.

하지만 한국이든 일본이든, 건강문제는 차치하더라도, 일상 속에서 흡연자가 끼치는 민폐(めいわく)는 적지 않습니다. 민폐 흡연에는 어떤 것들이 있을까요?

1. あるきたばこ(歩きタバコ): 걸으면서의 흡연
   이건, 불똥과 연기와 재(灰=はい)라는 세 가지 흉기를 휘두르며 다니는 것과 마찬가
   지입니다. 좁은 보도에서 あるきたばこ 하는 사람의 뒤를 걷는 사람은, 앞사람의 허
   파까지 들어갔다 나온 담배연기를 자칫 뒤집어쓰기 십상입니다. 날리는 재도 피하기
   어렵습니다. 까딱, 휘젓는 팔의 원심력으로 불똥이 튀기라도 한다면 정말 대단한 사
   건이 발생할 수도 있습니다.

2. くわえたばこ(銜えタバコ): 입에 문 담배
   담배를 문 채 서류를 들여다보는 아저씨. 그 담배 좀 빼고 얘기합시다! 하지만 추억
   의 영화배우 제임스 딘의 くわえたばこ는 정말 멋있었다!

3. ねたばこ (寝タバコ): 잠자리 담배
   일본의 호텔 방에는 흔히 ねたばこはおやめください라는 주의문이 눈에 띕니다. 바
   닥이든 침대든, 잠자리에서의 담배는 화재 위험도 큽니다. ねたばこ 하려면 화재보
   험이나 생명보험 하나쯤은 들어두고 합시다.

4. おきたばこ (置きタバコ): 놔둔 담배
   이것도 옆사람으로서는 왕짜증감. 커피숍이든 술자리든, 재떨이에 놓인 담배에서는 짙
   은 연기가 솟구칩니다. "이 사람 어디 갔어? 화장실 갔나? 담뱃불이나 끄고 좀 가지."

5. もらいたばこ(貰いタバコ): 담배 얻어 피우기
   담배 인심 후하다고는 하지만 그것도 한두 번이지. 상습적인 얻어 피우기도 민폐는
   민폐입니다. 본인은 끊으려는 노력의 일환으로 그런다고 하지만.

さて, 요즘 공공장소나 사무실 한 구석에는 '흡연 장소'가 따로 마련돼 있는
경우가 늘고 있습니다. 스모커를 위한 배려이지만, 넓은 공간을 할애하기는
어려운 만큼, 대개는 좁고 구석진 곳인 경우가 많습니다. 같은 회사 사람이지
만 부서나 업무도 달라 업무상으로는 만날 일도 없는 사람이, 바로 이런 데서
곧잘 만나곤 합니다. 이런 사이를 가리켜 요즘 일본어는 けむ友(けむとも=연
기 친구)라고 말합니다. 멋적은 미소와 함께 다시 만나는 우리는 けむとも!
  그런데 흡연 습관과 관련하여, 한국과 달리 일본에서는 부모나 어른 앞이
라 하여 흡연을 삼간다는 관념이 없습니다. 맞담배는 불경(不敬)이거나 무례
가 아닙니다.

한 무리의 사람들을 가리켜 현대 일본어에서는 무슨무슨 족(族 = ぞく)이라 부르는 경우가 많습니다. 그런 일본에서 최근 휴대전화와 무선인터넷이 급격히 보급되면서, 시민권을 차지하게 된 것이 이른바 '엄지족'입니다.

おやゆびぞく
親指族 엄지족

휴대전화나 무선 인터넷을 조작할 때 필수인 것이 다름 아닌 엄지손가락. 다섯 손가락 가운데 가장 무뎌 보이던 짧고 뭉툭한 엄지가 이렇게 요긴한 역할을 할 줄 몰랐는데, 참으로 기특한 노릇입니다.
손가락은 일본어로 ゆび이고, 한자로는 指자를 씁니다. 우선 다섯 손가락을 살펴봅시다.

おやゆび
親指 엄지

ひとさしゆび
人差指 검지

なかゆび
中指 중지

くすりゆび
薬指 약지

こ ゆび
小指 새끼손가락

이밖에도 세상을 살다보면 이런 손가락이 있습니다.

うし ゆび
後ろ指 뒷손가락

うし ゆび さ
後ろ指を指される 뒷손가락질 받다

한편, 새끼손가락으로 하는 약속은 ゆびきり(指切り). 일본의 어린이들은 새끼손가락을 걸면서 이런 노래를 부르기도 합니다.

ゆびき げんまん はりせんぼん
指切り拳万, うそ ついたら 針千本のます!
꼭꼭 손가락 걸어 약속. 어기면 혼날줄 알아!

　야쿠자들 사이에 맹세나 징벌의 표시로, 정말로 손가락을 자를 때는 指を詰める(ゆびをつめる)라고 합니다. 이 경우, 자르는 것은 보통 새끼손가락입니다. 그런가 하면, 새끼손가락을 쳐들어 보이면 이건 숨겨놓은 애인!

　기타 손가락에 관련된 말들.

指輪 반지　　　　　　　　　指折り 손꼽음, 손꼽힘
指先 손가락 끝　　　　　　　指を指す 손가락질하다, 가리키다

　한편, ゆび의 짝인 한자 指의 음읽기는 し입니다.

指揮 지휘　　　　　　　　　屈指 굴지(손꼽음)
指示 지시　　　　　　　　　食指 검지
指弾 지탄　　　　　　　　　食指が動く 탐나다, 욕심이 발동하다
指摘 지적

'난세'라든가 '치세'라 하는, 왕조주의 시대적 구닥다리 말이 있습니다. 오늘날이 어느쪽에 해당할지 과거의 개념을 적용하여 판단함에는 무리가 있겠지만, 감각적으로만 생각한다면 '난세'라 하기에 부족하지 않으리라 생각합니다.

특히 경제적·사회적으로, 종신고용도 연공서열도 글로벌화의 미명 아래 숨을 거두어가고 있는 요즈음, 내일 아침에 내가 다시 이 사무실로 발걸음을 들여놓을 수 있을지 결코 장담할 수 없으니, 이것이 바로 난세가 아니고 무엇이리오! 언제 목이 달아날지도 모르는 구조조정(リストラ)의 난세!

이런 난세에 살아남는(生き残る＝いきのこる), 아니 살아 목숨을 길게 잇는(生き延びる＝いきのびる)지혜란 무엇일까요? 노자(老子＝ろうし)를 인용하자면, 화광동진(和光同塵)이란 격언으로 답할 수도 있습니다. 和光同塵이란, 어법상으로는 '光을 和하고, 塵에 同하다'입니다. 일본어로 풀이하면, 光を和らげ、塵に同じくせよ(ひかりを やわらげ、ちりに おなじく せよ)!

요즘 말로 풀이하면, 번쩍번쩍 튀려 하지 말고 부드럽게 가라앉히는 한편, 혼자 깨끗한 척 말고 먼지구덩이에 함께 어울려라! 즉 난세에 살아남기 위해서는, '개성을 발휘하되 자신의 재능을 지나치게 뽐내지 말 것이며, 높은 곳을 지향하더라도 세상의 흙먼지를 나몰라라 해서는 아니될 것이다'란 해석이 가능합니다. 화광동진(和光同塵＝わこうどうじん)을 설하는 노자의 사상은 앎(知)에 관한 그의 생각과도 통합니다.

知る者は言わず、言う者は知らず
아는 자는 말하지 않고, 말하는 자는 알지 못한다

知っていながら知らない素振り、それが最上
알고 있으면서도 모르는 척, 그것이 최상

知りもせぬのに知ったふり、それは最低
알지도 못하면서 아는 척 하기, 그것은 최하

　　그런데 한국인에게 노자보다 좀더 친근하게 다가오는 설교는 아무래도 공자(孔子=こうし)입니다. 앎(知)에 관한 대표적인 그의 주장은,

知るを知るとし、知らぬを知らぬとするのが、知るである!
앎을 안다 하고, 모름을 모른다 함이 곧 앎이니라!

그렇고 그러한 知의 훈읽기는 しる입니다!

知らせ 알림　　　　　　　　　知らぬが仏 모르는 게 약

知ったかぶり 아는 체 함　　　知らぬ顔 시치미 뗀 얼굴(＝そ知らぬ顔)

知らん振り 모르는 체함　　　　知らず知らず 모르는 사이에, 부지불식간에

知らぬ顔の半兵衛 딱 잡아뗌, 일체 모르는 체함

敵を知り己を知れば、百戦危うからず 지피지기이면 백전불태(百戰不殆)

一を聞いて十を知る 하나를 들어 열을 알다

知의 음읽기는 ち입니다!

知識 지식　　　　　　　　　　通知 통지

知覚 지각　　　　　　　　　　察知 알아챔, 찰지

知名度 지명도　　　　　　　　熟知 숙지

p.s.

현대 일본어에서는 보통, 지혜(智慧)를 知恵(ちえ)로 씁니다. 지혜의 智와 앎의 知는 분명 다르지만, 대용(代用)한자라 하여, 지혜의 智 대신에 知를 쓰는 것입니다. 智가 '인격과 관련된 철학적 지식'으로서 知의 한 종류에 해당한다 치고, 현대 일본어에서의 智와 知의 혼동을 이해해줍시다!

남북정상회담과 관련한 대북송금 문제로 시끄러운 가운데, 특히 거론된 돈의 규모도 놀랍습니다. 복잡하고 미묘한 사정은 그렇다 치고, 정상회담도 돈에 의해 성립됐다는 것은 사실인 것 같습니다.

다음과 같은 일본어가 있습니다.

地獄の沙汰も金次第

돈이란 이승은 물론이거니와 저승에서조차 위력을 발휘할 수 있다는 말입니다. 지옥에서도 힘쓰는 돈이 이승에서 정말 못할 일이 있을까 싶기도 합니다. 뜬세상의 탐욕이 난무하는 요즘 세상에서 돈은 아무리 많아도 모자라, 바로 그 염라대왕에게라도 빚을 내고 싶을 지경인 사람들도 있을 것입니다.

예문에서는 次第(しだい)란 말이 '~나름, ~하기 달려 있음'이란 뜻이 됩니다. 이처럼 次第가 접미어로서 사용되는 경우는 크게, 명사 꼬리에 붙는 경우와 동사의 연용형에 붙는 경우로 나눌 수 있습니다.

먼저, 명사에 붙는 용례들.

選挙での当落は金次第　선거에서의 당락은 돈 나름

男の出世は妻の内助次第　남자의 출세는 아내의 내조 나름

勝ち負けは腕次第　이기고 짐은 실력나름

回復の速度は体力次第　회복 속도는 체력에 달려 있음

日本語の上達如何はあなたの努力次第　일본어 숙달여부는 당신의 노력 나름

다음, 동사의 연용형에 붙여쓰는 경우들. 이 경우는, 그 동작이 '끝나는 대

로 바로'란 의미가 됩니다.

調査が終わり次第 結果を発表する

조사가 끝나는 대로 바로 결과를 발표한다

証拠が確保され次第 犯人を逮捕する予定です

증거가 확보되는 대로 범인을 체포할 예정입니다

許可が下り次第 事業に着手するつもりだ

허가가 떨어지는 대로 바로 사업에 착수할 생각이다

번번이 시끄러운 신사참배

여러 가지 문제로 시끄러운 한일관계에, 일본국 총리대신의 신사참배 문제도 큰 몫을 차지합니다. 대개의 한국인은 매스컴을 통해 관련 뉴스를 많이 접하지만, '총리의 신사참배'라는 게 무엇을 의미하는지, 그리고 한일간에 왜 문제가 되는 건지 자세히 알지는 못하는 것 같습니다.

여기서의 신사참배란, 제2차세계대전 전범(戰犯＝せんぱん)의 넋이 모셔진 동경시내 한복판의 야스쿠니 신사(靖国神社)라는 신사에 참배함을 가리킵니다. 그러니까 문제시되는 총리의 신사참배라 함은 일본국의 정치 수장(首長)인 내각 총리대신이 공식 또는 비공식으로 이차대전의 종전기념일(8월 15일)에 즈음하여 야스쿠니 신사에 참배함을 일컫습니다. 요즘은 일부러 종전기념일을 피하는 경우도 왕왕 있습니다.

さて, 참배(参拝＝さんぱい)란 '가서(参る) 절하다(拝む)'는 뜻입니다. 여기서의 参(まい)る는 '가다'라는 뜻이되 사찰이나 신사 또는 궁궐 등 존귀한 곳으로 향하여 감을 가리킵니다. 보다 넓게 현대 일본어에서는 '가다'나 '오다'의 겸양어로서 매우 점잖거나 은근한 표현이 됩니다. 음읽기로는 さん, 훈읽기로는 まいる인 参이 '가다'라는 의미로 사용된 몇몇 용례를 살펴봅니다.

じ さん
持参 지참, 가지고 가기

はかまい
墓参り 무덤가기, 성묘

さんどう
参道 (사찰이나 신사로)가는 길

さんじょう
参上 높은 곳에 가기, 즉 찾아뵙기

한편, 한국어와 마찬가지로 '신참이다', '고참이다' 하는 말도 있습니다. 요즘 일본어로 잘 쓰이는 말은 아니지만, しんざん(新参), こさん(古参)이라 합니다. 다음 말들은 한국어나 일본어에 공통됩니다.

さんせん
参戦 참전

さん か
参加 참가

参考(さんこう) 참고

参照(さんしょう) 참조

まいる(参る)는 '질리다', '손들다'는 뜻이 있어

暑(あつ)さに参(まい)る　더위에 질리다　　　参(まい)りました　졌습니다, 손들었습니다

같은 종류의 용례로,

降参(こうさん)　항복

さて, 일본어로 당근을 にんじん이라고 합니다만, 이것을 한자로는 人参이라 씁니다. 특히, 朝鮮人参(ちょうせんにんじん)이라고 하면 한국의 당근이 아니고 인삼을 가리킵니다. 이 경우 参은 한국어에서 쓰이는 蔘과 통하는 것으로 이해해야 합니다.

p.s.

참고로, 한국이나 미국에는 이른바 국립묘지, 말그대로 '나라가 세운 무덤'이 있습니다. 그러나 야스쿠니 신사는 국립도 아니거니와 묘지가 아니고 신위(神位)를 모신 사당이라는 점에서도 국립묘지와 다릅니다. 한편, 이 신사는 1869년에 창건된 것으로, 막부말기의 내란에서 제2차세계대전에 이르기까지 전몰자들의 제사를 함께 지내고 있습니다. 아울러, 1978년부터 도오죠 히데키(東条英機) 등 이른바 A급 전범들이 합사(合祀=ごうし)돼 있습니다. 그런데 일본국 수뇌가 이곳 신사를 참배하는 것에 관해서는 무엇보다도 일본국내에서 국론이 통일돼 있지 않습니다.

だじゃれ

시시하다 깬다 하면서도 일본인들은 여전히 *だじゃれ*라는 말놀이를 즐깁니다.

몇 해 전의 베스트셀러 가운데 『다쟈레 연습장[ダジャレ練習帳(れんしゅうちょう)]』이라는 게 있습니다. 저자는 20세기에 태어나고 동경대학을 졸업한 것으로 추정되는(?), 그 이름도 '다지야 레이(多治家 礼)'라는 사람입니다. 다양한 말엇걸기(だじゃれ) 놀이가, 사생활편, 비즈니스편, 학교생활편, 그리고 관혼상제편으로 나뉘고 다시 여러 상황별로 소개돼 있습니다.

*だじゃれ*를 즐기기 위해서는 일본어에 대한 상당한 감각과 소양을 필요로 합니다만, 비교적 쉬운 것들을 중심으로 추려보겠습니다. 일본어 읽기(발음)에 유의해서 관찰해보시기 바랍니다.

1. 여름철 중국집(中華屋＝ちゅうかや)에서

   ひやし中華、まだひやし中か 중화냉면, 아직 차게 하는 중인가?

2. 한식집(やきにく屋)에서
   サンチュとって，サンチューベリマッチ
   상추 좀 집어줘. 상츄 베리 맛치(상츄는 고맙다의 생큐와 닮았습니다)

3. 칵테일 바에서
   スコッチを'スコッチ'だけ下さい 스카치를 조금만 주세요!
   ('조금'은 본래 すこし라고 말해야겠지만……)

4. 횟집(すし屋)에서
   そのタイを食べ'たい' 그 도미가 먹고 싶은데

5. 뉴욕으로의 여행

   ニューヨーク行って入浴したい 뉴욕에 가서 입욕하고 싶어(뉴욕의 온천?)

6. 영화 보러 갑시다

洋画には用がない、邦画の方がいいなあ
외국영화에는 일없어, 국산영화쪽이 좋은데

7. 러브호텔(ラブホテル) 앞에서

ホテルに入るときは顔が火照る 호텔에 들어갈 때는 얼굴이 달아오른다

8. 이발소(床屋＝とこや)에 다녀오는 길
カットしたらすかっとした 커트했더니 상쾌하네

9. 남편도 가사를 거들어야 한다

料理と洗濯なら、洗濯を選択します 요리와 세탁이라면 세탁을 선택하겠습니다

10. 구조조정의 험한 세상에

欠伸しただけであ、くび? 하품한 것만으로 아, 모가지?

이런 것들이 말하자면 だじゃれ입니다. 일본인은 だじゃれ를 다 잘해!

한국에서도 일부 개그맨들이, 말하자면 이런 류의 말놀이에 열심입니다. 한국어에 견주어 음절수가 적고 단순해서인지, 일찍이 말놀이를 즐겨서인지, 일본에서는 이 같은 だじゃれ(駄洒落)가 일반 대중의 일상생활에서 폭넓게 발견됩니다.

입추에 이어 8월 하순에 찾아오는 절기가 처서(處暑)입니다. 더위가 누그러지고 그 해 처음으로 선선함이 찾아들기 시작한다는 때입니다. 천문학적으로는 태양이 황경 150도에 걸칠 무렵입니다. 일본어로는 処暑(しょしょ)라고 씁니다. 여기서의 処는 동사로서, '가라앉히다(おちつかせる)' 또는 '다스리다(おさめる)'로 풀이됩니다. 그러나 이러한 풀이는 한문투의 말로서 특수한 경우입니다.

　処는 훈읽기하여 ところ, 음읽기로는 しょ입니다. 음읽기의 処(しょ)에 する를 붙여 処する라고 하면, 문어적으로 '대처하다', '처리하다' 따위의 뜻이 됩니다.

ことしょ
事を処する 일을 처리하다

しけいしょ
死刑に処する 사형에 처하다

なんきょくしょ
難局に処する 난국에 대처하다

물론 しょ로 읽는 성어들도 많습니다.

しょせい
処世 처세

しょり
処理 처리

しょほう
処方 처방

しょけい
処刑 처형

しょぶん
処分 처분

たいしょ
対処 대처

しょしょ
諸処 여러 장소

しゅっしょ
出処 출처

　그렇다면, 처녀(処女＝しょじょ)의 処는? 옥편을 펼치면 이것은 '시집 안 가고 집에 있는'이라고 풀이되어 있습니다.

　さて, 処를 장소라는 뜻의 ところ로 훈읽기하는 경우를 살펴봅시다. 일본의 길거리를 지나다 보면, 메밀국수집의 처마밑에 蕎麦処라고 쓰여 있는 것을 볼 수 있습니다. 대부분 흘려 쓴 글씨체라서, 가뜩이나 한자에 익숙지 않은 한국인으로서는 사실 알아보기 어렵습니다. 蕎麦処의 蕎麦은 そば라고 읽고, 이어서 処(ところ)는 탁음화하여 どころ라고 읽습니다. 즉 そばどころ인 것입니다. 이 말은 또한 そば의 명산지를 일컫는 말로도 쓰입니다.

信濃は日本一の蕎麦処 시나노(=지금의 나가노)는 일본제일의 소바 명산지

요즘은 한자 대신 훨씬 쉬운 히라가나로 そば라고 널리 쓰지만, 여전히 蕎麦라는 알아보기 힘든 한자가 병용되는 게 보통입니다. そば 가운데 가장 단순한 것은 국물을 치기만(かける) 했을 뿐, 아무 건더기도 안 들어 있는 かけそば입니다. 여기에 튀김(てんぷら=天婦羅)을 추가하면 てんぷらそば가 되고, 튀김 중에서도 오징어튀김(いかてんぷら)이 들어가면 いかてん(いか天)そば가 됩니다. 달덩이 같은 달걀노른자를 얹으면 달맞이(つきみ=月見)そば.

한국에서는 메밀국수라 하면 보통 일본의 ざるそば를 가리키는데, ざる(소쿠리, 대발)에 そば를 담고 구운 김을 썰어 얹어 나오는 게 전형입니다. 물론 국물(つゆ)은 따로입니다. てんぷら가 곁들여진 ざるそば라면 줄여서 てんざるそば, 더 줄여서 그저 てんざる라고도 합니다.

蕎麦処와 더불어 곧잘 눈에 띄는 것으로, '밥 먹는 곳', 즉 식당이란 뜻의 食事処가 있습니다. しょくじどころ라고 읽습니다. 일본에서 부딪히는 한자말들은 마치 콜럼버스의 달걀과도 같아, 현지인에게 듣거나 히라가나 쓰는 방법을 정확히 알기 전까지는 좌우간 당혹스럽습니다.

세계 제일을 세계일(世界一 = せかいいち)로 줄이는 일본어. 그런가 하면 세계 최초를 '세계초'로 줄이기도 합니다.

世界最初(せかいさいしょ) → 世界初 (せかいはつ)

생각해보면, 세계에서 가장 처음이나, '가장'을 뺀 그냥 처음이나 의미상으론 다를 바 없습니다. 다만, 주의할 것은 최(最)가 빠진 世界初에서의 初는 훈읽기로 바뀌어 せかいはつ입니다.

물론 세계 최초뿐만 아니라 일본 최초도 있고 업계 최초도 있습니다.

世界初の800万画素のデジカメ 세계 최초의 800만 화소 디지털 카메라

日本初のオンライン株取引専門の証券会社
일본 최초의 온라인 주식 거래 전문의 증권회사

日本初のTVアニメは鉄腕アトム 일본 최초의 TV 애니메이션은 〈무쇠팔 아톰〉
(우주소년 아톰)

インターネット業界初の大型合併 인터넷 업계 최초의 대형 합병

처음이라는 의미의 初는 이상과 같은 독특한 용법 외에, 다음과 같이 접두어로 사용되기도 합니다.

初恋 첫사랑　　　　　　　初詣で 첫 참배

初日の出 첫 해돋이　　　　初舞台 첫 무대

初ガツオ 철 초기에 잡아 올린 첫 가다랭이

처음이라는 부사 はじめて는 初めて로 씁니다.
한편, 初의 음읽기는 しょ입니다.

しょにち
初日 첫날

しょたいけん
初体験 첫 체험

しょか
初夏 초여름

しょたいめん
初対面 첫 대면

しょしんしゃ
初心者 초보자

p.s.

처음(初)과 시작(始)은 서로 통합니다. 그러나 그 사용은 구별되므로, 본문 중의 '처음' 또는 '처음으로' 같은 경우에는 初めて로 써야 합니다. 初는 동사로 사용되지 않습니다.

아랍 속담에 이런 말이 있습니다.

植えた草木は君を助ける 심은 풀·나무는 그대를 돕는다
育てた人間は君を追い出す 키운 인간은 그대를 몰아낸다

'사람을 키운다' 즉 인재양성이다 후진양성이다 하는 말을 곧잘 듣습니다만, 적지 않은 경우 사람 키우기가 자신이 목을 죄는 호랑이 새끼 키우기 꼴이 되는 것도 사실입니다. 앞의 아랍 속담은, 사람을 키우느니 차라리 풀 한 포기, 나무 한 그루 심는 게 낫다는 말로 이해할 수 있습니다. 인간 세상에서 배반(うらぎり)이란 오히려 자연스런 생리의 하나일지도 모릅니다.

앞 예문에서 '몰아내다'로 옮긴 追い出す(おいだす)의 追う에 관해 생각해봅니다. '뒤따르다', '몰다', '쫓다'는 뜻의 おう를 한자 追와 짝짓기하여, 追う로 쓰는 것입니다.

追い上げる 거의 따라잡다　　　追い越す 앞지르다
追い付く 따라붙다　　　　　　追い出す 몰아내다
追い込む 몰아붙이다　　　　　追い払う 쫓아내다

'앞지르다'의 追い越す는 한국어에서 '추월'이라는 말로 사용되고 있습니다. 한편, 追의 음읽기는 つい입니다. 음읽기하는 경우를 보겠습니다.

追撃 추격　　　　　　　　　追徴 추징
追跡 추적　　　　　　　　　急追 급추(급속히 뒤쫓음)

もうつい
猛追 맹추(맹렬히 뒤쫓음)

한자를 국어 생활을 위한 필수로 인식하는 일본에서는 한자의 어려움을 조금이라도 덜어보려는 노력의 일환으로 약자를 만들어 쓰고 있습니다. 약자 만들기에도 몇 가지 기본적인 법칙이 있지만, 출발점은 일단 획수를 줄여보자는 것입니다. 그런 가운데, 많이도 아니고 겨우 점 하나를 생략하는 경우가 몇몇 있습니다.

'냄새'라는 뜻의 臭도 그 중의 하나입니다. 바른 글자는 '스스로 자(自)' 밑에 '개 견(犬)'인데, '개 견'의 어깨 획을 떼어 버리고 큰 대(大)자를 쓰고 있습니다. 뜻글자로서의 한자가 지니는 속성이 과감히 무시된 예인 것입니다. 달리 말하면, 획수 줄이기의 필요가 절실했고, 이 원칙에 따르려는 과정에서 다소의 무리나 희생을 무릅쓴 결과라고 볼 수 있습니다.

일본어에서는 형용사로서 '나쁜 냄새 나다'는 뜻의 くさい란 말을 표기할 때 보통 臭い라고 씁니다. 갖가지 나쁜 냄새를 싸잡아 가리키는 것으로, 물론 대소변의 '구리다'나 '지리다'에 대해서도 이 말을 사용할 수 있습니다. 고약한 냄새에서 출발하면, '의심스럽다', '수상쩍다'는 뜻으로 연장될 수 있습니다. 때로 시각적 효과를 확실히 하고자, 소설 같은 데서 구태여 悪臭い(=くさい)라고 쓰는 경우도 간혹 발견됩니다. 유의할 점은, 냄새라는 명사는 におい라고 하는데, 이것을 臭い로 쓰기도 합니다.

나쁜 냄새나 수상쩍은 것, 어떤 색채가 좀 지나쳐 눈에 거슬리는 것 등을 폭넓게 총칭하다 보니, 그 실체에 접근하기 위해 구체적인 사물을 이고 다니는 경우가 많습니다. 바꿔 말해, くさい는 접미어적으로 널리 사용됩니다. 이를테면 고약한 냄새라 해도 다음과 같이 여러 표현이 있습니다.

ガス臭い 가스 냄새　　　　　にんにく臭い 마늘 냄새

しょんべん臭い 소변 냄새

한국인을 싫어하는 일본이라면 한국인을 가리켜 キムチ臭い, 그렇다면 그 반대는 たくあん臭い일까요? 이밖에 어떤 악취가 있을까요?

生臭(なまぐさ)い 비린내 나다.　　かび臭(くさ)い 곰팡이 냄새가 나다.

焦(こ)げ臭(くさ)い 타는 냄새가 난다.　　タバコ臭(くさ)い 담배 냄새 나다

酒(さけ)臭(くさ)い 술 냄새가 나다(또 술이야)　　ペンキ臭(くさ)い 페인트 냄새가 나다

バター臭(くさ)い 버터 냄새가 나다(미국물 좀 먹었나……)

한편, '의심스럽다', '수상쩍다', '짜고 치는 것 같다', '색깔이나 경향이 짙다' 등의 뜻이라도 어떤 사정인지에 따라 여러 가지 경우가 있습니다.

古(ふる)臭(くさ)い 낡아빠졌다, 너무 진부하다　　胡散(うさん)臭(くさ)い 수상쩍다

ケチ臭(くさ)い 너무 인색하다　　うそ臭(くさ)い 거짓말 같다

面倒(めんど(う))臭(くさ)い 매우 귀찮다　　犯罪(はんざい)臭(くさ)い 범죄 냄새가 나다.

役人(やくにん)臭(くさ)い 너무 공무원 같은 태도이다

臭의 음읽기는 しゅう로, 다음 단어들을 보면 한국어와도 다들 통합니다.

悪臭(あくしゅう) 악취　　消臭(しょうしゅう) 소취

無臭(むしゅう) 무취　　体臭(たいしゅう) 체취

脱臭(だっしゅう) 탈취　　異臭(いしゅう) 이취(색다른 냄새)

さて, 미국에서의 동시다발 테러를 계기로 '테러방지법'이라는 수상쩍은 (胡散臭い) 법을 마련한 일본, 요리조리 온갖 말꾸밈을 구사하면서 필경 자위대를 해외에 파병하려는 눈치가 역력합니다. 국내외의 여론을 쓰다듬고 다

지면서 착실히, 제2차세계대전에서 패전국에게 강요된 행동 제약의 틀을
빈 껍데기로 만들고자 하는 것이라 생각됩니다. 자라 보고 놀란 가슴 솥뚜
껑 보고 놀란다고, 한국이나 중국 또는 기타 동아시아 각국이, 고이즈미가
무슨 입발림말을 한들 자라목 드나드는 꼴을 떠올리지 않을 수 없습니다.
　일본어에도 비슷한 속담으로

　　羹に懲りて膾を吹く 뜨거운 탕에 질려 생선회를 후후 불어 먹는다

이런 말까지 있으면서, 이웃나라들의 우려를 아는지 모르는지…….
　キナ臭い(화약 냄새 나는) 인도양으로 향하는 일본의 해상자위대는 아무래
도 うさん臭い(수상해)!

한 문장 속의 두 가지 읽기

주지하시다시피 일본어에서는, 한자 하나에 기본적으로 훈읽기와 음읽기가 한 가지씩, 그것도 모자라 두 가지가 넘는 경우도 허다합니다. 가히 뇌세포에 경련을 일으키기에 충분하다 아니할 수 없습니다. 그러나 공포로 생각하다가는 경련의 주기와 진폭만이 더 악화될 따름. 어떻게든 유흥이나 쾌락의 엔돌핀으로 바꾸도록 해야 합니다!

　관용구 하나에 놀랍게도 아니 즐겁게도, 훈읽기와 음읽기가 모두 나타나는 이런 경우를 아십니까?

　（十）十人十色　십인십색

　（目）傍目八目　훈수꾼이 여덟 수나 내다본다

　（蛇）蛇の道は蛇　뱀이 다니는 길은 뱀이 안다, 과부사정 홀아비가 안다

　（縁）縁も縁もない　(아무런) 인연도 연고도 없다

　（船）船頭多くして船山に登る　사공이 많으면 배가 산으로 간다

　어떻습니까, 이런 것이야말로 일석이조의 학습법이라 할 수 있지 않을까요? 내친김에 응용도 한번 해보시죠.

　歯科で歯を抜く　치과에서 이를 빼다

　水っぽい水ギョ－ザ　물기 많은 물만두

일본 문화를 묘사하는 표현은 여러 가지가 있지만, 그 하나에 '오모이야리(おもいやり)의 문화'라는 게 있습니다. 이 おもいやり란 일본인의 심적(心的) 경향을 설명하는 대표적인 키워드의 하나인데, 남의 아픔을 그대로 자신의 아픔으로 느끼기(他人の痛みを そのまま 自らの痛みとして 感じること), 남에 대한 지나칠 정도의 배려(他人に対する 余計なまでの 配慮) 등으로 풀이됩니다.

긍정적으로 보면 '폐를 안 끼치려는 정도를 넘어 타인의 심정을 최대한 살펴 존중하려는 자세'로 볼 수 있거니와, 부정적으로는 '자기 주장을 내세울 만큼 강한 자아를 갖지 못하는 것'으로 해석할 수도 있습니다. 그런데 일상생활 속에 드러나는 일본인의 おもいやり의 현장은 한국인에게는 당혹스런 문화적 이질감으로 다가서는 경우가 적지 않습니다.

이를테면, 몹시 슬픈 일을 당했을 경우. 한국인이라면 통곡과 절규, 즉 온몸으로 슬픔을 나타내고 호소하는 자세이지만, 일본인은 적어도 남에 눈 앞에서는 극력 슬픔의 표현을 자제하는 게 보통입니다. 오늘날 이런 경향이 어느 경우에나 뚜렷하다고는 할 수 없겠지만, 희로애락의 표현에 있어서 일본인은 지나치다 싶을 만큼 냉정함과 절제의 경향을 지닙니다.

이런 절제된 표현의 바탕에는 '부끄러움'이라는 의식이 뿌리 깊게 자리잡고 있다 하여, 한편으로 일본문화를 '부끄러움의 문화(恥の文化＝はじのぶんか)'라고도 말합니다. 부끄러움을 바탕으로 한 엄격한 자기반성과 타인에 대한 배려, 이것을 암묵의 약속으로 하는 일상의 인간관계인 만큼, 이런 관습이 무시되는 경우 일본인들은 걷잡을 수 없는 당혹과 더불어 예기치 못할 행동에 나설 수도 있습니다. 슬픔과 더불어 분노의 표현도 서투르다고 했을 때, 자신의 수치심을 건드리는 언행에 부딪힌 일본인은 광기(狂気＝きょうき)를 발산할 수도 있습니다.

부끄러울 恥의 훈읽기는 はじ, 음읽기는 ち입니다.

恥 부끄러움, 수치

恥じらい 부끄러움

恥ずかしい 부끄럽다

恥じる 부끄러워하다

恥を掻く 창피를 당하다

赤恥 심한 수치

恥じを掻かせる 창피를 주다

恥じを知れ 부끄러운 줄 알아라

恥知らず 부끄러운 줄 모름, 몰염치

恥も外聞もない 부끄러울 것도 체면 따질 것도 없다

음읽기(ち)는 다음과 같은 경우들입니다.

恥辱 치욕

羞恥 수치

恥骨 치골

破廉恥 파렴치

聞くは一時の恥じ、聞かざる末代の恥じ
묻는 것은 한 때의 수치, 묻지 않는 것은 일생의 수치

개항한 새로운 하늘의 관문 인천공항에 한때 '들치기' 경보가 발령된 적이 있습니다. 체크인에서 탑승에 이르기까지 당신의 소중한 여행가방을 한시도 몸에서 떼어놓지 않을 수 있을까요? 잠시 당신의 손을 떠나 있는 사이, 그 여행가방이 슬그머니 그러나 아예 사라져 버리는 일. 생각해보면, 바쁘고 들뜬 여행객으로 붐비는 공항이라면 그 같은 사건에 안성맞춤입니다.

　체크인을 위해 줄 설 때, 스낵바에서 커피 한 잔 할 때, 화장실에 들를 때, 환전소나 기념품점에서, 당신의 가방을 손에서 떠나지 않게 하라! 바닥에 '놓지' 마라, 당신의 가방을!

　내려놓은 짐을 슬쩍하는 것, 즉 '들치기'를 일컫는 일본어는 おきびき(置き引き)입니다. 앞부분 おき의 동사 원형 おく란 '놓다', '두다'란 말입니다. 뒤쪽의 ひく(引く)는 매우 넓은 개념에 걸치는 말인데, 사전적으로 '훔치다', '슬쩍하다'라는 뜻도 있습니다. 요컨대, 그 어디 놓여 있는 것을 슬그머니 들고 유유히(?) 사라지는 것이 おきびき입니다.

　이밖에도 남의 것을 실례하는 전형적인 몇몇 수법!

引っ手繰り ^ひ ^{た く} 요란하게 나꿔채 달아나는 것, 즉 '날치기'

すり 소매치기. 짐 임자에게 눈치 채이지 않게 하는 점은 おきびき와 마찬가지지만, 짐 임자의 몸에 있는 것에 도전하는 것인 만큼 좀 더 대담하다고 해야 할까.

集り ^{たか} 흉기를 들이미는 것처럼 직설적이진 않지만 음험하게 조여오는 으름짱 앞에 주눅들어 스스로 내 주머니를 털어 내놓아야 할 판.

ぽんびき 그 방면의 사정에 어두운 사람을 꼬시거나 사기쳐 돈을 우려내기. 또는 그런 짓 하는 사람

さて, 한자 치(置)로 되돌아가봅시다. 훈읽기가 おく입니다.

置き場 놓는 곳　　　　　　　置き時計 탁상시계

置き換え 바꿔놓기(한자 부분만 한국식으로 읽으면 수학시간에 많이 듣던 치환!)

置き傘 놔두는 우산(사무실 같은 데에 여분으로 놔두는 우산)

置き去り 놔두고 가버리기(おいてきぼり)

置き手紙 놔둔 편지(일 나가는 엄마가 학교에서 돌아올 철수에게 남기는 메모.
　　　　　아니면 집나간 딸이 서랍 속에 넣어둔, 엄마 아빠에게 보내는 편지)

置き土産 놓고 간 선물(헤어진 그녀가 내게 남기고 간 선물은 마음의 상처,
　　　　　태풍이 남기고 간 선물은 처참한 피해)

据え置き 놓아두기('3년거치 5년상환'의 그 '거치')

다른 전화를 받고 있습니다

걸려온 전화에서 통화중인 사람을 찾는 경우, 이쪽의 대꾸로서 적당한 것은 우선 電話中(でんわちゅう)ですが입니다. 한국어에 흔한 通話中이란 말도 쓰이지만, 電話中이 무난합니다. 여기서의 が는, 딱 잘라 말하기를 꺼리는 일본어의 생리 때문으로 이해하면 좋습니다.

　한국어로 치자면 '통화중인데요'쯤 되겠죠. 이런 표현보다 좀 정중하고 은근한 것으로, 他(ほか)の電話にでておりますが 가 있습니다. 말머리에 ただいま를 붙이면 더욱 공손한 인상입니다. '통화중인데요' 하면, 이에 응수하여 상대방으로서는, そうですか라는 헛말을 한 마디 흘리고는 이어서, それじゃ、のちほど、かけなおします(그럼, 나중에 다시 걸겠습니다) 또는 お電話、いただけますか?(전화 좀 부탁 드릴까요?).

　他의 훈읽기는 ほか입니다.

他でもない 다름이 아니다　　　あきらめる他ない 체념할 수밖에 없다
他に類例がない 달리 유례가 없다

한편, 他의 음읽기는 た입니다.

他界 타계　　　　　　　　　他聞 남이 들음, 남에게 들림
他殺 타살　　　　　　　　　他言 남에게 말함, 발설함
他薦 타천(남이 추천함)　　　　他言無用 절대로 발설하지 말 것
他律 타율　　　　　　　　　他山の石 타산지석
自他共に 자타 공히　　　　　他力本願 남에게 기대어 무엇을 바람
他聞を憚る 남의 귀에 안 들어가도록 조심하다

'그 밖'이란 뜻으로 その他(た)라는 말이 있는데, 그마저 굳이 한자로 쓰면 其の他(そのた)가 됩니다. 가운데의 の를 빼내면 한국어로 익숙한 其他(기타)라는 말이 생겨납니다. 한국어의 기타 등등 하면 일본어로는 その他いろいろ가 적당합니다.

'남'이란 뜻의 他人은 たにん으로 읽습니다. 그런데 '남의 일'이란 말의 他人事는 ひとごと라고 읽습니다. 일본어의 ひと에는 '사람'이란 뜻 말고 '남'이라는 뜻도 있거니와, 이 경우, 他人을 ひと라고 이른바 숙자훈 읽기를 하는 것입니다. 하지만 他人이 들어가더라도 다음의 경우는 たにん이라고 평범한 음읽기로 읽습니다.

他人行儀 남같이 대함　　　　　　他人資本 타인 자본

그런가 하면, 他所, 즉 다른 장소라는 말은 たしょ로 음읽기하기도 하지만, よそ라고 숙자훈으로 읽기도 합니다.

자, 다시 전화 쪽으로 돌아가서, 찾는 사람이 외출중인 경우와 자리를 잠시 비우고 있는 경우에는 다음과 같이 말합니다.

ただいま、外出中です 지금 외출중입니다

ちょっと席をはずしておりますが 잠시 자리를 비우고 있는데요

특히 외출중일 경우에는 다음과 같이 말할 수도 있습니다.

でかけておりまして、三時頃もどる予定です
외출중인데, 3시쯤 돌아올 예정입니다

전화를 끊는 상황도 가지가지지만, 그래도 끊을 때 가장 무난한 말은,

失礼します! 실례합니다

가케코미데라

싱글 어게인(single again)이란 말은 미국에서 태어난 일종의 유행어로서, 결혼했다가 이혼함으로써 독신 상태로 되돌아간 것을 가리키는 말입니다. 말하자면 '다시 독신'쯤 되는 말이겠죠. 일본어에서 독신(どくしん)은 결혼하지 아니한 상태를 일컫는 말이지만 넓게는 글자 그대로 '혼자' 또는 '홀몸'이란 뜻이기도 합니다. 이 경우라면 일본어는, 단신(單身=たんしん)이란 말이 보다 일반적입니다.

独身貴族 독신귀족: 미혼으로 있음으로써 여유롭게 생활을 즐기는 사람들

単身赴任 단신부임: 가족을 놔둔 채 혼자 임지로 감

이들은 말하자면 일본어 출신의 사자성어인데, 요즈음은 그대로 한국어로도 무리가 없어 보입니다.

독신이다가 결혼한 상태가 되면, 한국에서는 유부남, 유부녀일 테고 일본어로는 각각 妻帯者(さいたいしゃ), 人妻(ひとづま) 쯤 됩니다. 그러다가 독신으로 되돌아가면 싱글 어게인!

さて, 에도시대의 일본, 남존여비의 관습이 지배적이었던 만큼, 여자쪽에서 이혼을 주장하여 실현시키기는 아무래도 어려웠습니다. 당시의 그런 풍습 속에, 흥미로운 것으로, '인연을 끊는 절'이라는 것이 있었습니다. 이혼이란 말 대신 이연(離縁=りえん)이란 말이 쓰이던 시절. 남자 쪽에서는 三行半(みくだりはん, 세 줄 반)이라 속칭되던 짤막한 이연장(離縁状=りえんじょう)을 집어 던지면 되었지만, 여자쪽에서는 남자로부터 벗어나기가 제도상 또 관습상 쉽지 않았던 모양입니다.

그런데 지긋지긋한 남편으로부터 벗어나기 위한 한 방편으로서 당시 사회적으로 묵인되던 관행의 하나에, 이를테면 かけこみ(달려 들어가기)가 있었답

니다. 다만, 달려 들어가는 장소는 반드시 지역사회에서 인정된 절(てら)이어야 했는데, 이런 절을 かけこみ寺(かけこみでら) 라고 부릅니다. 인연을 끊는다 하여 縁切り寺(えんきりでら)라고도 합니다. かけこみでら로서는 가마쿠라의 東慶寺(とうけいじ)가 유명합니다. 비구니의 사찰(尼寺=あまでら)로 잘 알려진 곳입니다.

남편의 눈을 속이고, 이제 속세의 인연을 끊을 수밖에 없다 작심하고 집을 나서 かけこみでら로 향하는 어느 여인. 아내의 거동을 수상쩍게 여기던 남편이, 어느 새벽 아내의 줄행랑을 알아채고 뒤쫓습니다. '가케코미데라'로 달아났을 거야. 달아나는 아내, 필사의 잰걸음으로 이윽고 저만치 절이 보이는 곳까지 다다랐습니다. 그런데 이게 웬일, 지겨운 남편이 어떻게 알았는지 뒤를 쫓아오고 있는 게 아닙니까! 두 사람의 간격은 차츰 좁혀지고…… 山門(절의 입구)이 눈앞에 닥쳤습니다. 이때 그 여인, 힘차게 신발짝을 벗어 산문을 향해 내던지고, 그 신발짝은 보기 좋게 산문 안으로 골인! 그녀는 가케코미에 성공했습니다!

약자를 편들려는 눈물어린 저항의 결과인지, かけこみ는 몸 대신 던져진 신발이 세이프 하는 것으로도 인정되었다고 합니다. 좀 믿거나 말거나 풍이긴 하지만 그래도 로맨틱합니다. 이웃나라의 얘기지만 정말 아득한 옛날이야기 같습니다. 요즘 같으면 거꾸로, 남자들이 구두짝 던지기를 평소에 연습해야 할지도 모르는 세상. 이연(이혼)하면 일단 과부나 홀아비가 됩니다. 과부와 홀아비의 기막힌 차이.

女やもめに花が咲く、男やもめに蛆が湧く
과부에게는 꽃이 피고, 홀아비에겐 구더기 끓는다

근래의 신조어 가운데, 宅飲み(たくのみ)라는 말이 있습니다. 글자를 보아 짐작할 수 있듯이, '집에서 (술)마시기' 입니다. 뭐, 별스런 말도 아닌 것 같습니다만, 새로운 유행을 설명하는 새로운 말로 여겨지고 있습니다. 주로 젊은 이들 사이에서, 거리의 그 흔한 술집에서가 아닌 친구 집에서 모여 마시는 풍습(?)을 가리키는 말입니다.

　'집에서 마시기'의 집을 家가 아닌 宅을 쓰고 있습니다. 이것은 자기 집을 가리키는 自宅을 줄인 것으로 이해됩니다. 일본어에서는, 근무처가 아닌 자기가 사는 집이란 뜻으로, 자택이란 말이 한국어보다 널리 사용되는 경향이 있습니다. 명함 따위에서도, 자택이라 표시하고, 주소나 전화번호를 적는 경우도 많습니다.

　이처럼 자택을 원래 말로 하여 '택'으로 줄여쓰는 경우로서, 宅配(たくはい)라는 말이 있습니다. 自宅(으로의) 配達이 줄여진 말입니다. 상용한자로서의 宅은 たく라는 음읽기만 있으며, 훈읽기는 없습니다. 한국어에서 쓰는 택(宅)과 의미상으로는 차이가 없습니다.

宅地 택지 (たくち)	住宅 주택 (じゅうたく)
宅配 택배 (たくはい)	私宅 사택 (개인집) (したく)
自宅 자택 (じたく)	田中宅 다나카 댁, 다나카 씨의 집 (たなかたく)
邸宅 저택 (ていたく)	

　그런데 택(宅)은 한국어에서는 댁으로도 읽습니다. 이렇게 읽으면 주로 아줌마들의 출신지에 붙여, 어디 (출신의) 아줌마라고 말하는 용법이 됩니다. 또 2인칭으로서의 용법도 있습니다. 이 역시 중년 이후의 아줌마들에게서 발견되는 용법입니다. 재미있게도 일본에서도 たく가 2인칭으로 사용됩니

다. 통상은 お를 얹어 おたく 라고 말하는데, 실생활에서의 사용범위나 빈도
는 한국어보다 다소 넓습니다.

　일본어의 이 말은 특히 묘하게 출세하기도 했는데, 매니아라는 뜻의 오타
쿠(おたく)가 바로 그것입니다. 방구석에 처박혀 바깥과는 담 쌓고 무언가에
열중하는 젊은이들이, 다른 사람과의 대화에도 서툴러, 상대를 가리켜 おた
く, おたく 라고 아줌마처럼 2인칭을 사용하는 데서 비롯하는 것입니다.

　　おたく! 宅飲みしますか? 여보시오, 집에서 술 마십니까?

어느 때였던가. 한국에서 '주문 식단제'라는 말이 유행하던 시절이 있었습니다. '순두부백반'이라 해도, 순두부찌개와 백반으로 그치는 게 아니고, 곳에 따라 많으면 여남은 가지의 반찬이 딸리기도 합니다. 하지만 당연히, 그어느것 하나 원가 계산에 포함되지 않을 수 없는 것이죠. 그렇다고 차려진것을 남김 없이 다 먹는 것도 아니고……'음식문화이니까' 라고 하면 그 뿐이겠으나, 이만저만 낭비가 아닙니다.

순두부찌개와 밥 한 그릇만 딱 기본으로 하고, 나머지 반찬은 별도로 주문하기, 말하자면 이것이 주문 식단제인데 결국 토착문화의 텃세에 밀려 흐지부지되고 말았습니다. 값이 비싼 생갈비정식쯤 되면 상차림은 거의 뷔페 수준으로 요란뻑적지근해지게 마련입니다.

한편, 일본인들의 점심 메뉴로 인기를 누리는, 예컨대 생선구이 정식(燒き魚定食＝やきざかな ていしょく)은 생선구이와 밥 그리고 국물(보통은 장국＝みそしる), 이게 다입니다. 간혹 단무지가 따라붙는다 해도 두세 쪽이 고작이고 그것도 차마 더 달라는 말은 할 수 없습니다. 이러니 일본을 여행하는 한국인들이 배고프지 않을 수 없겠지요.

과연 그런 상차림의 관습과 연관이 있는 것인지 어떤지, 일본인들은 はらはちぶ(腹八分＝뱃속 80%)라는 말을 즐겨씁니다. 배불리(滿腹＝まんぷく) 먹지말고 20% 정도 모자라게 먹어야 건강에 좋다는 말입니다. 정말 이런 격언을 힘써 행한 덕에, 남녀 모두 세계 최장수국이고 또 고령인구 비율도 세계 최고수준이 된 것일까요? 아니, 일본 제국주의가 식량을 아끼기 위해 백성을 기만하려는 술책 또는 음모였는지도 모릅니다. 실제로, 요즘 滿腹セット(배불리 세트)라는 게 일본에서 얼마나 인기 있는지 모릅니다.

그런데 왜 하필 はちぶ(八分＝80%)일까요? 영국이나 미국인들이라면 아마 3/4(75%)이라고 말했겠지요. 그건 아마 단순히, 일본인들이 여덟(八)이란 숫자를 좋아하기 때문일 것입니다. 실제로는 주로, 많음을 가리키는 숫자로

八이 즐겨 사용됩니다. 八의 음읽기는 はち, 한국어의 여덟에 해당하는 훈은 やつ(때로 やっつ)입니다.

우선 음읽기하는 것들.

八月 팔월
八百 팔백
八宝菜 팔보채
八頭身 팔등신
八方美人 팔방미인
八万地獄 팔만지옥(불교)
八紘一宇 전세계, 우주
八方塞がり 사방이 꽉 막혔음, 타개책이 없음

八ミリ映画 8밀리 영화
村八分 왕따
尺八 퉁소
四苦八苦 온갖 고생
一か八か 될 대로 되라
八方破れ 사방이 허점투성이임
腹八分 배불리 먹지 말고 80% 정도만!

はち라고 했지만, 전후 발음들과의 조화를 위해 ばち, ぱち, はっ 등, 조금씩 달라진 경우에는 유의할 필요가 있습니다. 이어서 훈읽기하는 용례들입니다.

八重 여덟 겹, 팔중
八重歯 덧니
八百屋 청과상
八千代 무궁한 세월
八百長 짬짬이(시합)
八つあたり 성질나는 대로 아무에게나 부딪치기

八幡 야와따, 야하따(지명)
八つ裂き 갈가리 찢음
七転び八起き 칠전팔기
八百万の神 수많은 신(神)들

八十八夜の別れ霜 88일째 밤의 작별 서리(입춘으로부터 88일째에 내린다는 그 해 마지막 서리)

지금은 벌써 빛바랜 듯하지만 IMF 이후 몇 년 동안, 동대문 패션타운이 국내외의 커다란 인기 장소이었습니다. 거평프레야에서 밀리오레 그리고 두타 등등 잇따라 건물이 들어서며 그 일대가 패션타운으로 발전하는 듯했습니다.

당시 호기심에 이끌려 필자도 어느 주말 밤 현장답사에 나선 적이 있습니다. 소문에 듣기로 '젊은이' 취향이라 각오는 했지만, 아무래도 아저씨에게는 좀 안 어울리는 장소라는 느낌을 받은 기억이 있습니다. '마이'도 사고 '나시'도 사며 젊은이들의 쇼핑에는 열기와 총기가 가득했습니다. 그 돈이 다 어디서 나왔을까 하는 엉뚱한 생각도 함께 해보았습니다.

나시는 소데나시(そでなし)를 줄인 것, 즉 '소매 없음'입니다. 명사화에 능한 일본어의 하나입니다. 명사란 짧으면서 의미 전달이 명쾌합니다. 명사화, 특히 고유어 활용에 인색한 한국어가 이웃 일본어에게 자칫 밀리기 쉬운 대목이기도 합니다.

마이는 일본어 마에(まえ)가 한국어식 말투로 와전된 꼴입니다. まえ는 가타마에(かたまえ) 또는 료오마에를 줄인 말입니다. 가타마에는 신사복 싱글의 저고리, 그리고 료오마에는 더블을 가리킵니다.

일본어에서 かたまえ는 片前라고 씁니다. 미국화 또는 글로벌화의 흐름에 맞추어, 다행인지 불행인지 일본식의 가다마이는 미국식말 '싱글'로 대체됐다고 생각하고 있었습니다.

그런데 이게 어찌된 일? '마이'는 건재하고 있도다! 그것도 구시대의 아저씨들 사이가 아닌, N세대들의 말로서!

かた(片)는 기본적으로, 두 개 있는 것 또는 두개가 한 세트로 되어 있는 것 가운데의 한쪽을 가리키는 말입니다. 가끔, 구석이나 한쪽끝이란 뜻으로도 사용됩니다. かた(片)에 도전해봅시다.

片足（かたあし） 한쪽 발(다리)　　　片親（かたおや） 편부모

片腕（かたうで） 한쪽 팔　　　片田舎（かたいなか） 촌구석

片目（かため） 외눈의 영웅　　　片側通行（かたがわつうこう） 일방통행

片割れ（かたわ） 한 패　　　片道切符（かたみちきっぷ） 편도 차표

片恋（かたこい） 짝사랑　　　片意地を張る（かたいじ は） 생고집 부리다

片肌脱ぐ（かたはだ ぬ） (주로 좋은 의미) 벗어부치고 거들다

片棒を担ぐ（かたぼう かつ） (주로 나쁜 짓) 한몫 거들다

片手落ちの判定（かた て お はんてい） 불공정한 판정

片時も忘れたことがない（かたとき わす） 한시도 잊은 적이 없다

p.s.

片言(かたこと)라는 말이 있는데, 조금밖에 못하는 말이란 뜻입니다.

日本語は片言しか話(はな)せない: 일본어는 조금밖에 할 줄 모른다.

테러와의 전쟁 수행을 비롯하여, 국제외교에서 웬만하면 열심히 미국의 편에 서려는 일본의 기특한 자세는 미국으로서는 마땅히 칭찬감입니다.

　칭찬은 일본어에서도 称賛(또는 賞賛＝しょうさん)이라고 합니다. 하지만 이 말은 한국어와 달리, 무겁고 문어적인 경우로 그 사용이 제한적입니다. 심부름을 잘했거나 성적이 오른 아이, 화장품을 바꾸거나 성형해서 좀 예뻐진 여자친구, 중간을 빠뜨리지 않고 제대로 복사를 해 온 부하직원 등, 일상에서의 칭찬은 평이한 구어로 ほめる라고 합니다. 이 경우에 한자로는 褒める 또는 誉める라고 씁니다.

　'褒(포)'자가 쓰이는 한국어의 용례는, 잘한다고 상 주는 포상(褒賞), 칭찬하고 꾸지람하기라는 뜻의 포폄(褒貶) 등으로 좀 어려운 한자입니다. ほめる를 좀더 강도 높게 표현하려면 복합동사적 용법을 동원합니다. 褒め上げる(ほめあげる), 褒めそやす(ほめそやす), 褒め称える(ほめたたえる), 褒めちぎる(ほめちぎる) 등등, 모두 '크게 칭찬하다'는 뜻이 됩니다. '어떤 동작을 연거푸 한다'는 보조동사 立てる(たてる)를 붙인 褒めたてる도 비슷한 뜻입니다.

　일본어에서도 褒를 음읽기하는 용례는 많지 않습니다. 어렵지만, 毀誉褒貶(きよほうへん)이라는 성어가 있습니다. 칭찬하기와 꾸짖기란 뜻이죠. 어려워 보이지만, 구어로도 곧잘 쓰이는 褒美(ほうび)란 말이 있습니다. 흔히, ご를 붙여 ご褒美라고 말하는데, 칭찬조로 주는 상을 가리킵니다. 이밖에 한국어와 마찬가지로, 칭찬 또는 칭찬하여 주는 상이란 말의 褒賞(ほうしょう)도 있습니다. 칭찬은 기본적으로 좋은 것임에 틀림없습니다.

ちょっとした手柄でも、ほめてやるのが一番！
대수롭지 않은 공적이라도 칭찬해주는 게 최고!

人をいくらほめても、ほめすぎということはない
사람을 아무리 칭찬해도 지나치는 일은 없다

사람이란 누구나 칭찬 받아 싫지 않은 법. 처음에는 겸연쩍다가 차츰 흐뭇하고 기분 좋아지지만, 그 도가 심해지거나 너무 익숙해지다 보면 이윽고 묘하게 혼란스러워질 수도 있습니다. 이런 약점을 간파하여 교묘하게 이용한 것으로, 1980년대 일본정치판에서 악명 높았던 ほめごろし(칭찬해서 죽이기)라는 희대(稀代)의 심리작전이 있었습니다. 아무개가 이만저만 잘났더라, 훌륭하더라 하는, 언뜻 듣기에 칭찬으로 일관하는 비열한 정치적 인신공격이었던 것입니다. 정치적 의의가 어찌됐건, 칭찬이라는 것이 그 정도나 표현방식에 따라 엉뚱하게 변질될 수도 있음의 좋은 사례입니다.

그런데 일본인이 일상에서 즐겨 쓰는 칭찬의 말(褒め言葉＝ほめことば)에는 이런 것들이 있습니다.

君は偉い 너 참 똑똑하다(아이들한테 건네는 상투어)

今日もきれいですね 오늘도 아름답네요!

君にはかなわないよ 너한테는 못 당해

ごもっともです 지당하십니다!

칭찬의 말이란 아슬아슬한 면이 있어, 특히 손윗사람에게는 아첨(ごますり)의 말과도 좋이 한 장(紙一重＝かみひとえ) 차이니까 要주의!

개혁을 기치로 출범한 노무현 정부는 출범 후 몇 달도 안 지나 심한 피로의 기색을 보였습니다. 혹시 노 대통령은 혼자 있을 때 입버릇처럼 "つかれた(지쳤다)!"라고 탄식하는 게 아닐까요?

　つかれる라는 말은 어떤 한자와 짝지으면 좋을까요? 바로 '피곤하다'의 피(疲)입니다! 즉, つかれる(疲れる)! 한국어의 '피곤하다'는 형용사지만 일본어의 つかれる는 동사입니다. 따라서 보통, "피곤하다!"고 말하고 싶은 경우에 "つかれた(疲れた)!"라고 과거형을 씁니다. 이 점은, '피곤하다' 대신 '지치다'를 생각하면 쉽게 이해가 될 겁니다.

　그 명사형은 つかれ인데, 다른 말의 뒤에 붙어 보조적일 경우는 づかれ로 발음이 흐려집니다.

旅疲れ 여행에 지침　　　　　　　座り疲れ 너무 오래 앉아 있어 피곤함

遊び疲れ 놀기에 지침　　　　　　しゃべりづかれ 너무 떠들어 지침

疲れが取れない 피로가 회복되지 않는다.

한편, 疲(피)의 음읽기는 ひ입니다.

疲勞 피로　　　　　　　　　　疲勞困憊 지칠대로 지침

疲弊 피폐

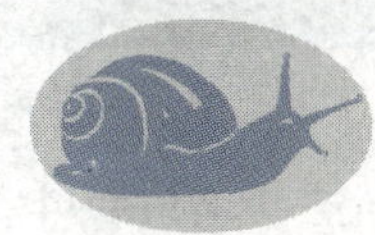

일본의 오야지

オヤジ란 본래, 남자가 자기 아버지를, 친근하고 좀 버릇없는 말투로 가리키거나 부를 때 사용하는 말입니다. 또한 좀 나이든 남자나 가게주인을 허물없이 좀 막된 말투로 일컬을 때 사용됩니다. 버릇없거나 허물없이 대하는 입장이라면, 인간미 나는 따뜻하고 매끄러운 인간관계가 연상될 수도 있지만, 요즘 세상에는 왠지, 이리저리 치이는 주눅든 아저씨들이 연상되기도 합니다.

오야지개그(おやじギャグ)라는 말이 있는데, 이 또한 썩 긍정적인 뉘앙스를 갖지 못하는 말입니다. 개그는 개그이지만, 직장과 가정에서 한층 좁아진 자리에 겨우 붙어 있는 중고년 아저씨의, 니코틴 냄새나는 썰렁한 우스개입니다. 소위 황혼이혼의 타겟이 되는 사람들도 바로 おやじ들입니다.

요즘의 일본인이 그리는 オヤジ의 모습은 이렇습니다.

· 만원전철 안에서 신문을 읽는다(満員電車の中で新聞を読む).

· 야한 잡지를 펼쳐 읽는다(エッチな雑誌を広げて読む).

· 술집에서 불평을 늘어놓는다(居酒屋で愚痴る).

· 노래방에서 자기 노래에 취한다(カラオケで自分に酔いしれる).

· 기분좋다는 듯이 콧털을 뽑는다(鼻毛を抜くのは気持ちがいい).

· 화장실이 유일한 맘 편한 장소이다(トイレが唯一落ち着ける場所だ).

· 젊은 사람들에게 설교한다(若いやつにお説教をする).

· 과거의 영광스런 자랑이야기를 늘어놓는다(過去の栄光の自慢話をする).

· 지금 다니는 회사에 오래 충실히 해왔다(今の会社に長年つくしてきた).

그 おやじ들, 얼마 전 공영 NHK 텔레비전의 '프로젝트 X'라는 프로에서 센티멘탈하고 로맨틱하게 소개되었다시피, 한때는 분명 일본경제 발전의 大역군이었는데. 그리고 가정에서는, 기계처럼 뭐처럼, 그저 돈 벌어오느라 청춘을 다 보냈을 텐데.

한국어에서 수하물(手荷物)이란 말이 어느샌가 수화물(手貨物)로 바뀌었습니다. 새삼스럽지만 다른 많은 경우와 같이, 쓰다 보니 수하물이란 말이 왠지 한국어스럽지 않았고, 알고 보니 일본어였다는 것!

　어쨌든, 수하물은 手荷物입니다. 일본어의 手荷物은 てにもつ라 읽습니다. '手(て)+荷物(にもつ)'의 합성어로서, 말하자면 '손+짐=손짐'인 셈입니다. 手는 일단 접어두고, 여기서는 짐에 해당하는 荷物(にもつ)쪽만 좀 들여다봅시다. にもつ로 읽는 荷物은 일본어의 한자읽기 방식으로 치자면, 소위 ゆとう(湯桶)식 읽기라 하여, 앞자는 훈읽기로 뒷자는 음읽기로 하는 예입니다. 뒷자인 物을 떼어낸 荷(に)만으로도 짐이란 뜻이 됩니다. '무거운 짐'이라고 하면 おもいにもつ(重い荷物)라고 말하면 되지만, 굳어진 한 낱말로는 重荷(おもに)란 말이 마련돼 있습니다.

りょうしん　　し　　　　かれ　　　おさな　おとうと　おもに
両親に死なれた彼に、幼い弟は重荷だった
부모를 여읜 그에게 어린 동생은 '무거운 짐'이었다.

にんげん　どんよく　　　　　　おもに　　　　いっしょうのが　かた
人間は貪欲という重荷から一生逃れ難い
인간은 탐욕이라는 '무거운 짐'에서 평생 벗어나기 어렵다

일본어의 말 만들기 감각으로, 짐꾸리기를 생각해보면,

　　　짐=に(荷), 꾸리기(만들기)=つくり(造り)

이들을 합치면 にづくり, 이것을 한자로 쓰면 荷造り! 한국의 이삿짐센터에서도, 지긋한 연배의 분이라면 간혹 아직도 이 말을 입에 올리곤 합니다.
　배에 실려 부두에 도착한 짐을 뭍으로 끌어올리는 것은 荷揚げ(にあげ=짐올리기). 이밖에도 다음과 같은 것들이 있습니다.

荷扱い 짐 다루기　　荷車 짐수레, 짐차

荷動き 짐 움직임, 물동　　荷主 짐 주인, 하주

荷送り 짐 보내기　　荷札 짐표

荷下ろし 짐 내리기　　積荷 쌓인 짐, 짐 쌓기

荷重 짐 무거움? 부담이나 책임이 과중함

荷足 (배의 균형잡기를 위한) 배 바닥 짐

荷役 하역, 짐 부리기, 짐 부리는 사람

打ち荷 짐 던지기, 배무게를 줄이고자 짐을 내던짐 (投げ荷, 捨て荷)

荷が重い 짐이 무겁다, 부담이나 책임이 버겁다(荷か勝つ)

肩の荷が下りる　어깨의 짐이 내리다, 책임이나 부담에서 벗어나다

　한편, 荷를 음읽기하면 か입니다. 기업이 생산한 짐(물건)을 시장에 내놓는 것은' 出荷＝しゅっか'입니다. 손님에게 팔기 위해 상점에 짐(물건)을 들여놓는 것은 '入荷＝にゅうか'입니다. 그런가 하면, 짐(물건, 상품)을 어느곳인가에 모으는 것은 '集荷＝しゅうか'입니다.

　荷에서 출발하여, 出荷, 入荷, 集荷. 이밖에도,

負荷 부하 (전기저항)　　荷重 하중

　さて, 앞서 소개한 '무거운 짐', 즉 重荷(おもに).

　오와 어가 잘 구별되지 않는 일본어로서는 한국어의 '어머니'와 おもに가 비슷한 발음입니다. 한국어의 어머니는 일본어의 おもに(무거운 짐)과 통한단 말인가? 불효막심하게도 그런 발상을! 혹시 지금의 당신에게, 설마 어머니가 おもに(重荷)는 아니겠죠!

홍진 가득한 이 세상, 욕심에 이끌리는 대로 내 위, 나보다 높은 곳만 쳐다보고 있으면 정말 아래는 안 보일 것입니다(上を向いていると、下が見えない). 그렇다고 아래만 굽어보면 앞을 살피지 못해 나아갈 수 없는 노릇입니다(下ばかり向いていると、前が見えない).

向く(むく)는 한자가 보여주는 대로 '향하다'는 뜻입니다.

上を向く 위를 향하다   前を向く 앞을 향하다

向く의 명사형은 向き입니다. '향함', '향하기' 그리고 '방향'이라는 뜻 외에, 그 연장선에서 '경향'이나 '성향' 또는 '취향', 나아가 '적성이나 궁합이 잘 맞음' 등의 뜻으로 확대하여 사용됩니다.

먼저, 어떤 향(向)들이 있는지 알아봅시다.

内向き 안으로 향함, 내향   上向き 위를 향함, 상향, 외견
外向き 밖을 향함, 외향   下向き 아래를 향함, 하향, 후퇴
南向き 남향   前向き 앞을 향함, 긍정적임, 전향
風向き 풍향, 형세, 기분   直向き 곧게 향함, 일편단심
後ろ向き 뒤를 향함, 퇴행, 퇴보, 소극적임

몇 해 전부터 한국에서 전향적(前向的)이란 말이 심심찮게 사용되고 있는데, 일본어의 前向き를 슬그머니 수입해다 쓰는 것입니다.

'경향'이나 '관심', '성향' 따위의 용례를 살펴봅시다.

風向きがかわる 형세가 바뀌다   反対の向きもある 반대 의견도 있다

見向きもしない 거들떠보지도 아니하다

付和雷同する向きがある 부화뇌동하는 경향이 있다

ご用の向きはなんでしょうか? 무슨 볼일이신지요? (매우 은근한 어법)

그리고 누구에게 또는 어디에 잘 어울리는가를 가리킬 때도 쓰입니다.

青少年向き 청소년용　　　婦人向き 부인용

中年向き 중년용　　　不向き 부적합함

おあつらえ向き 딱 어울림, 안성맞춤

さて, 이상의 용례들과 아주 동떨어진 것은 아니지만, 좀 독특한 것으로 이런 말이 있습니다.

向きになる 정색을 하고 달려들다, 화를 내다

바르고 곧게만 살아갈 수도 없는 이 세상, 때로는 거짓말도 필요한 법. 그러고 보면, 선의(善意)의 거짓말이라든가 うそも方便(ほうべん)이라는 등, 거짓말의 필요성이나 불가피성을 적당히 감싸는 표현이 있기도 합니다. 물론 요즘 세상, 거짓말을 필수요건으로 하는 직업도 없지 않습니다. 여기서 직업이란, 시장경제의 한복판에 사는 오늘의 우리로서는, "너 밥먹고 하는 일이 뭐니?" 또는 "너 뭘로 밥벌이 하니?"에 대한 답으로서 생각할 수 있습니다. "거짓말하기!"라고 스스로 답할 사람이야 없겠지만, 필자의 편견으로는 아무래도 정치가쪽이 거기에 근접해 있지 않을까 합니다. 특히 유의해야 할 점은, '정치가의 거짓말=선의의 거짓말'이라는 등식은 성립하지 않는다는 것입니다.

일본어에서 거짓말, 즉 うそ는 입 구(口)변에 빌 허(虛)자를 붙여 嘘라고 씁니다. 언뜻 듣기에 うそ 같지 아니한 이 시대 우리의 걸작(傑作=けっさく) うそ들!

노처녀: 시집 같은 것, 안 갈 거야! 嫁^{よめ}になんかいかないよ!

노인: 늙으면 빨리 죽어야지…… 老いたらはやく死^しななくちゃ……

장삿군: 이거, 밑지고 파는 겁니다 これ、損^{そん}だけどしょうがないや

당선된 국회의원: 선거자금요? 당연히 법정 한도 안에서 썼지요!
選挙資金^{せんきょしきん}だって? 当然法定枠^{とうぜんほうていわく}のなかで使^{つか}いました!

육모제 광고: 반드시 납니다 必^{かなら}ず生^はえてきますよ

수능 수석합격자: 학교공부만 충실히 했습니다
学校^{がっこう}の勉強^{べんきょう}を忠実^{ちゅうじつ}にしただけです

그러나 자신까지 속일 수는 없을 것입니다. 르윈스키와의 섹스 스캔들로

떠들썩했던 미국의 클린턴이 한때 유행시킨 말로, '부적절한 관계'라는 것
도, 거짓말과 싸우던 끝에 궁여지책으로 만들어낸 수사(修辞＝しゅうじ)일지
모릅니다!

嘘をつく 거짓말하다　　　　　　　嘘つき 거짓말쟁이

嘘から出た真 거짓말 가운데 우연히 정말이 나타남

嘘(を)つけ (구어)거짓말 하지 마

이야기책으로나마 일본사를 읽어가려는 한국인이 갑자기 크게 곤혹스러워지는 것은, 특히 가마쿠라(鎌倉)시대(1192~1333)부터입니다. 1192년 미나모토노 요리토모(源賴朝)가 당시 교토에 있던 조정(朝廷)으로부터 소위 '정이(征夷)대장군'으로 임명됨으로써, 무가정권(武家政權)인 가마쿠라幕府(ばくふ)가 공식으로 인정된 해입니다(일본은 이후, 1867년 명치유신까지 약 670여 년간 武家정권이 계속됩니다).

　한국인 독자가 혼란스러워하는 것은, 우선 일본국의 통치체제와 권력구조의 이원화 때문이라 할 수 있습니다. 그리고는 그 이원화의 한쪽으로서, 실질적인 통치권력의 중심인 막부(幕府)의 지배체계를 이해하기도 쉽지 않습니다. 그 이유는, 우리가 한국사나 중국사에 있어서, 왕조주의라는 틀 아래에 왕 또는 황제를 정점으로 하는 피라미드 식의 단순명쾌한 권력구조에 익숙해 있기 때문이라고 생각합니다.

　어쨌든 무인정권 출범 이래의 이러한 권력구조의 뿌리 깊은 전통은 현대사회로까지 면면히 이어져, 오늘날의 국제사회에서도 일본의 정치적 행태는 다른 많은 외국인의 눈에 매우 난해하고 불투명하게 비치고 있음이 사실입니다.

　K. 볼페렌이란 네덜란드인이 쓴 『일본 권력구조의 수수께끼(*The Enigma of Japanese Power*』(1990)에 이런 구절이 나타납니다.

> 一口で言えば, 日本の権力は高度の分散型で,
> 한마디로 말하면, 일본의 권력은 고도의 분산형으로,
> それゆえ 浸透力はいっそう強いにもかかわらず,
> 그런 만큼 침투력은 한층 강력함에도 불구하고
> すぐには なかなか 気づかないだけである
> 곧바로는 알아채지 못할 따름이다

에도시대 말기의 이른바 幕末(ばくまつ)기에도, 기록에 따르면, 열강 각국이 일본과의 외교 교섭을 벌이고자 했을 때, 적정한 교섭 상대가 누구인지 (이를테면, 교토의 왕실인지 아니면 동경의 도쿠가와 막부인지) 몰라 혼란스러워 했다고 합니다. 외부인에게 일본의 체계는 참으로 수수께끼 같다고 할 수 있습니다. 비약이지만, 일본어 표현에서 명확함을 꺼리는 그 자세도 애매모호한 일본의 전통적 권력시스템과 결코 무관치 않다고 생각합니다.

'분산형'의 권력구조! 일본어에서 형(型)은 간혹 형(形)과 혼용되기도 하지만, 역시 용례를 통해 익히면 이해하기 좋습니다. 型의 훈읽기는 かた인데, 다른 말의 꼬리에 붙을 경우 か가 흐려져 が로 바뀝니다.

分散型 분산형   鋳型 주형(mold)

集中型 집중형   雛型 모형, 견본, 축소형

H字型のビーム H형 빔

韓国型 여기에 '민주주의'가 붙으면 유행 지난 용어!

型의 음읽기는 けい입니다.

模型 모형   典型 전형

造型 조형, かた(型) 만들기

결혼 피로연

　외국인으로서 여러 해 동안 일본생활을 해도 일본인의 결혼식 피로연에 참가하기는 그다지 흔한 일이 아닙니다. 필자의 한 지인(知人)은 연수차 1년의 예정으로 일본에 머물렀는데, 도중 몇 달째인가에 바로 옆자리의 그 회사 직원이 결혼하게 되었답니다. 벌써 한참 친해져 있기도 하고 결혼식 날짜, 장소 등 다 알게 되어, 한국식으로 생각하여 봉투 하나 들고 당일 연회장을 찾았다가 낭패를 본 경험을 지금도 종종 씁쓸하게 되뇌곤 합니다.

　식장에 막상 도착하고 보니, 정말이지 '초대장 보자'란 말은 없었지만, 아차 이거 초대되지 아니한 사람이 피로연장에 들어갈 분위기가 아니었다는 것! 낭패와 상심의 첫째는 물론, 당일 연회장에 입장하지 못했다는 점. 둘째는 지긋지긋한 일본사람들, 그런 사정을 미리 좀 알려주지, 입 다물고 있긴……. 물론 그 사람의 경우는 여러 가지 우연이 복합된 결과일 수도 있습니다. 어쨌거나, 대부분의 경우 일본의 결혼식 피로연에는 사전에, 초대장과 더불어 참가 의사가 행사 주최측에 확인되어야 비로소 가능합니다.

お見合い 맞선	祝儀 축의금
縁談 혼담	新郎新婦 신랑신부
破談 파혼	花嫁, 花婿 신부, 신랑
相性 궁합	仲人 중매인
婚約 약혼	ハネムーン 신혼여행
結ゆい 약혼예물, 납폐(納幣)	引き出物 참석인 선물
披露宴 피로연	お色直し 신랑, 신부 옷차림 바꾸기
二次会 이차 모임(신랑신부의 친구, 동료들만 모이세요)	

내친김에 이런 말도 알아둡시다.

別居 별거

離婚 이혼

バツいち 이혼력(離婚歷) 1번

결혼 피로연장의 전형적인 자리 배치는 헤드테이블에 신랑신부와 중매인 부부 네 명이 우선 자리를 잡습니다. 주의할 점은, 신랑신부의 부모들이 헤드테이블에 앉는 게 아닙니다! 그리고 대개는, 홀에 다수의 원탁을 놓아 같은 그룹 사람들끼리 앉히되, 결혼 당사자와의 친소(親疎)관계를 반영하여 헤드테이블과의 거리가 정해집니다. 가족(공동집단의 멤버)보다는 신랑신부의 회사 사람들(이익집단의 멤버들)이 우선되는 식의 자리배치를 보면, 일본인들의 의식구조나 사회생활에서의 규범이 한국과는 사뭇 다름을 상징적으로 알 수 있습니다.

일반 서민의 피로연이라면 주최측의 예산 사정에 따라, 초대되는 참석자는 통상 5, 60명에서 100명 정도까지로 보면 됩니다. 축사(祝詞)를 의뢰받았을 경우라면, 이만저만 피곤한 일이 아니지만, 이 역시 판에 박힌 말투로 세간 일반의 그렇고 그런 내용을 준비해 가야 합니다.

한편, 결혼식 자체는 아직도 많은 경우 일본전래의 신식(神式)으로 이루어지며, 이것은 그야말로 근친(近親)만이 참석하는 게 보통입니다. 물론 요즘 신세대는, 하얀 서구식 예배당 건물이 아름다운 곳에서 식을 올리려는 사람들이 많습니다. 물론 기독교와는 아무 상관도 없지만……

전통이라면 전통이지만, 형식과 절차를 존중하는 일본인의 습관과 관행은 한국인에게 낯설기도 하고 피곤하기도 합니다. 초대 여부도 확인해야 하지만, 연회장에 가실 때는 까만 색 정장에 하얀 색 또는 아이보리 색의 넥타이를 매고 가십시오. 정 급하면 세탁소나 회사 총무부에라도 부탁해서 꼭 챙기도록!

하지(夏至=げし)로부터 한 달쯤이면 중복. 이 무렵 더위는 한창이지만 저녁 해는 착실히 짧아지는 조짐이 나타납니다. 서서히 저녁해가 짧아지면서 오히려 저물녘의 노을이 더욱 아름다울 때이기도 합니다.

'해 저물다'라 해도, 선셋(サンセット)이라 말하면 여름날 선셋비치의 압도적인 오렌지빛과 로맨스가 떠오르지만, 황혼(黃婚=たそがれ) 하면 인생의 황혼기니 또는 황혼이혼이니 하는 무력함이나 쓸쓸함이 연상됩니다. 지금 이 시대는 역시 영어의 시대!

たそがれ
黃昏 황혼

이 말에서 어두움이나 무력감이 연상되는 것은 지극히 당연한 일로서, 여기서의 昏(혼)이란 다름 아닌 해저물 무렵을 가리킵니다. 이를테면 한국어에는, 효행하는 자식의 모범적인 일과를 가리키는 혼정신성(昏定晨省)이란 옛말이 있습니다. 풀이하건대, '저물면(昏) 잠자리를 차리고 새벽(晨)엔 잘 주무셨는가 살핀다'.

해 저물 무렵 사방이 어두워지는 것은 당연하므로 혼(昏)은 어둡다는 뜻으로도 새겨집니다. 따라서 일본어에서 어둡다(くらい)를 보통 暗い로 쓰지만 昏い라고도 쓸 수도 있습니다. '어둡다'는 뜻에서 발전하여, '어지럽다' 또는 '앞이 캄캄해지다', '사물의 이치에 어둡다' 등의 의미를 담는 말로는 이런 것들이 있습니다.

こんすい
昏睡 혼수

こんめい
昏迷 혼미

こんとう
昏倒 혼도, 어지러워 쓰러지기

こんこん
昏昏 도리에 어두운 모양, 깊이 잠들어 의식이 없는 모양

보아하니 昏은 글자 속에 날 일(日)이 들어가 있어, 자연스럽게 하루 중의 어느때인지를 짐작할 수 있습니다. 저물 무렵을 가리키는 말로는 暮れ(くれ)라는 말도 널리 쓰입니다. 暮れ方(くれがた), 日暮れ(ひぐれ), 夕暮れ(ゆうぐれ) 모두 저물 무렵, 즉 저녁입니다.

정치가는 말바꾸기, あじさい는?

노무현 대통령의 경우만 보더라도, 과거 변호사나 장관 시절을 차치하고, 후보 시절의 말과 당선자 때의 말 그리고 취임 후의 말이 정말 잘도 바뀌고 있습니다. 관록인지 배짱인지 정치가들의 말바꾸기는 그야말로 '정가(政家)지 상사(常事)'라도 되는 것 같습니다. 그러고 보면, 이전 대통령도 한때는 정계를 은퇴한다고 하며 측근 충성파의 눈물샘을 찌른 적이 있었지요.

　장마철 축축한 무렵 장미꽃도 져버려 허전한 한국과 달리, 일본에서는 곳곳에서 어렵지 않게 발견되는 계절의 꽃으로 수국(あじさい)이 있습니다. 일본에서는 한자로는 紫陽花라고 씁니다. 장맛비에 젖은 연보랏빛 아지사이가 군데군데 함초롬한 자태를 드러냅니다. あじさい에 관해서는 이런 이야기가 있습니다.

　　…… あじさい란 꽃은 피어 있는 동안에 그 색깔이 바뀌어 옛날에는 절조가 없는 꽃이라고 싫어들 했다고 한다. 바뀐다 하여, 七変化(しちへんげ)라는 별명으로 불리우기도 하는데, 금세 말을 바꾸는 사람을 흉보아 あじさい라고도 했다던가…….

　한창 군국주의 시절의 일본에서는 활짝 폈다가 풀썩 져버리는 벚꽃이 일본혼(大和魂＝やまとだましい)의 상징처럼 추어올려진 데 반해, あじさい는 한 달간이나 피어 있어 경멸되었다는 말도 있습니다. 그 긴 시간 동안 눈에 띄게 꽃 색깔이 바뀐다면 인간의 차가운 시선에 더욱 시달렸겠죠. 에도시대에 벌써 일본 곳곳에 매화나 벚꽃의 명소가 조성되었지만, あじさい의 명소는 없었다는군요. 지금 있는 명소들은 다 제2차세계대전 후에 꾸며진 것이랍니다.

　さて, 현대 일본어에서는 동식물의 이름은 되도록 한자 아닌 かな표기가 권장되고 있지만, 꽃이름의 경우도 대부분, 한자를 거느리고 있습니다. あじさい의 한자가 바로 紫陽花입니다. あじさい꽃을 행여 본 적이 없는 사람이

더라도 한자로 적힌 그 꽃이름을 보면 보랏빛이라고 짐작할 수 있습니다. 물론 요즘은, 개량된 변종들도 많아 그 색깔의 폭은 훨씬 넓어진 모양입니다만. 길고 우울한 장마철, 어느 담장 아래인가 다소곳이 피어 있는 あじさい는 당신과 나의 마음을 밝게 해줄 것입니다.

　꽃(花＝はな、か)에 얽힌 관용구들을 소개합니다.

花より団子 금강산도 식후경　　　錦上、花を添える 금상첨화

一花咲かせる 한번 번드르하게 날리다

花を持たせる 상대방에게 꽃을 들리다, 명예나 영광을 상대에게 양보하다

花の都, 今は東京 꽃다운 도읍, 지금은 동경

花は心を無にして蝶を招く 꽃은 마음을 비우고 나비를 부른다

柳は緑, 花は紅 버들은 초록, 꽃은 붉음

(아름다운 봄 경치, 사물은 제각기 제 본연의 모습이 있음)

月に叢雲, 花に風 달에 떼구름, 꽃에 바람(시샘하는 것도 많아서……)

高嶺の花 저 높은 곳의 꽃(꺾지 못할 꽃, 바라보지도 말아야지)

花は折りたし、梢は高し 꽃은 꺾고 싶지, 가지는 높지

(능력이 모자라는지 안타깝기만 하군)

落花流水 떨어지는 꽃에 흐르는 물, 낙화에 주는 情 있으면 유수에도 받는 情 있으리(相思相愛). 가는 정에 오는 정

落花狼藉 떨어져 흩어진 꽃 어지럽기도 해라

落花、枝にかえらず 떨어진 꽃, 가지에 돌아가지 못한다

(식은 남녀사이 돌이키기 어려우리)

落花情あれども、流水意なし 떨어진 꽃 정을 보내도 흐르는 물 아랑곳없으니

(헛된 짝사랑)

얼마 전 일본의 경제정책과 관련하여 정가를 중심으로 마루나게(まるなげ)라는 말이 유행한 적이 있습니다. 좀 전문적인 얘기지만, 디플레이션에서 벗어나고자 안간힘을 쓰고 있는 게 요즘의 일본경제라고 말할 수 있습니다. 이 와중에, 행정부 입장의 고이즈미 총리가, 금융정책의 본부인 중앙은행 쪽으로 대책 마련을 종용하는 자세를 가리켜, 일부에서 まるなげ라고 비판했습니다. 책임이나 대책마련을 '고스란히 떠넘긴다'는 의미로 이해되는 말입니다.

아직 사전에 올라 있지는 않지만, 이 말은 まる(丸)+なげ(投げ)로 만들어졌음을 이내 알 수 있으며, 따라서 그 뜻을 헤아리는 것도 그다지 어렵지 않습니다. まる는 한자로 丸로 쓰는데, 이 말에서와 같은 접두사적 용법으로는 '통째로', '고스란히', '전부'라는 뜻이 됩니다.

まる가 접두사로 사용되는 말들을 추려봅시다.

まるいちにち 丸一日 하루 온종일	まるうつ　とうあん 丸写しの答案 고스란히 베낀 답안
まるいちねん 丸一年 꼬박 1년	まる 丸かじり 사과 같은 것을 통째로 깨묾
まる　だ 丸出し 고스란히 다 드러냄	まる 丸つぶれ 온통 망가짐
へそまる　だ お臍丸出し 배꼽을 다 드러냄	めんぼくまる 面目丸つぶれ 체면 엉망진창
まる　ま 丸負け 완패, 전패	まるはだか 丸裸 하다카(알몸)를 강조한 말
まる　や 丸焼け 다 타버림, 전소	まる　み 丸見え 고스란히 다 보임
まる　の 丸呑み 통째로 삼킴	
まるあら 丸洗い 잘 펼치지도 않고 그냥 세탁기에 처박아 빨래함	
まるあん　き 丸暗記 내용이고 이치고 따질 것 없이 송두리째 외움	

<ruby>教科書<rt>きょうかしょ</rt></ruby>の<ruby>丸暗記<rt>まるあんき</rt></ruby> 교과서를 고스란히 외우기

<ruby>丸抱<rt>まるがか</rt></ruby>え 부담이나 책임 따위를 고스란히 떠안음

<ruby>林檎<rt>りんご</rt></ruby>を<ruby>丸<rt>まる</rt></ruby>かじりする 사과를 통째로 깨물다

<ruby>丸煮<rt>まるに</rt></ruby> 야채나 생선 따위를 다듬거나 칼질하지 않고 그냥 조리함

<ruby>他人<rt>たにん</rt></ruby>の<ruby>学説<rt>がくせつ</rt></ruby>を<ruby>丸呑<rt>まるの</rt></ruby>みする 남의 학설을 비판 없이 받아들이다

<ruby>要求<rt>ようきゅう</rt></ruby>を<ruby>丸呑<rt>まるの</rt></ruby>みする 요구를 그대로 다 받아들이다

<ruby>丸干<rt>まるぼ</rt></ruby>し 생선 따위를 그냥 그대로 말린 것

<ruby>腹<rt>はら</rt></ruby>の<ruby>中<rt>なか</rt></ruby>が<ruby>丸見<rt>まるみ</rt></ruby>えだ 속셈이 다 들여다보인다

한편, 丸의 음읽기는 がん.

<ruby>弾丸<rt>だんがん</rt></ruby> 탄환　　　　　　　　　　<ruby>砲丸<rt>ほうがん</rt></ruby> 포환

<ruby>正露丸<rt>せいろがん</rt></ruby> 정로환(약 이름. 여기서의 丸은 알약)

　고이즈미 씨가 당면한 디플레 대책의 정책수단을 중앙은행에 마루나게
한다 해서, 중앙은행 쪽에서 신통한 금융정책이 나올 것으로 기대하기도 어
려운 게 요즘 일본경제의 현실입니다. 이러다가 머지않아, 고이즈미씨는 총
리자리를 누군가에게 마루나게 할 수밖에 없을지 모르겠군요.

일어나는 중국경제. 근래 이것이 한국경제의 앞날에 플러스일지 마이너스일지에 관한 논의가 제법 시끄럽습니다.

이른바 소규모의 개방형 경제인 한국경제가, 기술력의 일본과 저임금의 후발도상국들 사이의, 말하자면 호두까기 틈바구니 신세가 아니냐는 주장이 한국인 자신을 초조하게 한 적이 있습니다. 그러더니 이 몇 해, IMF에 놀란 가슴을 쓰다듬고 있는 사이에, 잠자던 서쪽의 거인이 기지개를 켜고 있으니, 한국경제는 갈수록 풍전등화(風前の灯, ふうぜんの ともしび)?

중국경제의 일어남은 한국뿐 아니라, 일본에게도 제법 심각하게 받아들여지고 있는 모양입니다. 물론 미국이나 유럽도 심심찮게, 근래 중국을 경제적으로도 위협으로 상정하려는 속내가 보일동말동(みえがくれ)하고 있습니다. 그러고 보면, 일찍이 백인들이 지구상에서의 그들의 패권에 행여 도전하지나 않을까 하고 황인종들을 경계하던 말로 황화(黃禍)론이 있었습니다. 그와는 다소 본질이 다르지만, 중국경제의 눈부신 발전은 아무튼, 황인종을 떨떠름해하는 백인들에 의해 오늘날, 다시금 묘하게 조명을 받고 있는 것입니다.

중국, 일본, 다시 중국! 한국은 대체 언제, 백인들에게 미운털로나마 보일까요? 그러나 걱정하지 마시라. 초고속 인터넷 세계 제일, 인터넷 군사강국 코리아…… 새로운 노랭이 한국이 전세계, 특히 백인들의 사이버 세계를 점령하려 하고 있습니다!

さて, 봄이면 한국 하늘엔 노랑의 총본산 중국으로부터의 재앙이 날아드니, 이름하여 황사! 누런 모래, 참으로 대단한 민폐입니다! 노랑은 黃입니다. 한국인의 한자 학습교재의 입문서이기도 했던 천자문의 첫 구절이 天地玄黃(천지현황), 즉 하늘은 검고 땅은 누렇도다. 黃은 말하자면, 천자문 천 글자 가운데의 첫 구절, 네번째에 등장하는 글자!

일본어에서의 黃의 훈읽기는 우선 き가 있고 이밖에 こ도 있습니다.

黄色 노랑, 황색	黄身 노른자

黄ばむ 누래지다

黄金 황금	黄金色 황금색

黄金虫 황금벌레? 풍뎅이!

숙자훈(낱말을 통틀어 관용적으로 읽기)

黄昏 황혼	黄泉 황천, 저승

黄葉 단풍(단 もみじ는 紅葉으로 쓰는 경우가 많음)

이번에는 음읽기입니다. こう와 おう가 있습니다.

黄河 황하	黄金 황금
黄土 황토	黄疸 황달
黄砂 황사	硫黄 유황
卵黄 난황, 노른자	黄銅 황동
黄色人種 황색인종	

중국대륙으로부터 바다까지 끼고 적당히 떨어져 있어, 누런 모래 피해도 그다지 없는 일본, 그런데 한자는 왜 이리 복잡하게 해놓았을까요?

p.s.

한국어에서 쓰이지 않지만 일본어에는 '노란 목소리', 즉 黄色い声(きいろいこえ)라는 말이 있습니다. 목소리에 칼라가 있었나? 아무렴, 핸드폰 문자도 칼라로 쓰는 세상인데! 이것은, 오빠부대들이 지르는 요란한 바로 그 소리!

일본어에는 한자의 뜻(訓)을 읽는다는 독특하고 기발한 방식이 있어 한자 읽기를 어렵게 하고 있습니다. 그런데 그와 같은 훈읽기에 앞서, 음(音)만 해도 두 가지 정도의 읽기가 흔합니다. 한국어에도 그런 경우가 있긴 있습니다. 易을 '역'과 '이', 便을 '편'과 '변' 등으로 읽는 것입니다. 한국어에서는 그런 것이 극히 예외적이지만 일본어에서는 복수의 음읽기가 오히려 보통입니다. 그 이유는, 일본어가 한자를 수입하는 과정에 있어서, 오랜 세월을 두고 여러 채널을 통해 받아들였으며, 일단 자리잡힌 음들이 꾸준히 명맥을 이으면서 나중에 유입된 음들과 공존해왔기 때문입니다. 현대 일본어에 가장 우세한 것은 이른바 漢音이며, 吳音도 적지 않습니다.

수입경로를 중심으로 음읽기의 종류를 구분하면 다음 표와 같습니다.

종류 (다른 이름)	수입 경로와 시기 및 특징	사례 (明) (行)
吳音(ごおん) (百済音) (対馬音) (和尚読み)	고대 중국의 吳나라(양자강 이남) → 백제 → 일본 • 불교용어로 많이 남아 있음 • 에도(江戸)시대 이전의 대중문화에 우세	明星(みょうじょう) 行事(ぎょうじ)
漢音(かんおん)	중국 隋唐시대의 長安지역의 音으로, 일본이 파견했었다는 遺隋使 및 遺唐使를 통해 전래된 音 • 한문이나 한시 등 漢籍에 유래하는 말 • 유교 용어 • 메이지(明治)시대 이후 우세해짐 • 메이지 시대 서양어의 번역으로 만들어진 말들도 거의 한음 읽기	明白(めいはく) 行動(こうどう)
唐音(とうおん) (宋音) (唐宋音) (唐人読み)	중국 宋代 이후 禪宗이나 무역으로 전파 • 가마쿠라, 무로마치, 에도 시대(13~19세기 武人정치 시대) • 오음이나 한음에 견주어 훨씬 적음	明朝(みんちょう) 行脚(あんぎゃ)

　　일본어에는 한자의 음(音)을 읽는 것 말고, 뜻(訓)을 읽는다는 매우 독특한 한자읽기가 있습니다. 일본어 한자읽기가 한국어의 경우와 크게 다른 주된 포인트이자, 나아가 일본어 한자읽기를 어렵게 하는 원인이기도 합니다.

　　그런데 보통 한자 두 자로 돼 있는 단어들 가운데, 앞자는 음읽기로 하고 뒷자는 훈읽기로 하는 것들이 있습니다. 이러한 특수한 읽기를 쥬우바코(重箱)읽기라고 합니다. 그 반대로, 앞자를 훈읽기하고 뒷자는 음읽기하는 경우도 있는데, 이런 것은 유토(湯桶)읽기라고 부릅니다. 그렇게 부르는 데에 특별한 이유는 없고, 바로 그 단어가 그러한 읽기를 하는 예라고 이해하면 됩니다. 어쨌거나 이런 것들은 대부분, 중국에서 전래한 단어들이라기보다 일본어식 어법에 맞추어 일본에서 만들어져 사용되는 것들입니다.

　　각각에 해당하는 친근한 단어들을 몇몇 소개하면 다음과 같습니다(아이우에오 순).

〈쥬우바코 읽기〉

縁側 えんがわ 툇마루	楽屋 がくや 무대뒤 대기실
客間 きゃくま 응접실	現場 げんば 현장
献立 こんだて 차림표	地酒 じざけ 토속주
職場 しょくば 직장	書棚 しょだな 책장
新型 しんがた 신형	親身 しんみ 부모의 입장
先手 せんて 선수	台所 だいどころ 부엌
番組 ばんぐみ (TV)프로	半年 はんとし 반년
本箱 ほんばこ 책상자	無傷 むきず 무상처, 부상 없음
翌朝 よくあさ 이튿날 아침	両足 りょうあし 양다리

그런데 다음 것들은, 쥬우바코 읽기의 연장 내지는 응용으로서, 음읽기 하는 단어 + 훈읽기 하는 글자의 사례로 보면 재미있습니다.

一本道 いっぽんみち 외길　　臆病者 おくびょうもの 겁쟁이
応接間 おうせつま 응접실　　河川敷 かせんじき 둔치
韓国型 かんこくがた 한국형　　五十肩 ごじゅうかた 오십견
群青色 ぐんじょういろ 군청색　　消息筋 しょうそくすじ
舞台裏 ぶたいうら 무대뒤

〈유토 읽기〉

相性 あいしょう 궁합　　甘党 あまとう 단 것 좋아하는 사람
初陣 ういじん 초진, 첫 출진　　大瓶 おおびん 큰 병
株価 かぶか 주가　　組曲 くみきょく 조곡
敷地 しきち 부지　　縦軸 たてじく 세로축
手製 てせい 수제　　荷物 にもつ 짐
野菊 のぎく 들국화　　場所 ばしょ 장소
古本 ふるほん 헌책　　見本 みほん 견본
喪中 もちゅう 상중　　夕刊 ゆうかん 석간

유토 읽기에도 다음과 같은 응용이 있습니다.

絵文字 えもじ 그림글자　　頭文字 かしらもじ 머리글자
空念仏 からねんぶつ 공염불　　仮釈放 かりしゃくほう 가석방
草野球 くさやきゅう 동네야구　　力不足 ちからぶそく 역부족
手作業 てさぎょう 수작업　　歯医者 はいしゃ 치과의사

　　앞서도 몇 차례 등장했던 이로하 노래(イロハ歌＝いろはうた). 헤이안(平安: 794~1192년)시대 중기에 만들어졌다는 가나글자 익히기를 겸한 노래입니다. 히라가나 47자 모두를 중첩 없이 한 번씩만 사용하여 7·5調로 읊은 것으로, 그 내용은 불교 열반경의 키워드 제행무상(諸行無常) 등을 의역한 것으로 알려져 있습니다. 이 노래의 시작이 이로하(いろは)로 나가기 때문에 '이로하 노래'라 일컫는 것입니다.

　　그런데 이로하 딱지(いろはかるた)라는 게 있어, 47자 각각을 머릿글자로 하는 속담들이 그 한 장마다 하나씩 딱지에 적혀 있습니다. 사실 원래의 습자용 이로하 노래는 마지막에 ん 혹은 京자가 추가되어 모두 48자의 짜임으로 돼 있고, 따라서 딱지도 48장으로 한 세트입니다. 여기에 속담들을 문장이 아닌 그림으로 꾸민 딱지를 48장 보태어 총 96장으로 놀이를 즐겼다 합니다. 이로하 노래도 익힐 겸 일본인들에게 매우 친숙한 속담이나 관용구들도 함께 즐겨봅시다.

い: 一寸先は暗闇 한 치 앞도 내다보기 어렵다

ろ: 論より証拠 따지기보다는 증거

は: 花より団子 금강산도 식후경

に: 憎まれっ子世に憚る 미운 놈이 득세한다

ほ: 仏の顔も三度 부처님 얼굴도 세 번까지

へ: 下手の長談義 서투른 사람이 말은 길다

と: 年寄りの冷や水 노인네가 무리하는 것 아닌가

ち: 塵も積もれば山となる 티끌 모아 태산

り: 律義者の子沢山 착실한 사람이 애도 많은 법

ぬ: 盗人の昼寝 도둑의 낮잠도 다 이유가 있지

る: 類を以って集まる 유유상종

を: 老いては子に従え 늙으면 자식에게 따라라

わ: 破れ鍋に綴じ蓋 짚세기도 짝이 있다

か: 蛙の面に水 철면피가 따로 없지

よ: 夜目遠目笠の内 밤에 보기, 멀리서 보기, 또 우산 쓴 여인은 다 아름답다

た: 旅は道連れ世は情け 나그넷길 서로 돕고 세상살이 정 주고받고

れ: 連木で腹を切る 젓가락 같은 것으로 할복할 수 있을까

そ: 袖擦り合うも他生の縁 소매 한번 스치는 것도 전생의 인연

つ: 月夜に釜を抜かれる 눈 뜨고 도둑 맞는 꼴

ね: 寝耳に水 아닌 밤중에 홍두깨

な: 泣き面に蜂 설상가상

ら: 楽あれば苦あり 좋은 일 있으면 궂은 일도 따르기 마련

む: 無理が通れば道理が引っ込む 억지가 통하면 법도가 서지 않는다

う: 嘘から出た実 거짓으로 한 말이 어째 정말이 돼버렸네

ゐ: 鰯の頭も信心から 하찮은 것도 믿다 보면

の: 喉元過ぎれば熱さを忘れる 뜨거운 것도 목구멍 넘기고 나면 언제
그랬던가

お: 鬼に金棒 달리는 말에 날개까지

く: 臭いものに蓋をする 냄새 나는 것 일단 뚜껑 덮어두지

や: 安物買いに銭失い 싼 게 비지떡

ま: 蒔かぬ種は生えぬ 아니 땐 굴뚝에 연기 나랴

け: 下戸の建てた倉はない 술 안 마신다고 그 돈 모아 집 사랴

ふ: 武士は食わねど高楊枝 양반은 안 먹어도 트림은 큼직하게

こ: 子は三界の首っかせ 부모는 평생 자식 걱정

え: 得手に帆を揚げる 신바람 났네

て: 亭主の好きな赤烏帽子 아버지가 좋아하는 것이라면 요상한 빨간 갓이라도
소중히 해야

あ: 頭隠して尻隠さず 머리통 감추고 꼬리 드러내는 멍청이

さ: 触らぬ神に祟りなし 긁어 부스럼 만들지 말아야지

き: 聞いて極楽見て地獄 막상 보니 듣던 바와 영 딴판일세

ゆ: 油断大敵 방심은 금물

め: 目の上の瘤 눈엣가시

み: 身から出た錆 자업자득이지

し: 知らぬが仏 모르는 게 약

ゑ: 縁は異なもの味なもの 남녀의 인연이란 희한하기도 미묘하기도

ひ: 貧乏暇なし 가난뱅이 쉴 틈 없어

も: 門前の小僧習わぬ経を読む 서당개 삼 년이면 풍월을 읊는다

せ: 栴檀は双葉より芳し 잘 될 놈은 떡잎부터 알아본다

す: 雀百まで踊り忘れず 세살 버릇 여든까지 간다

옛날 글자가 일부 있고, 탁음화한 것으로 속담을 읊은 것도 몇몇 있지만, 그 정도는 너그럽게 봐줍시다. 여기에 소개한 이러한 노래는 대표적인 것의 하나일 뿐으로, 이밖에 갖가지 변형이 있습니다. 당신도 지금 바로 당신만의 개성으로 이로하 노래를 지어 읊을 수도 있습니다. 일본어의 시작이라는 いろは를 이 책의 마지막에서 정리했습니다.

■ 지은이

이영준

서울 출생
연세대 상대 졸업
츠쿠바 대학 대학원 졸업
NHK 한국어 강좌 출연(1984)
현재 일본문제연구소 소장
저서:『영어원서를 읽기 위한 증권용어』(일본어판)
　　　『한자 때문에 재미있는 일본어』
　　　재일기간 중 일본의 ≪커뮤니티≫지에 한국과 일본의 문화에 관한 다수의
　　　글 기고

대학 재학 시절부터 일본 현지의 대학생들 및 주한 일본인들과의 활발한 교류를 체험하고, 대학원 유학 이후 재일(在日) 10여 년 동안 예리하고 객관적인 시각으로 일본과 일본어를 관찰, 젊은 세대의 바른 일본 이해와 효과적인 일본어 학습을 위한 대안을 제시하고자 노력중이다.
현재, 인터넷 포털 사이트 daum에 일본어 카페 '한자 때문에 재미있는 일본어(http://cafe.daum.net/Jacobang)'를 운영하여 큰 인기를 얻고 있다.

한울링구아 2
한자 때문에 더 재미있는 일본어

ⓒ 이영준, 2004

지은이 | 이영준
펴낸이 | 김종수
펴낸곳 | 도서출판 한울

편집 | 정정희, 박우석

초판 1쇄 인쇄 | 2004년 3월 1일
초판 1쇄 발행 | 2004년 3월 10일

주소 | 413-832 파주시 교하읍 문발리 507-2(본사)
     121-801 서울시 마포구 공덕동 105-90 서울빌딩 3층(서울 사무소)
전화 | 영업 326-0095, 편집 336-6183
팩스 | 02-333-7543
홈페이지 | www.hanulbooks.co.kr
등록 | 2003년 12월 23일, 제406-2003-053호

Printed in Korea.
ISBN 89-460-3194-8 03730

* 값은 뒷표지에 적혀 있습니다.